王溢然 束炳如 主编

中学生物理思维方法丛书

6 等效

王溢然 编著

中国科学技术大学出版社

图书在版编目(CIP)数据

等效/王溢然编著. —合肥：中国科学技术大学出版社，2015.9
(2024.5重印)
(中学生物理思维方法丛书)
ISBN 978-7-312-03699-6

Ⅰ.等… Ⅱ.王… Ⅲ.中学物理课—教学参考资料 Ⅳ.G6

中国版本图书馆 CIP 数据核字(2015)第 203582 号

出版	中国科学技术大学出版社
	安徽省合肥市金寨路 96 号，230026
	http://press.ustc.edu.cn
	https://zgkxjsdxcbs.tmall.com
印刷	安徽国文彩印有限公司
发行	中国科学技术大学出版社
开本	880 mm×1230 mm 1/32
印张	10.5
字数	270 千
版次	2015 年 9 月第 1 版
印次	2024 年 5 月第 6 次印刷
印数	18001—22000 册
定价	28.00 元

逻辑简单的东西,当然不一定就是物理上真实的东西. 但是,物理上真实的东西一定是逻辑上简单的东西,也就是说,它在基础上具有统一性.

——爱因斯坦

序　1

在中学物理学习过程中,学生在获取知识的同时,还要重视从科学宝库中汲取思维营养,加强科学思维方法的训练.

思维方法的范畴很大,包括抽象思维、形象思维、直觉思维等.以抽象思维而言,又有众多的方法,在逻辑学中都有较严格的定义.对于以广大中学生为主的读者群,就思维科学意义上按照严格定义的方式去介绍这众多的思维方法,显然是没有必要的.由王溢然、束炳如同志主编的这套丛书,不追求思维科学意义上的完整,仅选取了在物理科学中最有影响、中学物理教学中最常见的思维方法(包括研究方法)为对象,在较为宽泛的意义上去展开,立意新颖,构思巧妙.全套丛书,各册彼此独立,都以某一类或两三类思维方法为主线,在物理学史的恢宏长卷中,撷取若干生动典型的事例,先把读者引入饶有兴趣的科学氛围中,向读者展示这种思维方法对人类在认识客观规律上的作用.然后,围绕这种思维方法,就其在中学物理教学中的功能和表现,以及其在具体问题中的应用做了较为深入、全面的开掘,使读者能从物理学史和中学物理教学现实两方面较宽广的视野中,逐步领悟到众多思维方法的真谛.

这套丛书既不同于那些浩繁的物理学史典籍,也有别于那些艰深的科学研究方法论的专著,它融合了历史和方法,兼顾了一般与提高,联系了教学与实际,突出了对中学物理教学的指导作用,文笔生

动、图文并茂,称得上是一套融史料性、科学性、实用性、趣味性于一体的优秀课外读物.无论对广大中学生(包括中等文化程度的读者)还是对中学物理教师以及高等师范院校物理专业的学生,都不无裨益.

科学研究是一项艰巨的创造性劳动.任何科学发现和科学理论的诞生都是在一定的背景下,科学家精心的实验观测、复杂的思维活动的产物.在攀登道路上充满着坎坷和危机,并不是一帆风顺、一蹴而就的.科学家常常需及时地(有时甚至是痛苦地)调整自己的思维航向,才能顺利抵达成功的彼岸.因此,任何一项科学新发现、一种科学新理论的诞生,绝不会仅是某种单一思维活动的结果.这也就决定了丛书各册在史料的选用上必然存在某些重复和交叉.虽然这是一个不足之处,却也可以使读者的思维层次"多元化".不过,作为整套丛书来说,如果在史料的选用上搭配得更精细一些、在思维活动的开掘上更深刻一些,将会使全书更臻完美.

我把这套丛书介绍给读者,首先希望引起广大中学生的兴趣,能从前辈科学家思维活动中汲取智慧,活化自己的思维,开发潜在的智能;其次希望中学物理教师在此基础上继续开展对学生思维方法训练的研究,致力于提高学生的素质,以适应新时期的需要;最后我也真诚地希望这套丛书能成为图书百花园中一朵惹人喜爱的花朵.

阎金铎*
2014 年 2 月

---

* 阎金铎,著名物理教育家,北京师范大学物理系教授、教科所所长,曾任中国教育学会物理教学研究会理事长等.

序 2

"中学生物理思维方法"是一个很诱人的课题.如果从我比较自觉地关注这个课题算起,要追溯到20世纪80年代.开始时,朴素的动因就是激发学生兴趣,丰富上课内容;后来,通过对许多科学研究方法论著作、思维学著作等的学习和教学实践,认识上逐步从传授知识层面提高到了对学生的学习能力乃至思维品质进行培养的高度.于是,在90年代中期,经过比较充分的积累,策划编写了这套思维方法丛书.

《中学生物理思维方法丛书》问世后,受到了广泛的关注,被列入国家新闻出版总署"八五"规划重点图书,还被推介到台湾出版了繁体字版(中国台湾新竹"凡异出版社").因此,作者受到了很大的鼓舞.

光阴荏苒,如今已进入21世纪.科学技术飞速发展,教学理念不断更新,教学的要求也随着时代前进的脚步有了很大的变化.当前,国际教育界大力提倡"科学的历史、哲学和科学"教育,希望借此更好地提高学生的科学素质.我国从新世纪开始试行的《高中物理课程标准》也明确提出同样的要求.中外教育家一致的认识——结合物理教学内容,回顾前辈科学家创造足迹,无疑是了解科学本质、培养科学精神的一个重要途径.

本丛书的新一版继续坚持"科学史料、思维方法、中学教学"三结合的内容特色,并补充了反映科学技术方面的新成果、新思想,尤其在结合中学物理教学方面有了很大的进展——删去或淡化了与当前中学物理教学联系不够紧密的某些枝叶,突出了主干知识;撤换了相对陈旧的某些问题,彰显了时代风貌;调整了某些内容,强化了服务对象. 值得说明的是,在新一版中还选入了相当数量的近年高考题,这些问题集中反射了各地专家、学者的智慧,格外显得光彩熠熠、耐人寻味. 因此,新一版内容更为丰满多彩,也更为贴近中学教学和学生实际,更好地体现了科学性、方法性、应用性、趣味性. 希望能够继续被广大读者喜欢,也希望能够更好地使读者受到启发,有所得益,有所进步!

今后,随着时代的发展和中学物理教学要求的不断更新,新思想、新成果和教学中的新问题势必会层出不穷,但前辈科学家崇高的科研精神、深邃的思想和创造性思维方法的光辉,必将永远照耀着人们前进的道路!

在新一版问世之际,首先要衷心感谢我的良师益友、苏州大学物理系束炳如教授. 从萌发编写丛书的想法开始,束先生就给予作者极大的鼓励、支持. 编写过程中,作者与先生进行了难以计次的深夜长谈,他开阔的思路、活跃的创见和对具体问题深刻的分析指导,都给了作者极为有益的启发和帮助,让作者从中得到了强大的精神力量,也给作者留下了永不磨灭的记忆. 借此机会,同时衷心感谢两位德高望重的原顾问周培源先生*和于光远先生**以往对本丛书的关爱;衷心感谢为本丛书作序的阎金铎教授对作者的鼓励;衷心感谢吴保让先生、倪汉彬先生、贾广善先生、刘国钧先生等曾为丛书审读初稿并

---

* 周培源(1902～1993),著名物理学家,中国科学院院士,曾任中国物理学会理事长、中国科学技术协会主席、北京大学校长等.

** 于光远(1915～2013),著名经济学家,中国社会科学院哲学社会科学学部委员,曾任国家计划委员会经济研究所所长、中国社会科学院副院长等.

提出了宝贵的修改意见;衷心感谢曾为丛书绘制精美插图的朱然先生;衷心感谢被引用为参考资料的原作者们;衷心感谢曾经对丛书大力支持的大象出版社;衷心感谢广大读者朋友对本丛书的厚爱.

本丛书相当于一个"系统工程",编辑、出版需要花费大量的人力、物力.新一版的问世,跟中国科学技术大学出版社的鼎力支持是分不开的.在此,也代表所有作者对中国科学技术大学出版社和有关编辑室表示衷心的感谢.

不知哪位作家说过这样的话:写作的最大乐趣首先是在写作的过程中,作者与读者心灵交流;其次是作品出版后,能够被读者认可.虽然这套丛书不是文学创作的作品,我们也只是站立三尺讲台的中学老师,但是在编写过程中,内心时时有着一种极为强烈的冲动,有一个声音呼唤着:把我们在长期教学实践中所积累和思考的有关中学物理教与学的点滴认识、心得与中学物理教学界同行,尤其是广大的中学生朋友们进行交流、分享与探讨.实际上,书中有许多地方都包含着从以往学生的思维火花中演绎的方法.

本丛书的新一版,尽管我们思考了比较长的时间,编写中也都作了努力,但仍然难免会有疏漏乃至错误的地方,请读者发现后予以指正.

王溢然

2014年2月于苏州庆秀斋

前　言

等效变换是物理学中常用的一种思维方法.中学物理中的合力与分力、运动的合成与分解、总电阻和总电容等都是在等效思想支配下引入的概念.等效变换在物理学上最辉煌的成果,就是以此为前提创建的广义相对论.

本书从爱因斯坦等效变换的物理基础开始,阐述了等效变换在科学认识中的作用,概括了中学物理常见的几类等效变换方法和运用等效变换的基本原理,讨论了等效变换在中学物理学习中的作用,并结合比较丰富的实例,介绍了等效变换在分析、研究具体物理问题中的应用.

希望广大读者通过阅读本书,能加深对"等效"这种思维方法的认识,并能自觉地运用等效变换方法去分析、研究物理问题.

作　者

2014 年 10 月于苏州庆秀斋

目　　录

序 1 ……………………………………………………（ⅰ）

序 2 ……………………………………………………（ⅲ）

前言 ……………………………………………………（ⅶ）

1 等效原理 ……………………………………………（001）
　1.1　引力质量与惯性质量 …………………………（002）
　1.2　质量等价实验 …………………………………（006）
　1.3　爱因斯坦的理想实验 …………………………（010）
　1.4　从等效原理到广义相对论 ……………………（014）

2 等效方法在科学认识中的作用 ……………………（023）
　2.1　从效果定义概念 ………………………………（024）
　2.2　导出应用的规律 ………………………………（035）
　2.3　殊途同归的表述 ………………………………（049）
　2.4　提供研究的手段 ………………………………（061）

3 中学物理中常见的等效变换 ………………………（072）
　3.1　组合等效 ………………………………………（072）
　3.2　叠加等效 ………………………………………（085）

3.3　运动等效 …………………………………………… (104)
  3.4　过程等效 …………………………………………… (120)
  3.5　模型等效 …………………………………………… (125)
  3.6　整体等效 …………………………………………… (131)

4　运用等效变换的基本原则 ………………………………… (144)
  4.1　唯一的准则——保持效果相同 …………………… (144)
  4.2　变换的基础——明确物理实质 …………………… (156)
  4.3　检验的依据——物理规律的一致性 ……………… (172)

5　等效方法在中学物理学习中的指导作用 ………………… (188)
  5.1　深化认识 …………………………………………… (188)
  5.2　活化思维 …………………………………………… (200)
  5.3　化解疑难 …………………………………………… (213)
  5.4　指导实验 …………………………………………… (220)

6　等效变换在中学物理解题中的应用 ……………………… (237)
  6.1　等效劲度系数 ……………………………………… (237)
  6.2　等效质量 …………………………………………… (242)
  6.3　等效摆长 …………………………………………… (250)
  6.4　参考圆 ……………………………………………… (257)
  6.5　等效电容 …………………………………………… (265)
  6.6　等效电路 …………………………………………… (275)
  6.7　等效力场 …………………………………………… (297)

参考文献 ………………………………………………………… (318)

后　记 …………………………………………………………… (320)

1 等效原理

据说,有一次爱因斯坦遇到了著名喜剧大师卓别林(图 1.1).爱因斯坦说:"卓别林先生,您真伟大,您演的电影全世界人人都能看懂."卓别林幽默地回答说:"爱因斯坦先生,您也很伟大,您的相对论全世界几乎没有几个人能够弄懂."

图 1.1　爱因斯坦与卓别林

听了这段精彩的对话后,人们也许会认为,相对论一定是建立在极其深奥复杂的基础上的.这样猜就错了,相对论的基本前提十分浅显.作为广义相对论前提的等效原理,完全是建立在中学生都熟知的知识基础上的——倘若不信,读下去你就会明白了.

等效
DENGXIAO

1.1 惯性质量与引力质量

惯性质量

生活中常常会见到这样的现象:当车辆紧急制动或突然启动时,站在车中的乘客会表现得"前俯后仰"(图1.2);100米赛跑的运动员到达终点后,会向前冲过很长一段距离;高速列车进站前,要提前相当长的时间就开始刹车……这些司空见惯的现象告诉我们:任何物体都有一种保持它原来运动状态的特性.在物理学上,把物体保持原来运动状态的这种特性称为惯性.

图1.2　车辆中的乘客"前俯后仰"

惯性是有大小的.惯性的大小就用它保持原来运动状态的"能力的大小"来反映.这种能力仅与物体的质量有关.质量大的物体,不容易改变原来的运动状态,在同一个力作用下产生的加速度小,表示它的惯性大;质量小的物体,容易改变原来的运动状态,在同一个力作用下产生的加速度大,表示它的惯性小.

例如,相扑运动员一般身材都很肥大,不易被对手摔倒(图1.3(a));歼击机在空战前会先抛掉副油箱,可以提高运动的灵活性(图1.3(b)).

图1.3(a)　　　　　图1.3(b)

这种由惯性大小定义的质量称为惯性质量.这也就是牛顿第二定律公式中的质量.所以,物体惯性质量的大小可表示为

$$m_惯 = \frac{F}{a}$$

这个定义式可以有这样两种含义:

① 对于给定的同一个物体,当受到不同的外力时产生的加速度不同,但力与加速度的比值不变.因此,惯性质量反映了物体固有的一种属性,这一属性通过惯性现象表现出来,它不涉及物体所受到的引力(或重力).

② 不论任何物体,如一块铁、一段木料、一杯水等,只要它们在相同外力作用下的加速度相同,就表示这块铁、这段木料、这杯水(包括杯子)的惯性质量相同,与它们的物质组成无关.

一般地说,比较两个物体惯性质量的大小,只需观察它们在相同外力作用下加速度的大小.由牛顿第二定律可知,物体的惯性质量与其加速度成反比,即

$$\frac{m_1}{m_2} = \frac{a_2}{a_1} \quad (F 一定)$$

1966年曾在地球上空做了以牛顿第二定律为基础的测定质量的实验.实验时,用双子星号宇宙飞船(设质量已知为 m_0)与正在轨道上运行的空间站对接(设空间站的未知质量为 m),然后使它们共同加速(图1.4).若推进器对它们的平均推力为 F,推进器的工作时间为 Δt,测得它们的速度改变量为 Δv,则由加速度大小

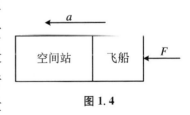

图 1.4

$$a = \frac{\Delta v}{\Delta t}$$

即可算出待测宇宙飞船的质量为

$$m = \frac{F}{a} - m_0$$

若 $m_0 = 3.4 \times 10^3$ kg, $F = 895$ N, $\Delta t = 7.0$ s, $\Delta v = 0.09$ m/s,则待测空间站的质量便为 3.5×10^4 kg.

引力质量

如果问你,会不会测量物体的质量?你一定能够不假思索地回答:只需用一架天平,两端分别放上被测物体和砝码,当天平平衡时,砝码的质量就等于被测物体的质量.

现在进一步问你:为什么可以用砝码的质量量度被测物体的质量呢?假如这架天平的臂很长,它的一端在北京,另一端在广州,此时还能用砝码的质量量度被测物体的质量吗?

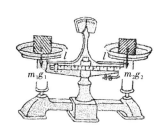

图 1.5 天平的原理

实际上,用天平称量物体的质量,包含着一个重要的事实:在同一个地方,任何物体自由下落的加速度都相同,与物体的组成及轻重无关.如图 1.5 所示,天平两边放上砝码和被测物体后,两者受到地球引力作用形成对称盘的压力分别为 $m_1 g_1$ 和 $m_2 g_2$ (不计地球自转的影响),平衡时,满足条件

$$m_1 g_1 l_1 = m_2 g_2 l_2$$

在同一个地方, $g_1 = g_2$,当天平两臂相等时 ($l_1 = l_2$),即得

$$m_1 = m_2$$

显然,如果天平两端的重力加速度不同,也就没有上面的简单关系了.

这种测量物体质量的方法,实际上是以引力的大小为依据的,像这样用天平称出来的质量称为引力质量,用 $m_{引}$ 表示.它也就是牛顿万有引力定律公式中的质量.因此,引力质量可以表示为

$$m_{引} = \frac{F}{G\dfrac{M_{引}}{r^2}}$$

式中,$M_{引}$ 为地球的引力质量(下面简写为 M),r 为物体离开地心的距离. 引力质量反映了物体所含有物质的多少,它不涉及物体的惯性.

两种质量的关系

从上面的讨论可知,惯性质量和引力质量是在不同的实验事实基础上,表现在不同的物理现象中的. 它们是根据两条完全独立的定律定义出来的,反映着同一物体的两种不同的属性:惯性质量可以量度物体惯性的大小;引力质量可以量度物体与地球相互作用的大小.

由于惯性质量和引力质量从两个不同侧面描述了物体的不同属性,因此它们表现在不同的现象中 —— 惯性质量表现在惯性现象中,引力质量表现在引力现象中. 举一个通俗的例子:如果你将一块冰放在一辆卡车的车厢板上,当卡车沿着水平路面向前加速时,冰块将相对车厢板向后滑去,这是惯性质量的作用 —— 力图阻止加速运动. 现在,如果你开车沿着斜坡匀速向上,冰块也将相对车厢向后滑去,但这次是引力质量在起作用 —— 冰块被向下吸向地球.

那么,对同一个物体,用牛顿第二定律计算的质量 $m_{惯}$ 和用天平测出的质量 $m_{引}$(或用万有引力定律算出的质量)之间有何关系呢?

根据万有引力定律,引力质量分别为 $m_{1引}$ 和 $m_{2引}$ 的两个物体,在地面上同一处所受引力的大小分别为

$$F_1 = G\frac{Mm_{1引}}{R^2}, \quad F_2 = G\frac{Mm_{2引}}{R^2}$$

在引力作用下,两物体产生的加速度设为 a_1、a_2,即

$$F_1 = m_{1惯} a_1, \quad F_2 = m_{2惯} a_2$$

或

$$G\frac{Mm_{1引}}{R^2}=m_{1惯}a_1, \quad G\frac{Mm_{2引}}{R^2}=m_{2惯}a_2$$

则

$$a_1=G\frac{M}{R^2}\cdot\frac{m_{1引}}{m_{1惯}}, \quad a_2=G\frac{M}{R^2}\cdot\frac{m_{2引}}{m_{2惯}}$$

根据伽利略对自由落体实验的分析证明,同一个地方不同物体的自由落体加速度都相同,即 $a_1=a_2=g$,因此由上式可得

$$\frac{m_{1引}}{m_{2引}}=\frac{m_{1惯}}{m_{2惯}} \quad 或 \quad \frac{m_{1引}}{m_{1惯}}=\frac{m_{2引}}{m_{2惯}}$$

推广到任何其他物体,可表示为

$$\frac{m_{1引}}{m_{1惯}}=\frac{m_{2引}}{m_{2惯}}=\frac{m_{3引}}{m_{3惯}}=\cdots$$

由此可见,一切物体自由下落的加速度相同这一事实,包含着深刻的含义,即"任何物体的引力质量与它们的惯性质量成正比". 取适当的单位(即通常使用的SI制),则 $k=1$,于是就可以认为两者相等,即

$$m_{引}=m_{惯}$$

1.2 质量等价实验

落体实验

验证惯性质量与引力质量相等的最简单方法,可用中学物理中的"牛顿管"(又称为"钱毛管")做落体实验. 如图1.6所示,在一根一端封闭的长约120 cm、外径约6 cm的厚壁玻璃管中,装有金属片(钱币)、羽毛或软木块,另一端装有抽气嘴和阀门. 打开活栓,管内充满空气时,将玻璃管急速倒转,金属片和羽毛因所受空气阻力不同,下落快慢不同;把管内抽空(低于20 mmHg*),再急速倒转玻璃管时,就可以看到管内的钱币和羽毛(或其他不同物体)都将同时落下.

---

* $1\ mmHg = 1.33322\times 10^2\ Pa$.

因为在地面附近，物体的重力加速度为

$$g = \frac{F_{引}}{m_{惯}} = G\,\frac{\dfrac{Mm_{引}}{R^2}}{m_{惯}} = \frac{GM}{R^2} \cdot \frac{m_{引}}{m_{惯}}$$

如物体的引力质量与惯性质量成正比，上式中的 $m_{引}$ 可表示为

$$m_{引} = k m_{惯}$$

代入后，得重力加速度

$$g = \frac{kGM}{R^2}$$

上式表明，在地球上同一地方，重力加速度不随物体的材料、轻重而变化. 牛顿管实验中不同材料、不同轻重的物体同时下落的事实，正好证明了这一点，因而也就是间接地证明了 $m_{引} = k m_{惯}$（或 $m_{引} = m_{惯}$）.

图 1.6　牛顿管

牛顿实验

牛顿在提出运动定律和万有引力定律时，必然会碰到这两种质量的关系问题*. 为了研究这个问题，他亲自做了实验——用不同材料做成单摆的摆锤，比较它们的振动周期，从而确定这两种质量的关系.

从振动理论知道，单摆做小振幅振动时，其周期可以表示为

$$T = 2\pi \sqrt{\frac{l}{g}} \cdot \sqrt{\frac{m_{惯}}{m_{引}}}\,{}^{**}$$

---

* 牛顿当时意识到这样两种质量，但并没有明确提出惯性质量与引力质量的概念. 19 世纪下半叶，以马赫为代表的一批物理学家通过对牛顿力学的认真思考，然后在实验基础上建立了惯性质量和引力质量的概念.

** 单摆做小振幅振动时的运动（微分）方程为

$$m_{惯}\,l\,\frac{d^2\theta}{dt^2} = -G\,\frac{Mm_{引}}{R^2}\theta$$

式中，l 为摆长，θ 为摆角. 这个方程与中学物理中小球做简谐运动时的方程 $ma = -kx$ 相当.

如果用不同材料做成单摆,在摆长相同时,测得的振动周期都相同,就表示 $\dfrac{m_{惯}}{m_{引}}$ 为一常数.

牛顿用空心容器作摆锤,里面放进质量精确相等的各种不同物质,如金、银、铅、玻璃、砂粒、食盐、木料、水和麦子等. 他写道:"我做了两个一样的木盒,一个装满木料,另一个在摆动中心处挂上等量的金(尽可能准确). 两个木盒用 11 英尺(1 英尺 =30.48 cm)长的同样的细线挂起来成为一对摆,它们的重量和形状完全一样,并同样受到空气阻力. 把两者挨着放,我观察到,它们长时间地以同一频率一起来回摆动. 因此,金里的物质的量与木料里的物质的量之比同作用在全部金上的力与作用在全部木料上的力之比是相同的."

牛顿的实验结果用数学式表示可写成

$$\dfrac{m_{惯(金)}}{m_{惯(木)}} = \dfrac{m_{引(金)}}{m_{引(木)}}$$

或

$$\dfrac{m_{惯(金)}}{m_{引(金)}} = \dfrac{m_{惯(木)}}{m_{引(木)}}$$

表明两种质量之比是常数. 当选适当的单位后,就可以使得 $m_{惯} = m_{引}$. 所以,牛顿在创建经典力学体系时,就不再区分这两种质量了.

厄缶实验

无论是简单的落体实验还是牛顿的单摆实验,测量的精确度都不高. 据牛顿的记载,他的实验精确度为千分之一.* 后来,人们对牛顿的单摆方法作了改进,实验精确度有了很大的提高.

验证两种质量等价的更精确的实验,是匈牙利物理学家厄缶

---

* 如果我们引入参数 $\eta(A,B)$ 表示 A、B 两种质量的差异,定义为

$$\eta(A,B) = \left[\left(\dfrac{m_{引}}{m_{惯}}\right)_A - \left(\dfrac{m_{引}}{m_{惯}}\right)\right] \Big/ \dfrac{1}{2}\left[\left(\dfrac{m_{引}}{m_{惯}}\right)_A + \left(\dfrac{m_{引}}{m_{惯}}\right)_B\right]$$

则对牛顿的实验而言,其值 $\eta(A,B) \leqslant 1\times 10^{-3}$.

(B. R. V. Eötvös)在1889年用扭秤方法完成的.

厄缶实验的设计思想可用图1.7说明. 我们知道,悬挂在地面上的物体,平衡时受到三个力作用:

① 地球的引力(重力)F_g,指向地球中心;

② 悬线中的张力F_r,方向沿着悬线;

③ 因地球自转而使物体受到"惯性离心力"F_c,方向垂直地球的自转轴向外*.

这里,F_g正比于物体的引力质量,F_c正比于物体的惯性质量. 设该处的重力加速度为g,纬度为φ,它们的大小分别为

$$F_g = m_{引} g, \quad F_c = m_{惯} \omega^2 R \cos \varphi$$

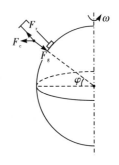

图1.7 地面上物体的受力情况

厄缶据此设计了一个扭秤,采用静态方法直接比较两个物体的引力质量和惯性质量. 厄缶实验的原理图如图1.8所示.

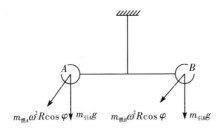

图1.8 厄缶实验原理图

用一根铂铱合金丝悬挂一根长40 cm的横杆,两端对称地固定着两个不同材料、重力相等的物体A和B. 两个物体都会受到重力和因地球自转造成的惯性离心力. 如果惯性质量与引力质量等价,则两

---

* 这是在随地球一起转动的参考系内观察到的结果. 其中,与F_c等值反向作用在物体上的力,就是使物体随地球一起自转的向心力$F_n = m\omega^2 R \cos \varphi$.

物体所受的惯性离心力相等,其力矩互相抵消,扭秤仍然能够维持平衡.如果惯性质量与引力质量不等,则扭秤失去平衡,会使悬丝扭转.

厄缶的实验装置如图 1.9 所示.实验中厄缶用望远镜对准悬丝上挂的小反射镜,通过反复地仔细观察,并且比较了许多不同物质(如木、铜、铂、石棉、水、硫化铜等),为了避免系统误差,厄缶还将杠杆转过180°重新进行测量,但始终看不到悬丝的扭转,即实验结果是"零".

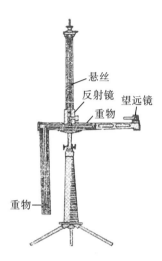

图 1.9　厄缶实验装置图

厄缶在 1889 年的实验精确已达到 5×10^{-8},1908 年的第二次实验,精确度又提高到 3×10^{-9},也就是说,如果惯性质量与引力质量不等,它们之间的偏差也不会超过 30 亿分之一.

从厄缶实验起,有关两种质量的等价性的研究,曾激起了许多物理学家的兴趣,不断地提高实验的精确度.迪克(Dicke)等人在 1906～1964 年间分析研究了厄缶实验后,重新进行了设计,把实验的精确度提高到了 3×10^{-11}.1972 年,苏联物理学家布拉金斯基(Braginsky)和班诺夫(Panov)又把迪克等人的实验精确度推进了两个数量级,达到 9×10^{-13}.

1.3　爱因斯坦的理想实验

召唤力与回答

惯性质量与引力质量相等,这是从伽利略和牛顿以来,经典物理学家普遍承认的实验事实,从来没有人作进一步的理论解释,都认为是不言而喻的.爱因斯坦却不然,他认为两者间的物理本质完全不同. 爱因斯坦生动地用地球和石头的引力为例说明这一点.

他说:"地球以重力吸引石块而对其惯性质量毫无所知,地球'召唤力'与引力质量有关,而石块所'回答'的运动则与惯性质量有关."

显然,地球的"召唤力"与石块的"回答"是两回事.

再举一个电场的例子也许更有助于理解. 例如,一个电荷为 q、质量为 m 的带电质点在电场中,它受到电场的"召唤力"为

$$F = qE$$

但是,它所"回答"的运动变化的快慢却决定于 $m_\text{惯}$,即

$$F = m_\text{惯} a$$

大家知道,电荷 q 和质量 m 都可以认为是质点本身属性的量,这里的"召唤力"决定于带电质点的一种属性——电荷 q,而"回答"的运动却决定于带电质点的另一种属性——质量 $m_\text{惯}$. 由于一个带电质点所带的电荷 q 和它的质量 $m_\text{惯}$ 之间是毫无联系的,因此,我们本来就不应该期望两者之间有什么联系. 这就像一个人的两种特征一样:如果甲的鼻子比较大,不能要求甲的百米跑一定比较快!

可是,世间事物的奇妙往往就在这里:反映同一物体不同属性的惯性质量与引力质量恰好又相等,而面对这个相等的实验事实,人们又都习以为常地接受了.

爱因斯坦不同于常人的地方也许就在这里:他并没有盲目地接受,而是从两者相等的事实出发,产生了深刻的联想,并认为"应当在理论物理的原理中找到它自身的反映".

为了理解爱因斯坦深邃的思想,下面先介绍一下他所设想的几个理想实验.

电梯内外的争论

假设在一座极高的建筑物内,有一个松脱了缆绳的电梯从顶层毫无阻碍地下坠. 电梯里有一群物

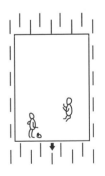

图 1.10

理学家,他们正在专心致志地做着实验,一点也不知道灾难当头.一位物理学家从口袋里拿出一块手帕和手表,将它们从手中释放(图1.10).此时,电梯外的地面上也站着一群物理学家,他们设法透过窗子能够观察到电梯内的实验.电梯内外这两群物理学家对电梯里所发生的现象看法不同.

电梯内的物理学家:手帕和手表都停留在放手的地方,表明在这个系统内没有任何力作用在这两个物体上.若用手把这两个物体朝任何方向轻推一下,它们将在碰壁之前一直做着匀速直线运动.如果某个物理学家用脚一蹬上跳的话,就会向上飞去一直到头顶碰到天花板.好像一切物体都在一个惯性坐标系内一样,经典力学的定律完全有效.

电梯外的物理学家:手帕、表、电梯里的人连同整个电梯,都以同样的加速度下落,完全符合伽利略所论证的"一切落体的加速度与它们的质量无关"的结论.

在这里,双方分歧的焦点是:电梯外的物理学家认为存在一个引力场,各种不同质量的物体以同样加速度下落,是引力场作用的结果;电梯内的物理学家认为不存在这个引力场——或者说,引力场在他们的坐标系外,完全可以不管引力场的影响.

转桶内外的争论

这一次,爱因斯坦让这群物理学家处在一个巨大的密封的转桶内(图1.11),这时他们所做的实验跟站在地面上的物理学家的看法又不同.

图 1.11

桶内物理学家:出乎意外地感到有一种奇怪的力,企图把他们拉离桶的中心.当把手中的手帕、表释放后,它们会沿着桶的半径飞向桶壁,似乎顷刻间重力场改变了方向,变成沿着桶壁向外,桶壁就像是房间里的"地板".

桶外物理学家:这一切都是旋转圆桶所特有的惯性的表现——做圆周运动的物体都有离开中心沿切线方向飞出去的倾向(称为离心倾向).

这里双方分歧的焦点是:桶内物理学家认为是重力的作用;桶外物理学家认为仅是一种惯性的表现.

远在天外

接着,爱因斯坦又换了一下想象的情景:把这个乘有许多物理学家的电梯,确确实实地放到毫无其他物体存在的空间,远离任何天体之外.假设有一种超自然的力拉紧缆绳向上拽,使电梯以匀加速度越来越快地"向上"升去.当然,电梯内的人同样不明白他们又处于怎样的一种险境.只是他们觉得自己的脚像突然被某种强大的力紧紧地吸在地面上,要是用脚蹬地上跳地话,不会再轻飘飘地浮起向上直冲梯顶了.如果再把手中的手帕和表释放,它们也不再停留在原处,而是向下落,但是若把它们水平地抛出的话,这些东西不再做匀速直线运动,而是沿着一条弧线下落.于是,电梯里的物理学家认为,这一切都是他们处于一个强大的引力场内的缘故,就像他们附着在地球上时受到重力一样.

显然,连这些绝顶聪明的物理学家也无法知道,他们到底是在重力场(引力场)中,还是在毫无重力的虚无缥缈的太空深处做匀加速运动.

那么,爱因斯坦所设计的这几个理想实验(统称为封闭箱实验),究竟揭示了什么物理内涵呢?

1.4 从等效原理到广义相对论

(1) 等效原理

根据爱因斯坦所设计的这几个理想实验,我们可以对局部空间区域建立这样的关系:

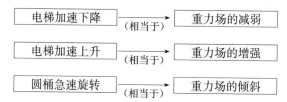

也就是说,一个加速系统可以与一定的重力场(引力场)等价,或者说,物体的惯性与一定的重力场(引力场)等价. 因此,在这样的封闭箱里,不管用什么方法都不能确定这个箱子究竟是静止在一个引力场中,还是处于没有引力场却做加速运动的空间.

由于任何因速度大小变化或方向变化而发生的其他惯性作用,都可以看成重力场(引力场)变化的结果,所以,由上述理想实验得到的等价性,我们就有可能找到引力质量与惯性质量之间联系的线索了.

根据牛顿第二定律,并仿照一定电量的电荷 q 在电场强度为 E 的场中受到电场力 $F=qE$ 的公式,可以写出如下等式:

$$惯性质量 \times 加速度 = 引力质量 \times 引力场强度$$

例如,当电梯自由下落时有

$$m_{惯} a = m_{引} g'$$

由于 $m_{惯}=m_{引}$,因此,等效于这个加速度的引力场强度 $g'=a$. 如果电梯以 $a(a<g)$ 下落,则道理是一样的.

这样,爱因斯坦就以引力质量与惯性质量相等作为"一把可以更加深入地了解引力和惯性的钥匙",提出了一个普遍的假设:"引力场与参考系的相当的加速度在物理上完全等价",或者简单地说成:"引力与惯性等价". 这就是所谓的"等效原理".

等效原理是以引力质量与惯性质量相等这一事实为基础的,反过来,承认了这一原理,引力质量与惯性质量的相等也相当自然了. 这正是厄缶实验作为引力理论的一块重要奠基石的意义.

(2) 从等效原理到广义相对论

根据等效原理可以知道,我们在局部范围内(如上面所说的电梯内)由于惯性(无论是平动还是转动)所产生的运动和重力(引力)所产生的运动将无法区分. 换句话说,我们在局部范围内所做的实验将无法区分自己所在的系统(设为K'系)究竟相对另一个参考系(设为K)是在加速运动呢,还是受到一个引力场的作用?因此,我们用参考系K'(相对于惯性系做加速运动)或者K(内部有一个引力场)来描述物理过程的规律,应该是完全等效的.

大家知道,爱因斯坦在 1905 年提出了划时代的狭义相对论. 他指出,一切运动定律(不限于力学运动定律)在所有惯性系里都一样成立. 实际上,惯性系只是一个真实参考系的近似,自然界中并不存在严格的惯性系. 例如,通常把地球作为一个良好的惯性系,但地球不仅自转,还绕着太阳公转. 即使选取遥远的恒星作为参考系,也仅仅是一个近似程度更高、比地球更好的惯性系而已 —— 因为任何一颗恒星也都在相对于别的恒星转动或做着加速运动. 因此,爱因斯坦并不满足,他决定要把狭义相对论扩展到加速运动的参考系,同时想解决困扰已久的引力问题.

爱因斯坦对狭义相对论的不足作了认真的思考,开始时总不得要领. 科学创新的灵感往往会突然降临. 他说:"有一天,转机突然出现了. 我坐在伯尔尼专利局的椅子上,突然想到:如果一个人自由下落,他会感觉不到他的体重. 我很吃惊,这个简单的推理实验对我影响至深,竟把我引向了引力理论. 我继续设想一个下落的人处于加速

的情况. 此时,他的感觉和判断都是在加速运动的参考系里发生的. 我决定把相对论扩展到加速运动的参考系. 我认为这样做可能同时解决引力问题. 一个下落的人感觉不到他的体重,是因为在他自身的参考系里有一个新的引力场抵消了地球的引力场. 在这加速运动的参考系里,我们需要一个新的引力场."

于是,爱因斯坦就从惯性质量与引力质量的等价性出发,并把厄缶的质量等价实验当成"为扩充相对论辩护的著名物理事实",根据引力场与加速度场局域性等效的概念,把狭义相对论中所指出的"各惯性系在描述自然定律上是等效的"这个结论作了推广,进一步提出了"广义相对性的原理"—— 自然定律对一切任意运动着的非惯性系也有效. 1916 年,他发表了奠基于这个原理基础上的理论,被称为"广义相对论."

如果说爱因斯坦狭义相对论的诞生是顺应了科学发展潮流的话,那么,广义相对论则完全是爱因斯坦的独创. 他单枪匹马昂首走在时代的前列,从 1907 年第一次提出等效原理起,经历了近 10 年的探索,最大限度地发挥了创造性思维的力量,终于获得了巨大的成功.

(3) 广义相对论的预言

广义相对论实质上是一种关于引力的理论. 爱因斯坦对牛顿建立在超距作用上的引力理论进行了革命性的改造,让物理学家瞠目结舌. 他设想牛顿所说的引力并非是力,仅是空间本身的影响. 由于物体的质量改变了周围的空间,周围空间变得弯曲起来,物体在这样的弯曲空间里,就会被加速.

为了理解质量对空间的影响,可以将空间形象地看成是一张巨大的二维弹性膜,如图 1.12 所示. 若空间存在着巨大质量的物体,就好像在这张膜上放有一个质量很大的球(如图 1.12 中白色的大球),必然会使膜发生凹陷(空间弯曲),一个小弹子在膜上运动,当它滚到凹陷区域时,就会做加速运动了. 太阳的质量很大,它造成周围空间的弯曲,于是就形成了对地球等行星的作用.

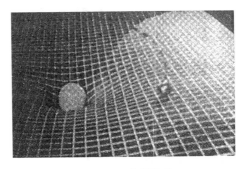

图 1.12　空间弯曲

广义相对论的理念相当深奥.爱因斯坦在广义相对论中作出了三个惊心动魄的著名预言.下面,我们简单介绍其中的一个预言*——光线经过太阳附近会发生弯曲以及与此预言对应的黑洞.

光线弯曲

我们先回到那座加速向上的电梯里.假设有一束光正好穿过一个侧面窗口水平地射进电梯内,并在极短时间内射到对面的壁上.电梯内外的物理学家对这个现象的解释也不同.

电梯外的物理学家:光射进窗口后水平地以恒定速度沿直线射向对面墙上.由于电梯正在朝上运动,在光还未碰壁的极短时间内,电梯已经改变了位置,因此光线所射到的点不会与入射的点恰好相对,而会稍微低一些.尽管这个差异是极小的,可总是存在的,因此相对于电梯而言,光束并不是沿着直线传播,而是沿着稍微弯曲的路径传播(图 1.13).

电梯内的物理学家:电梯不存在加速运动,只有引力场作用.电梯内一切物体都受到引力场的作用,光也不例外.光束虽然没有重

---

* 爱因斯坦的另外两个预言是:① 水星近日点的进动——水星绕日运动会由于太阳引力场的作用,每 100 年近日点进动 43″;② 光谱线的引力红移——从巨大质量的星体表面发射到地球上的光谱线,会向光谱的红端移动.

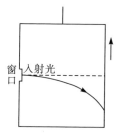

图 1.13　加速电梯中光线的弯曲

量,但它具有能量,而一定的能量与一定的质量相当($E=mc^2$),由于惯性质量与引力质量是等价的,所以任何具有惯性质量的物体,都受到引力场的吸引.于是光束就因引力作用路径变得弯曲起来了.

这也是爱因斯坦的一个理想实验.这个理想实验不仅又一次指出了引力场与系统的加速度在物理上的等价,更重要的是指出了光会受引力场的作用而发生弯曲.由此可以推断:光经过巨大质量的天体(如太阳)附近也必然会受到影响(图 1.14).

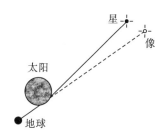

图 1.14　星光在太阳引力场中的偏斜

爱因斯坦根据广义相对论精确地算出,光线经过太阳表面附近会产生 $1.75''$ 的偏转,而用经典的牛顿引力理论算出的偏角仅为 $0.87''$.爱因斯坦的这个预言立即引起了全世界物理学家极大的兴趣,也是对广义相对论最明确和最严峻的考验.

由于白天天空的背景太亮,看不到星光,要求同时可以在太空看到太阳和星星,只有在日全食时最为理想.因此,爱因斯坦建议在日全食时,把最靠近遮暗了太阳面的那些星星拍成照片,把它们与别的时候拍摄的这些照片相比较进行检验.

1919 年 5 月 29 日,英国著名物理学家爱丁顿率领的考察队在西非几内亚湾的普林西比岛进行日食观测.结果表明,星光在太阳引力场中的偏斜度平均为 1.64″.由于仪器精度的限制,可以说,这个结果与爱因斯坦的预言非常相符.消息传出后,全球为之轰动.当爱因斯坦听到爱丁顿的观测结果时,非常平静地说:"我没有期待过其他的结果."美国著名哲学家怀特海(A. N. Whitehead)高度评价了这次预言的证实:"一场伟大的思想领域内的探险终于安然结束了."

后来人们采用无线电望远镜作了进一步精确的验证.1969 年以后,世界各国有好几个研究小组对类星体 3C279 和 3C273 发出的 3.7 cm 和 11.1 cm 波长的无线电波经过太阳表面时的偏折作了测量,都证实了广义相对论的结果.

神秘的黑洞

与光通过巨大质量的物体旁会发生弯曲相对应的还有另一个结果——巨大质量的物体也会对光产生影响.如果物体的质量和密度极大,就形成了所谓的"黑洞".当然,所谓"黑洞"并非是宇宙空间某处有那么一个大的洞,它指的是宇宙中存在着逃逸速度超过光速的空间区域.因为没有任何物体的速度能够超过光速,所以任何东西(包括光)都不能从中逸出.但是,外部的东西却可以不断地进入,就像落进一个深不见底的漆黑一团(由于不向外发光)的洞穴一样.黑洞的名称正是这样来的*.

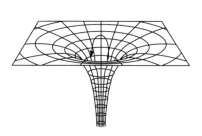

图 1.15　黑洞的时空结构示意图

图 1.15 形象地说明了一个旋转黑洞的时空结构,就像一个巨大的、深不可测的"漏斗",它能把附近的所有物质(包括光)全部鲸吞

---

* 1973 年底,S・霍金指出,黑洞会不断地辐射 X 光、γ 射线,他在《时间简史》中称:"黑洞不是那么黑的."后来,人们把黑洞的辐射称为"霍金辐射".

进去.

现代宇宙学理论认为,黑洞是恒星演化到最后的产物. 因为恒星时时刻刻都在辐射能量(来源于恒星内部的核聚变),即释放着大量的原子核能. 随着时间的进程,恒星的能量逐渐减少,当它的核能消耗殆尽时,恒星就会逐渐冷却下来,变成红巨星;若恒星自身的引力占优势,就会慢慢地向中心塌缩. 到了其晚期有可能出现三类天体:白矮星、中子星和黑洞. 当恒星塌缩后的质量小于 1.44 个太阳质量时,就成为白矮星;质量在 1.44~3 个太阳质量时,成为中子星;质量超过 3 个太阳质量(或半径缩小到 $\dfrac{2GM}{c^2}$ 或更小些)时,就可能成为神秘的黑洞了. 这三类天体的密度都极大. 如白矮星的密度为 $10^3\,\text{kg/cm}^3$,中子星的密度为 $10^{11}\,\text{kg/cm}^3$. 如果地球会形成黑洞的话,只有乒乓球的大小.

黑洞也是广义相对论的一个推论*. 自从20世纪60年代后,对宇宙中黑洞的探索成为天文学上最具诱惑力的一个课题,已经历了许多次失败的考验. 近年来,天文学家提出了几个很重要的黑洞候选者,如"天鹅座 X-1"双星系统、室女星系团中的星系 M87 以及 NGC4151 星系等,都可能存在黑洞. 不过还需要继续寻找更确凿有力的证据.

人们记得当初对电子性质的研究,同样扑朔迷离,真假难辨. 英国著名物理学家爱丁顿说过这样的话:"某些未知的东西正在做着我们还不知道的事情." 没多久,电子的面貌终于大白于天下了. 可以期待,随着对宇宙研究的不断深入,同样会很快地揭开黑洞的神秘面纱.

爱因斯坦提出广义相对论后,已经通过天文学家观测检验的事

---

* 与黑洞相对应的还有"白洞". 通俗地说,黑洞是宇宙中信号只进不出的某个区域. 白洞则是信号只出不进的某个区域. 它们可以看成是广义相对论赋予引力场以完整对称性的体现,都是基于广义相对论严密的自洽性而作出的逻辑推论.

例很多.例如有关宇宙膨胀的哈勃定律、中子星的发现、宇宙微波背景辐射的发现等,都对广义相对论提供了有力的支持.

(4) 最高智慧的象征

无尽的启示

从伽利略到牛顿建立经典力学体系以来的几百年中,一代又一代的物理学家对于引力质量与惯性质量相等的事实都熟视无睹,谁也没有去作过深层次的思考.唯有爱因斯坦,慧眼识珠,从这样一个人见人知的极平常的事实出发,提出了一个等效原理,并以此为基点建立了深刻的理论.爱因斯坦说:"在引力场里,一切物体都以同一加速度下落,或者说——这不过是同一事实的另一种讲法——物体的引力质量同惯性质量在数值上是彼此相等的.这种数值上的相等,暗示着性质上的相同.引力同惯性能够是同一的吗?这个问题直接导致了广义相对论."

一个在物理学史上自牛顿以来最伟大的理论,却植根于一个人所熟知的质量等价的事实,由一个普通的等效思维方法发扬光大而诞生出来.仅此一点,已足够给后人无尽的启示了.

头等光辉的巨星

爱因斯坦的相对论对科学发展和人类社会思想产生了巨大的影响.在20世纪末,加拿大《环球邮报》曾约请世界各地的读者评选"从公元1001年起,迄今1000年内对寰球最具影响的100位名人".想不到,荣登榜首的不是10个世纪中的哪一位政治家、军事家,也不是文学艺术大师,更不是富可敌国的大财阀,竟然是相对论之父爱因斯坦!足见物理学家的思想对人类社会发展影响之大,已经为世界所公认.2005年是爱因斯坦首创相对论100周年,联合国把它定为"国际物理年",并举办了全球的光束传递活动,充分表明了全世界对爱因斯坦的纪念已经远远超过了物理时空.

  爱因斯坦堪称人类最高智慧的象征,被公认为是 20 世纪最伟大的科学家,法国著名物理学家朗之万说:"他现在是并且将来也还是人类宇宙中有头等光辉的一颗巨星."

  当代著名物理学家、诺贝尔奖得主李政道说过这样的话:"我们的地球在太阳系中是一个不大的行星,我们的太阳在整个银河系 4000 亿颗恒星中也不是怎样出众的星.我们整个银河系在整个宇宙中也是非常渺小的.可是,因为爱因斯坦在我们小小的地球上生活过,我们这颗蓝色的地球就比宇宙的其他部分有特色、有智慧、有人的道德."

2 等效方法在科学认识中的作用

我们知道,物理学的研究实际上都是对模型的研究.那么,为什么可以用模型代替对实物的研究呢?根本的原因在于通过对模型的研究——无论是实物模型(如机翼模型、大桥模型等)还是理论模型(如原子模型、宇宙模型等),都能够在一定程度上或某些方面跟实物有着等效的作用.可以这么说,每个物理模型的建立和对模型研究的背后,都有着"等效思想"的支撑.否则的话,模型就失去了实际的意义和研究价值.

如图2.1所示,斜拉桥造型优美、跨度大,是目前世界上桥梁设计中被广泛采用的一种结构,但钢索的受力分布十分复杂.设计中,常常先要通过对模型的研究,以便于找到一种合理的索力分布,使桥梁处于良好的

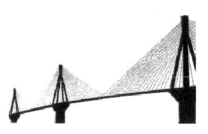

图 2.1　斜拉桥

受力状态,然后在施工中再反复调整,保证桥梁合理的几何线型.

"等效",作为一种重要的思想方法,绝对不只是狭隘地体现在"合力与分力"或"等效重力加速度"等方面.它除了作为物理模型的支柱外,还广泛地渗透在物理学的各个领域.下面,仅以定义物理概

念、导出便于应用的物理规律(公式)、对物理规律的表述以及提供有效的研究手段等方面的独特作用,作一介绍.

2.1 从效果定义概念

在物理学中,许多概念(或物理量)都是基于等效思想定义的.下面,选取几个中学物理常见的概念加以说明.

(1) 质点

质点是一个理想化的物理模型.物理学中,把用来代替物体的有质量的点叫作质点.

显然,质点概念的引入就是一种等效替代.在这个等效替代中,我们只关注其质量和位置,即质点的质量应该与实际物体相同,并能确切地反映实际物体所处的位置.至于物体本身的大小、形状、运动情况和组成成分等,一般都不需要考虑.

在研究具体物理问题时,能否把物体抽象为质点,也就是说,能否用质点取代物体进行研究,必须依据问题的具体情况确定.

例如,京沪高速铁路全长 1318 km,要求计算一列长 200 m 的高速列车平均以 300 km/h 的速度从北京行驶到上海(虹桥)的时间,完全可以把列车看成质点;如果要求计算途中经过一个长 500 m 的隧道所需要的时间,就不能把列车看成质点了.

(2) 重心*

重心就是物体所受重力的作用点.它同样是建立在等效的基础

---

* 重心是人们生活中的习惯用语,在物理学和工程技术上,更有意义的是质心.它是物体(或质点系)质量中心的简称,反映质量分布的平均位置.质心的位置仅与各质点的质量大小和分布的相对位置有关.汽车、轮船、飞机的稳定性,高速运转机器的正常运转,体操和杂技运动员以及高楼大厦的稳定性等都与质心位置密切相关.如果物体的体积不大,物体处于重力场中,则其重心和质心重合.离开了重力场重心就失去意义,质心依然存在.

上的.

每个有一定大小的实际物体,都可以看成许多质点的集合. 每个质点都会受到重力的作用,在地面上不大的范围内,物体上每个质点所受重力都可以认

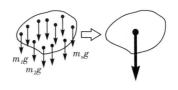

图 2.2　物体的重心

为竖直向下. 因此,一个物体各部分质点所受重力就是一组平行力,这些平行力的合力作用点(图 2.2)就称为物体的重心. 显然,这个合力的大小

$$F = m_1g + m_2g + \cdots + m_ng = \sum m_ig$$

即等于整个物体的重力.

建立了重心的概念后,就可以用一个点代替整个物体;用作用于重心的一个力代替整个物体所受的重力.

(3) 合力与分力

合力与分力是直接从效果相同定义的. 如果几个力作用在某个物体上,它们所产生的作用效果跟某一个力的作用效果相同,这一个力就称为那几个力的合力. 简单地说,合力就是几个力的"等效单力". 反过来,如果一个力作用在物体上,它产生的效果跟两个或两个以上的力产生的效果相同,这几个力就称为它的分力.

从合力就是"等效单力"的意义可以看到,合力与几个力的矢量和不同. 一些同学根据两个共点力合成的实验,认为合力就是两个或几个力的矢量和. 他们把个别实验得来的结果作为普遍结论,这样的认识就错了. 例如,图 2.3 中在棒的两端作用有大小相等、方向相反的两个力 F_1 和 F_2,其矢量和为零,但却找不出一个力跟它们等效,也就是找不出它们的合力——既可使棒伸长,又最后保持平衡.

必须注意,只有当把物体作为质点看待(即不考虑形变和转动效

图 2.3　合力与矢量和不同

果时),合力与力的矢量和才等价.

(4) 平均值

物理学中许多地方都应用平均的概念,如平均速度、平均作用力、平均密度、平均比热容等,在引入这些平均概念时,实际上都潜移默化地以"等效"作为它们的支柱.

例如,在变速直线运动中引入平均速度,它的定义式是

$$\bar{v}=\frac{x}{t} \quad 或 \quad \bar{v}=\frac{\Delta x}{\Delta t}$$

根据这个定义式,我们就可以从总体上认识某个物体的运动快慢情况.从等效的意义上说,相当于用一个以平均速度运动的匀速直线运动代替原来的变速直线运动.这个等效关系反映在 $v-t$ 图上,就更为清晰了(图 2.4).

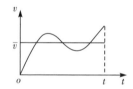

图 2.4　用匀速运动代替变速运动　　图 2.5　用恒力代替碰撞中的变力

显然,这样的替代仅反映了物体运动的位移与时间之间具有等效的关系,并不是所有方面.

例如,在打击、碰撞等现象中,由于相互作用的时间一般都很短,相互作用力的变化很复杂(图 2.5).引入平均作用力便于从大体上了解相互作用情况.从等效的意义上说,就相当于用一个等于平均力大小的恒力替代原来的变力.

(5) 热功当量*

这是一个具有历史意义的概念,直接反映了功与热的等效关系,曾经在能的转化和守恒定律建立的过程中立下了"汗马功劳".

19 世纪 40 年代,生产力的发展已发出强大的召唤,欧洲科学界已经普遍蕴含着这样的气氛,认为应该以一种相互联系的观点去认识自然,能的转化和守恒定律就像晨曦中的一轮红日,即将喷薄而出. 确立各种不同能量形式之间相互转化的定量关系(当量关系),已经成为急需突破的一个"瓶颈". 为此,英国物理学家焦耳历尽沧桑,设计了各种实验,用无可辩驳的事实揭示了一定量的功和热量之间的当量关系,为能的转化和守恒定律的建立奠定了坚实的实验基础.

如今,当功和热均采用"焦耳"为单位后,"热功当量"这个物理量虽然失去了应用价值,但是,焦耳孜孜不倦、献身科学的崇高精神的光辉始终照耀在物理学的天空. 更重要的是,焦耳对于不同能量之间相互转化的思想,继续指引着人们对未知世界的探索,也指引着我们对中学物理问题的分析与研究.

图 2.6 是焦耳测定热功当量的一种装置示意图. 设某次实验数据如下:重物 P、P' 的质量共为 $m = 26.32 \text{ kg}$,每次下落高度均为 $h = $

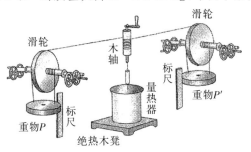

图 2.6　焦耳实验的一种装置

---

* **热功当量** $J = 4.2 \text{ } J/cal$(焦耳/卡),表示对物体做 $4.2 \text{ } J$ 的机械功与传递 $1 \text{ } cal$ 的热量相当.

160.5 cm,共下落 $n=20$ 次,量热器及其中的水的平均热容量 $C=6316$ cal/℃,温度升高 $\Delta t=0.31$ ℃.根据这些数据,你能推算出热功当量的值吗?

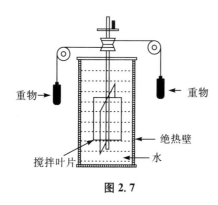

图 2.7

例题 1 (2007 广东)*

图 2.7 为焦耳实验装置简图,用绝热性能良好的材料将容器包好.重物下落带动叶片搅拌容器里的水,引起温度升高.关于这个实验,下列说法正确的是( ).

A. 这个装置可测定热功当量

B. 做功增加了水的热量

C. 做功增加了水的内能

D. 功和热量是完全等价的,无区别

分析与解答 这个实验的目的,是通过使同样的水升高相同温度,确定做功和热传递两者之间的数量关系,即测定热功当量,故 A 正确.

热量是热传递过程中的物理量,也就是说,只有在热传递过程中才有意义.内能是表示物体状态的物理量,用这个装置对水做功,可以增加水的内能,B 错、C 正确.

功与热量是两个不同的概念.从它们改变内能的方式上可以看出:功是不同形式之间能量转化的量度,热量是同种形式之间能量(内能)转移的量度,D 错.

说明 焦耳实验证明了做一定量的功跟传递一定量的热量是

---

* 2007 年普通高等学校招生全国统一考试广东卷,以后选用的高考试题均采用此简称.

等效的.图中的实验装置,从能的转化角度来说,实现了机械功与内能的转化,也就是说,通过宏观物体的位移,将物体的机械能转化为系统分子的无规则运动的能量.功、热量和内能是三个不同意义的物理量,必须注意它们的区别.

(6) 有效值

交流电的有效值是体现等效思想的一个典型概念,有关它的计算、变化和应用等方面的问题相对来说比较复杂,下面分几方面进行阐述.

有效值的定义

交流电的有效值是根据热效应定义的.让交流电和直流电通过同样的电阻,如果它们在一个周期内产生的热量相等,这个恒定电流的数值就称为此交流电的有效值.

对于常用的正弦交流电,其有效值和最大值之间的关系是

$$E_m = \sqrt{2}E, \quad U_m = \sqrt{2}U, \quad I_m = \sqrt{2}I$$

在应用中,如果对这个定义认识不足,往往就会产生错误.

例题1 加在一个电阻 R 上的直流电压 $U=10$ V,它消耗的电功率与接在交流电路里另一个电阻 $R'(R' = \frac{1}{2}R)$ 所消耗的电功率相同,那么这个交流电的最大值是( ).

A. $5\sqrt{2}$ V   B. 10 V   C. $10\sqrt{2}$ V   D. 20 V

分析与解答 电阻 R 在直流电路里消耗的电功率为

$$P = \frac{U^2}{R}$$

如果把 $R' = \frac{1}{2}R$ 的电阻接在直流电路里,设需要加以电压 U' 才能产生同样的热效应,则

$$\frac{U'^2}{\frac{1}{2}R} = \frac{U^2}{R} \quad \Rightarrow \quad U' = \frac{U}{\sqrt{2}}$$

因为电压U'就是交流电路里加在电阻R'上的有效值,所以交流电的最大值为

$$U_{\max}=\sqrt{2}U'=U=10\text{ V}$$

所以,B 正确.

说明 本题很容易错选 C. 必须注意,交流电的有效值,其实也就是热等效直流值. 从电功率的意义来说,是指同样电阻产生相同的热功率. 如果忽略了同样电阻的条件,仅从相同的热效应考虑,就会误认为$U=10$ V 是其有效值,于是将最大值错算为$U_{\max}=10\sqrt{2}$ V,这是值得警惕的.

例题 2 图 2.8 表示一交流电随时间而变化的图像,此交流电的有效值是( ).

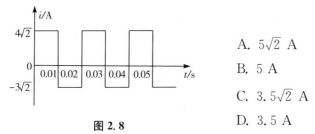

A. $5\sqrt{2}$ A
B. 5 A
C. $3.5\sqrt{2}$ A
D. 3.5 A

图 2.8

分析与解答 根据交流电有效值的定义,应该将这个交流电和另一个恒定电流 I 分别通过同样的电阻 R,然后根据它们在一个周期内产生的热量相同,确定其有效值. 由于题中交流电的正、负半周的电流值不同,需要分别计算,即

$$I_1^2R\cdot\frac{T}{2}+I_2^2R\cdot\frac{T}{2}=I^2R\cdot T$$

得

$$I=\sqrt{\frac{1}{2}(I_1^2+I_2^2)}=\sqrt{\frac{1}{2}[(4\sqrt{2})^2+(3\sqrt{2})^2]}\text{ A}=5\text{ A}$$

所以,B 正确.

说明 当年的这个高考题中首次出现了正、负半周电流值不等的

方波,曾使许多同学失分.究其错误的原因,一是考生只知道机械地背诵有效值的定义,却不会将"热效应"的定义在不同的情况中去应用,以致无所适从;二是混淆了有效值和平均值两个不同的概念,错选C.

如果清楚认识了有效值的含义,对于正负半周不同矩形波的交流电的有效值就很容易计算了.下面这个练习请自我测试一下.

练习题

(2013年 海南)通过一阻值 $R=100\ \Omega$ 的电阻的交变电流如图2.9所示,其周期为 1 s.电阻两端电压的有效值为(   ).

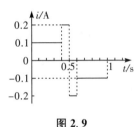

图 2.9

A. 12 V　　　B. $4\sqrt{10}$ V　　C. 15 V　　　D. $8\sqrt{5}$ V

参考答案:B.

有效值与最大值的关系

由于正弦交流电随时间做非线性变化,有效值的计算一般比较复杂*,下面介绍几个在初等数学范畴内确定其与最大值关系的方法.

① 根据电功率计算

交流电的瞬时功率就是交流电的电流和电压瞬时值的乘积,即

$$P=iu$$

对纯电阻负载,电流和电压同相,瞬时值分别为

---

* 交流电的有效值又称为方均根值,指的是电流瞬时值的平方在一个周期内的平均值的开根,即

$$I=\sqrt{\frac{1}{T}\int_0^T i^2 dt}$$

$$i = I_m \sin \omega t, \quad u = U_m \sin \omega t$$

因此其电功率为

$$P = iu = I_m U_m \sin^2 \omega t = \frac{1}{2} I_m^2 R (1 - \cos 2\omega t)$$

由此可见,接在交流电路中的纯电阻负载,其瞬时功率由两项组成:一项是常量 $\frac{1}{2} I_m^2 R$;另一项是角频率为 2ω 的交变量 $\frac{1}{2} I_m^2 R \cos 2\omega t$.

考虑一个周期时,由于余弦函数在一个周期内的平均值为零,则电阻上消耗的电能(转化的热量)为

$$Q = P_T T = \frac{1}{2} I_m^2 R T$$

假设这个电阻 R 改接在电流为 I 的直流电路里,则在同样的一个周期内消耗的电能(转化的热量)为

$$Q' = I^2 R T$$

当 $Q' = Q$ 时,由

$$\frac{1}{2} I_m^2 R T = I^2 R T$$

得

$$I_m = \sqrt{2} I \quad 或 \quad I = \frac{I_m}{\sqrt{2}}$$

② 结合微元法计算

假设有两个最大值和频率相同、位相差 $90°$ 的正弦交流电

$$i_1 = I_m \sin \omega t, \quad i_2 = I_m \sin \left(\omega t + \frac{\pi}{2} \right) = I_m \cos \omega t$$

其图像分别如图 2.10(a)、(b) 所示.

使这两个交流电分别通过纯电阻 R,由图像可知它们在一个周期内产生的热量相同,令 $Q_1 = Q_2 = Q$. 为了计算电阻 R 在一个周期内产生的热量,可将一个周期分割成许多极短的时间间隔,每个极短时

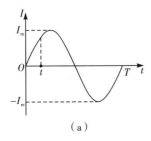
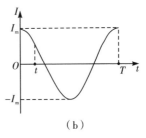

图 2.10 最大值相同、相位不同的两个交流电

间 Δt 内的电流可认为不变,则

$$Q_1 = \sum i_1^2 R\Delta t = \sum I_m^2 \sin^2 \omega t \cdot R\Delta t$$

$$Q_2 = \sum i_2^2 R\Delta t = \sum I_m^2 \cos^2 \omega t \cdot R\Delta t$$

因此,有

$$2Q = \sum I_m^2(\sin^2 \omega t + \cos^2 \omega t)R\Delta t = I_m^2 R\sum \Delta t = I_m^2 RT$$

现在,再将这个电阻 R 改接在电流 I 的直流电路里,它在一个周期内产生的热量为

$$Q' = I^2 RT$$

根据有效值的定义,令 $Q = Q'$,即

$$\frac{1}{2}I_m^2 RT = I^2 RT$$

得

$$I_m = \sqrt{2} I \quad \text{或} \quad I = \frac{I_m}{\sqrt{2}}$$

③ 利用交流电功率的图像

使交流电通过纯电阻 R,根据上面得到的交流电瞬时功率的表达式,电阻上消耗的电功率的图像如图 2.11 所示.它在一个周期 T 内产生的热量,在数值上等于功率曲线与时间轴所围的面积.由于图像的对称性,这些热量也等于以功率曲线最大值的一半 $\left(\frac{1}{2}I_m^2 R\right)$ 与对应的时间轴为边所组成的矩形的面积,即

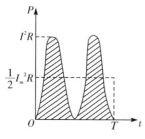

图 2.11 交流电的功率

$$Q = \frac{1}{2} I_m^2 RT$$

如果使同样的电阻 R 接在电流为 I 的直流电路中,在同样一个周期 T 内产生的热量为

$$Q' = I^2 RT$$

根据交流电有效值的定义,令 $Q' = Q$,即得

$$I_m = \sqrt{2} I \quad \text{或} \quad I = \frac{I_m}{\sqrt{2}}$$

几点认识

有效值具有很重要的意义. 平时照明电路的电压 220 V 就是有效值. 各种使用交流电的用电器上所标的额定电压和额度电流、一般用交流电压表和电流表测量的数值,也都是有效值. 因此,对于有效值必须有充分的认识:

① 有效值是根据热效应定义的,对于不同波形的交流电,可以选取同样的电阻,通过对一个周期内产生的热量确定有效值的大小.

② 只有按照正弦规律变化的交流电,其最大值和有效值之间才有下列的关系式,即

$$E_m = \sqrt{2} E, \quad U_m = \sqrt{2} U, \quad I_m = \sqrt{2} I$$

对于其他不同波形的交流电,有效值与最大值之间的关系是不同的.

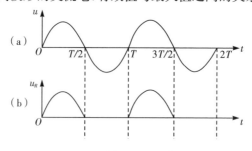

图 2.12

③ 即使波形的变化相同,但一个正弦全波和一个正弦半波的有效值与最大值的关系也是不同的(图 2.12)*.

2.2 导出应用的规律

在物理学中,为了便于应用,常常需要从基本的物理规律导出某些次级规律. 这些次级规律都是在"等效"的前提下才能推导出来的,因此,它们的物理内涵依然与基本规律一致,但是更便于在特定情况下应用.

(1) 拉密原理

当物体受到同一平面内三个共点力作用平衡时,依照每一个力的作用方向将它们首尾相连,一定可以构成一个封闭三角形,如图 2.13 所示.

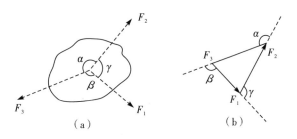

图 2.13　三个共点力的平衡

---

* (B) 图 2.12(b) 中经半波整流后的有效值,除了从物理意义上确定外,根据定义,从数学上可知

$$I = \sqrt{\frac{1}{T}\int_0^T i^2 dt} = \sqrt{\frac{1}{T}\left[\int_0^{\frac{T}{2}} I_m^2 sin^2 \omega t\, dt + \int_{\frac{T}{2}}^T 0\, dt\right]}$$

$$= I_m\sqrt{\frac{1}{T}\int_0^{\frac{T}{2}} \frac{1-cos\,2\omega t}{2} dt} = I_m\sqrt{\frac{1}{2T}\left[\int_0^{\frac{T}{2}} dt - \int_0^{\frac{T}{2}} cos\,2\omega t\, dt\right]}$$

$$= I_m\sqrt{\frac{1}{4} - 0} = \frac{I_m}{2}$$

根据所作出的力三角形,利用正弦定理可得

$$\frac{F_1}{\sin\alpha}=\frac{F_2}{\sin\beta}=\frac{F_3}{\sin\gamma}$$

也就是说,每一个力与另外两个力夹角的正弦成正比. 这个关系式称为"拉密原理",应用时非常方便.

例题 1(2017 全国 1 卷) 如图 2.14,柔软轻绳 ON 的一端 O 固定,其中间某点 M 拴一重物,用手拉住绳的另一端 N. 初始时,OM 竖直且 MN 被拉直,OM 与 MN 之间的夹角为 $\alpha\left(\alpha>\dfrac{\pi}{2}\right)$. 现将重物向右上方缓慢拉起,并保持夹角 α 不变. 在 OM 由竖直被拉到水平的过程中( ).

A. MN 上的张力逐渐增大
B. MN 上的张力先增大后减小
C. OM 上的张力逐渐增大
D. OM 上的张力先增大后减小

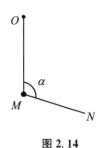

图 2.14

分析与解答 设悬挂在结点 M 处重物的质量为 m,结点 M 受到三个力作用:重物的拉力 mg,轻绳 MN、OM 的张力分别为 F_{MN}、F_{OM},如图 2.15(a)所示. 这三个共点力处于平衡状态时,它们首尾相接一定构成一个封闭三角形,这三个力的对角分别为 $(180°-\alpha)$、γ、β,如图 2.15(b) 所示.

根据拉密原理有关系式

$$\frac{mg}{\sin(180°-\alpha)}=\frac{F_{MN}}{\sin\gamma}=\frac{F_{OM}}{\sin\beta}\quad\Rightarrow\quad\frac{mg}{\sin\alpha}=\frac{F_{MN}}{\sin\gamma}=\frac{F_{OM}}{\sin(\alpha-\gamma)}$$

分别可得

$$F_{MN}=\frac{\sin\gamma}{\sin\alpha}mg,\quad F_{OM}=\frac{\sin(\alpha-\gamma)}{\sin\alpha}mg$$

在 OM 缓慢地由竖直位置被拉到水平位置的过程中,角 γ 在 $0\leqslant$

$\gamma \leqslant \dfrac{\pi}{2}$ 范围内增大时,绳 MN 中的张力 F_{MN} 单调增大,因此 A 正确, B 错. 角 $\beta = \alpha - \gamma$ 则从钝角逐渐减小为锐角(图 2.15(c)),$\sin(\alpha - \gamma)$ 先增大、后减小,因此绳 OM 中的张力也是先增大、后减小,D 正确, C 错.

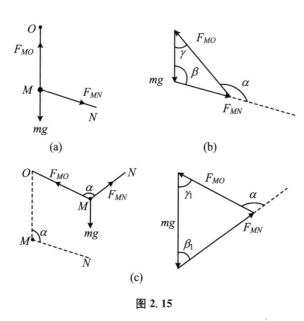

图 2.15

(2) 等效电压源定理、等效电流源定理

引 例

如图 2.16(a) 所示的电路,电源电动势为 E,内电阻为 r,外电路中串联着两个电阻 R_0 和 R_f. 根据闭合电路欧姆定律,通过电路的电流和外电阻 R_f 两端的电压分别为

$$I = \dfrac{E}{r + R_0 + R_f}, \quad U_f = IR_f = \dfrac{R_f E}{r + R + R_f}$$

如果只需要研究电阻 R_f 上的电压与通过 R_f 的电流,也可以把

图 2.16(a)中虚线框内部分等效成一个新的电源,如图 2.16(b)所示.

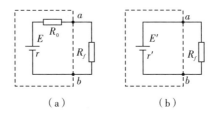

图 2.16

这个等效电源的电动势 E' 就是负载 R_f 断开时从两输出端 a、b 测得的电压,即 $E'=E$;这个等效电源的内电阻 r' 就是把电动势短路(保留内阻)从一个输出端到另一个输出端的总电阻,即 $r'=r+R_0$. 根据图 2.16(b)所画出的等效电源,可以立即算出通过负载电阻 R_f 的电流及其两端的电压,即

$$I=\frac{E'}{r'+R_f}=\frac{E}{r+R_0+R_f}$$

$$U_f=IR_f=\frac{R_f}{r+R_0+R_f}E$$

等效电压源定理

一般情况下,任何一个包含电源、有两个输出端的网络(称为有源二端网络),对"外部"而言,都可以等效为一个电源(即一个"电动势"和一个内电阻的串联电路).这个等效电源的电动势,就等于外电路开路时,在两个输出端测得的电压;这个等效电源的内电阻,就是当原网络中各电动势短路而保留其内阻时,在两个输出端测得的电阻(图 2.17).这个规律称为戴维宁定理或等效发电机原理.

利用戴维宁定理,可以对一些复杂电路加以简化,便于进行电路计算,在直流电路和电子技术中有广泛的应用.

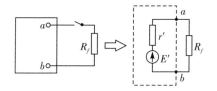

图 2.17

例题 1 如图 2.18(a)、(b) 所示的两电路,电源电动势为 E,内电阻为 r,外电路中的 R_1 为定值电阻,R_2 为可变电阻. 当 R_2 的值多大时,它获得的电功率最大？其值为多少？

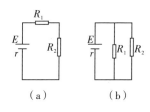

图 2.18

分析与解答 对电路(a),将 R_2 作为外电路,断开外电路后其余部分(如图 2.19 中虚线框内所示)等效为一个新的电源. 这个电源的等效电动势和内电阻分别为

$$E' = E, \quad r' = r + R_1$$

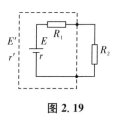

图 2.19

根据电源输出功率最大的条件,当 $R_2 = r' = r + R_1$ 时,R_2 获得的电功率最大,其最大值为

$$P_{\max} = \frac{E'^2}{4r'} = \frac{E^2}{4(r+R_1)}$$

对电路(b),同样将 R_2 作为外电路,断开外电路后其余部分(图 2.20 中虚线框内所示)等效为一个新的电源. 这个电源的等效电动势就是断开 R_2 后,在输出端测出的电压;内电阻等于从一个输出端到另一个输出端的电阻(电动势短路),即为

$$E' = \frac{R_1}{r+R_1}E, \quad r' = \frac{rR_1}{r+R_1}$$

同理,由最大输出功率的条件可知,当 $R_2 = r' = \dfrac{rR_1}{r+R_1}$ 时,R_2 获得的电功率最大,其值为

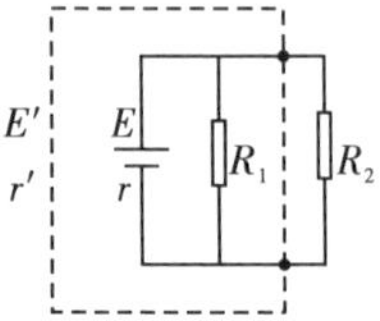

图 2.20

$$P_{max} = \frac{E'^2}{4r'} = \frac{R_1}{4r(r+R_1)}E^2$$

说明　采用等效电压源定理后,很容易得出最大输出功率的条件并算出最大值.如果应用通常电路计算方法,通过求极值进行运算(尤其是电路(b)),将会显得非常麻烦.

等效电流源定理

如图 2.21 所示的电路(即图 2.16(a) 的电路),也可以把虚线部分电路等效成一个恒流 I' 和一个电阻 r' 的并联电路,如图所示.

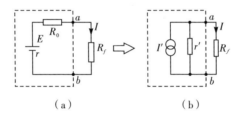

(a) 　　　　　　　(b)

图 2.21

这个恒流 I' 等于原来的有源二端网络,当外电路电阻全部短路时通过外电路的电流;这个并联电阻 r' 等于原来的有源二端网络中的电动势去掉后(内阻保留),两引出端之间的总电阻(它与等效电压源的内阻相同).在图 2.21(a) 中,将 R_f 短路后得恒流 I',将 R_f 断开、电池短路(r 保留)得并联电阻 r',其值分别为

$$I' = \frac{E}{r+R_0}, \quad r' = r+R_0$$

这个规律称为诺尔顿定理,又称为等效电流源定理.它很容易证明:

设图 2.21(b) 中通过 R_f 的电流为 I,由并联分流规律知

$$I = \frac{r'}{r'+R_f}I' = \frac{r+R_0}{r+R_0+R_f} \cdot \frac{E}{r+R_0} = \frac{E}{r+R_0+R_f}$$

这个结果跟图 2.21(a) 中用闭合电路欧姆定律直接求得 R_f 中的电

流一样.可见,上述的等效关系是正确的.

等效电流源定理在求解直流电路的计算问题,尤其是晶体管电路中有着很广泛的应用.下面的例题可作为等效电流源的示范性应用.

例题 1 图 2.22 为单管放大器电路,试确定其电压放大倍数 $\left(K_U = \dfrac{u_2}{u_1}\right)$ 与电流放大倍数 (β) 的关系.

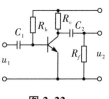

图 2.22

分析与解答 可以先从输入端和输出端考虑.在晶体管的输入端加上交流信号电压(u_1)时,将产生相应的基极电流(i_b),因此晶体管的输入端可以等效成一个电阻 r_{be}(称为输入电阻),如图 2.23 所示.

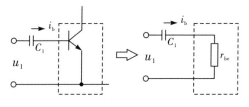

图 2.23

由于晶体管是一个电流控制元件,集电极电流 i_c 恒为基极电流 i_b 的 β 倍,即电流放大倍数 $\beta = \dfrac{i_c}{i_b}$,因此其输出部分可以等效为一个产生电流为 βi_b 的恒流源,整个晶体管的等效电路如图 2.24 所示.

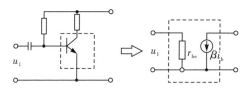

图 2.24

因为对于交流信号来说,电容器和电源的阻抗很小,都可以认为短路,电路中的电阻 R_b、R_c 好像分别并接在输入、输出端,如图 2.25 所示(称为交流通道),所以,最后就可以等效成如图 2.26 所示的电路.

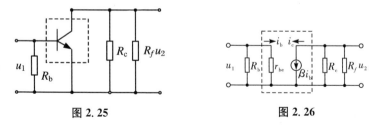

图 2.25　　　　　　　　图 2.26

于是,由

$$i_b = \frac{u_1}{r_{be}}, \quad i_c = \beta i_b$$

$$u_2 = -i_c R'_f = -i_c (R_c /\!/ R_f)$$

式中,R'_f 称为输出电阻,负号表示输出与输入反相位.立即可得电压放大倍数为

$$K_U = \frac{u_2}{u_1} = \frac{-i_c R'_f}{i_b r_{be}} = -\beta \frac{R'_f}{r_{be}}$$

或者表示为

$$\left| \frac{K_U}{\beta} \right| = \frac{R'_f}{r_{be}}$$

也就是说,单管放大器的电压放大倍数与电流放大倍数之比值的大小,等于输出电阻与输入电阻的比值.

说明　本题的关键只需画出交流通道的等效电路(图 2.26),计算就显得相当直观和简单了.

(3) 变压器阻抗比

一个小实验的启示

先做一个小实验:用不同电阻值的耳机听手机中播放的音乐、新闻等,会发现收听的效果(声音的强弱)明显不同,更准确地说,耳机从信号源获得的功率不同.这是什么道理呢?

2 等效方法在科学认识中的作用

在恒定电路的学习中已经知道,为了从电源获取最大的电功率,要求负载电阻的值与电源内电阻相等.在交流电路中同样如此,为了提高信号的传输效率,使负载(电阻)能够从前级获得最大的电功率,要求负载电阻与信号源(或前级)的内电阻相等——在电子技术中,称为"阻抗匹配".用耳机收听音乐、新闻等,要获得好的声音效果,必须配置相应要求的耳机,也就是要求阻抗相匹配.

变压器的阻抗变换

那么,怎样实现阻抗匹配呢?利用变压器进行阻抗变换就很容易达到这个目的.

在目前的中学物理教材中,变压器的作用主要体现在实现能量的传递,可以变压和变流,实际上,它还有一个很重要的作用是变换阻抗.

什么是阻抗变换呢?简单地说,就是副线圈的负载电阻对原线圈所产生的影响.如图 2.27 所示,设变压器原、副线圈的匝数分别为 n_1、n_2,原线圈的输入电压为 U_1,在副线圈上接入一个阻值为 R 的电阻,根据理想变压器原理,有关系式

$$\frac{U_1}{U_2}=\frac{n_1}{n_2}, \quad \frac{I_1}{I_2}=\frac{n_2}{n_1}, \quad R=\frac{U_2}{I_2}$$

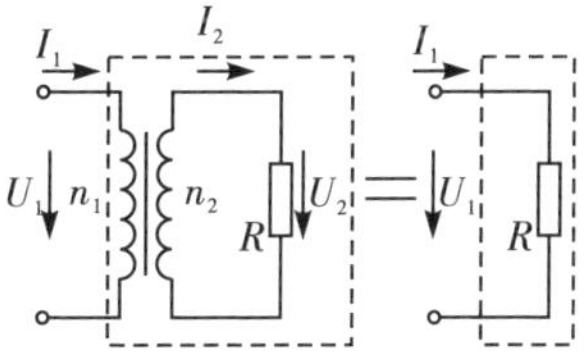

图 2.27 变压器阻抗变换

如果把原线圈两端的电压 U_1 与通过线圈的电流 I_1 之比,看成原线圈的负载,则有

$$R' = \frac{U_1}{I_1} = \frac{\frac{n_1}{n_2}U_2}{\frac{n_2}{n_1}I_2} = \left(\frac{n_1}{n_2}\right)^2 \cdot \frac{U_2}{I_2} = \left(\frac{n_1}{n_2}\right)^2 R = k^2 R$$

式中,$k = \frac{n_1}{n_2}$ 称为变压器的匝比.

这就是说,副线圈的负载电阻 R 对原线圈的影响,相当于在原线圈电路中接入一个阻值为 $R' = \left(\frac{n_1}{n_2}\right)^2 R$ 的负载电阻. 这就是变压器的阻抗变换作用.

例如,一个原、副线圈匝数比为 20 的理想变压器,当在副线圈上接入一个阻值为 8 Ω 的耳机时,反映到原线圈相当于接入一个 $20^2 \times$ 8 Ω=3200 Ω 的电阻. 通常,电子仪器所要求的输出阻抗都比较大,因此往往需要利用变压器进行阻抗变换才能匹配.

应用实例

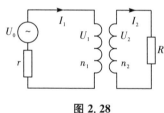

图 2.28

例题 1* 心电图仪是将心肌收缩产生的脉动转化为电压脉冲的仪器. 其输出部分可用一个与大电阻($r =$ 40 kΩ)相连的交流电源来等效,如图 2.28 所示. 心电图仪与一理想变压器的初级线圈相连. 扬声器(可以等效为阻值 $R = 8$ Ω 的电阻)与该变压器的次级线圈相连. 在等效电源的电压有效值 U_0 不变的情况下,为使扬声器获得最大功率,变压器的初级线圈和次级线圈的匝数比约为( ).

A. 1∶5000   B. 1∶70   C. 70∶1   D. 5000∶1

分析与解答 设变压器的初级线圈与次级线圈的匝数比为 n. 根

---

* 本题取自 2011 年卓越联盟自主招生试题.

据变压器的阻抗变换关系,接在次级线圈上的扬声器对初级的影响为

$$R' = n^2 R$$

于是,上述变压器可以等效为如图 2.29 所示的电路.

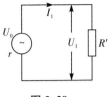

图 2.29

因此,要求扬声器获得最大的功率,应该满足其电阻跟电源内阻相等的条件,即

$$R' = n^2 R = r$$

则

$$n = \sqrt{\frac{r}{R}} = \sqrt{\frac{40 \times 10^3}{8}} \approx 70 : 1$$

即初级线圈与次级线圈的匝数比为 70 : 1,所以,C 正确.

说明 交流电源的电压有效值与负载的输出功率之间,有着跟闭合电路欧姆定律中同样的关系.

(4) 质心运动定理

根据牛顿第二定律,表征物体(质点)运动状态变化的物理量——加速度由外力所产生,即

$$ma = m\frac{\Delta v}{\Delta t} = F \qquad ①$$

式中的 $a = \frac{\Delta v}{\Delta t}$ 指的就是质点的加速度.

如果我们研究一个包含着彼此间有相互联系的多个质点所组成的系统(质点组).原则上我们也可以根据牛顿运动定律列出其中第 i 个质点的动力学方程

$$m_i a_i = F_i = F_i^{(e)} + F_i^{(i)} \qquad ②$$

式中 F_i 为第 i 个质点所受到的力.它包括第 i 个质点所受到的合外力 $F_i^{(e)}$ 和第 i 个质点所受到的合内力 $F_i^{(i)}$.方程②是一个矢量式,可以分解为三度空间的三个标量式,当质点组内有 n 个质点时,将包含着

$3n$ 个标量方程,而且由于各个内力之间存在的相互作用,这些方程都不能单独求解.可见,对于质点组来说,上面这样的方法就行不通了.

为此,在质点组的研究中引入质量中心的概念,简称质心.可以认为,质心集中着质点组的全部质量,即 $m=\sum m_i$,质心的位置则与质点组内各个质点的质量分布有关.例如:质量均匀分布且几何形状对称的物体,其质心位于几何对称中心;两个质点的质心在其连线上,并且到两者的距离与它们的质量成反比;等等.

引入质心概念后,并根据质点组的动量定理,就可以在质点组的研究中得到与牛顿第二定律相似的质心运动定理.若令 C 表示质点组的质心,则有

$$ma_C = m\frac{\Delta v_C}{\Delta t} = F^{(e)}$$

式中 a_C 为质点组的质心加速度,v_C 为质心的速度,$F^{(e)}$ 为质点组所受到的所有外力.大家知道,任何人都无法揪住自己的头发向上使自己离开地面.用物理学的语言来说,这就是由于没有外力的作用(即 $F^{(e)}=0$),无法使整体产生加速度的缘故.手拉头发的力是人体这个系统(质点组)的内力,内力是无法改变整体运动状态的.

因此,质心运动定理可以认为是质点组动量定理的等效形式*.利用质心运动定理,分析、研究某些在内力作用下的问题,会显得特别方便.

例题 1 如图 2.30 所示,质量为 $M=9$ kg 的三角劈置于光滑水平面上,在劈的光滑斜面的顶端轻轻放一个质量为 $m=1$ kg 的小物块,已知劈的斜面长 $l=1$ m,底角为 $\theta=30°$,当物块从顶端滑到底端

---

* 如何从质点组动量定理,通过引入质心概念,得到质心运动定理,有兴趣的读者可参阅梁绍荣、管靖的《基础物理学》(上册)6.2 节的推导.

时,劈的位移是多少?

分析与解答 小物块下滑时,与劈相互作用,使劈沿水平面向右运动.由于劈与小物块的运动相互牵制,如以地面为参考系采用隔离法会相当烦琐.如果把劈与小物块作为一个系统,根据系统不受外力时质心位置保持不变的道理就很容易计算了.

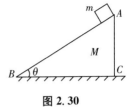

图 2.30

假设劈不动,物块滑到底端时向左的水平位移为

$$x_m = CB = AB\cos\theta = \frac{\sqrt{3}}{2}\text{m}$$

为了保持系统的质心位置不变,设劈向右的水平位移为 x,如图 2.31 所示.

由

$$mx_m = (M+m)x$$

得

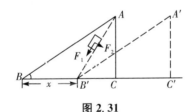

图 2.31

$$x = \frac{m}{M+m}x_m = \frac{1}{9+1}\times\frac{\sqrt{3}}{2}\text{m} \approx 0.87\text{ m}$$

(5) 理想气体状态方程分态式

在研究气体的状态变化时,常常会遇到同种气体被分成几部分,或几部分同种气体进行重新组合、分装的情况.由于研究对象发生了宏观的质量迁移,采用三条实验定律进行计算会显得相当麻烦.这

时,我们可以根据理想气体状态变化的基本规律——克拉珀龙方程$\left(pV=\dfrac{m}{M}RT\right)$结合质量守恒,导出状态方程的分态式.

当同种气体被分成几部分时,由

$$m=m_1+m_2+\cdots+m_n$$

根据克拉珀龙方程,有

$$\dfrac{pV}{T}=\dfrac{p_1V_1}{T_1}+\dfrac{p_2V_2}{T_2}+\cdots+\dfrac{p_nV_n}{T_n} \qquad ①$$

当几部分同种气体合并后重新分装时,由

$$m_1+m_2+\cdots+m_n=m_1'+m_2'+\cdots+m_n'$$

同理有

$$\dfrac{p_1V_1}{T_1}+\dfrac{p_2V_2}{T_2}+\cdots+\dfrac{p_nV_n}{T_n}=\dfrac{p_1'V_1'}{T_1'}+\dfrac{p_2'V_2'}{T_2'}+\cdots+\dfrac{p_n'V_n'}{T_n'}$$

$$②$$

关系式①和②都称为状态方程的分态式.

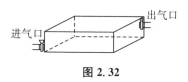

图 2.32

例题 1(2010 山东) 一太阳能空气集热器,底面及侧面为隔热材料,顶面为透明玻璃板(图 2.32).集热器容积为V_0,开始时内部封闭气体的压强为p_0.经过太阳曝晒,气体温度由$T_0=300$ K 升至$T_1=350$ K.

(1)求此时气体的压强;

(2)保持$T_1=350$ K 不变,缓慢抽出部分气体,使气体压强回到p_0.求集热器内剩余气体的质量与原来总质量的比值.判断在抽气过程中剩余气体是吸热还是放热,并简述原因.

分析与解答 (1)曝晒时认为集热器的容积不变,气体做等容变化.由查理定律

$$\frac{p_0}{T_0} = \frac{p_1}{T_1}$$

得

$$p_1 = \frac{T_1}{T_0} p_0 = \frac{350}{300} p_0 = \frac{7}{6} p_0 \qquad ①$$

（2）设封闭气体的质量为 m，抽气后分成两部分，抽出部分的质量和剩余气体质量分别为 Δm 和 m'，Δm 这部分气体原来处于容器内时的状态为 $(T_1, p_1, \Delta V)$. 这部分气体抽出后，容器内气体再经历一个降压过程（图 2.33）. 根据状态方程分态式有关系式

$$\frac{p_1 V_0}{T_1} = \frac{p_0 V_0}{T_1} + \frac{p_1 \Delta V}{T_1} \qquad ②$$

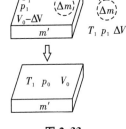

图 2.33

得

$$\Delta V = \frac{(p_1 - p_0)}{p_1} V_0 = \frac{1}{7} V_0$$

对应的抽出气体的质量 $\Delta m = \frac{1}{7} m$，所以剩余气体的质量为

$$m' = m - \Delta m = \frac{6}{7} m \quad \text{或} \quad \frac{m'}{m} = \frac{6}{7}$$

因为抽气过程中，气体的温度不变，体积增大了，在这个膨胀过程中集热器内的气体对外做功，所以剩余气体需要吸热.

2.3 殊途同归的表述

在物理学中，对同一个物理现象或实验事实往往可以从不同方向或不同角度进行探究，因此，总结出的规律也常常会有不同的表述. 有时，不同的表述在形式上的差别很大. 可是，只要不同的表述确实都能客观地反映这一现象或实验事实的物理本质，那么，这些表述

肯定都是等效的——殊途同归. 当然, 这样的殊途同归有时也必须在一定的条件下才会有意义.

在20世纪20年代初创量子力学时期, 德国物理学家海森伯采用了当时大多数物理学家不是很熟悉的矩阵运算方法进行描述, 奥地利物理学家薛定谔采用了比较流行的微分方程形式进行描述. 一时双方各执一词, 都不承认对方理论的正确性. 实际上, 这两种理论都是以微观粒子具有波粒二象性的实验事实为依据的. 后来薛定谔深入地钻研了海森伯的理论, 证明矩阵力学与波动力学的不同描述完全等效, 双方终于握手言和了.

下面, 我们选择与中学物理密切相关的几个规律, 体会一下在等效意义下的不同表述及其适用条件.

(1) 牛顿第二定律的两种表达式

牛顿在《自然哲学的数学原理》一书中对第二定律的表述是:"运动的改变和所加的力成正比, 并且发生在所加的力的方向上." 这里所说的:"运动的改变"其实是动量的变化. 因此, 牛顿第二定律的数学式为

$$F = k \frac{\Delta(mv)}{\Delta t} \qquad ①$$

把不变的质量从括号中提出来, 上式可以改写为

$$F = km \frac{\Delta v}{\Delta t} = kma \qquad ②$$

选择适当的单位(SI制), 则公式中的比例常数 $k = 1$, 于是式②就变为大家更熟知的形式

$$F = ma$$

所以, 牛顿第二定律可以有两种表达形式, 即

2 等效方法在科学认识中的作用

$$F = ma, \quad F = \frac{\Delta(mv)}{\Delta t} *$$

通常情况下(在经典力学范围内),物体的质量可以认为是一个不变的量,这两种表达式完全是等价的. 也就是说,无论用加速度形式还是动量形式,研究实际问题时都可以得到同样的结果.

例题1(2002 全国理综) 蹦床是运动员在一张绷紧的弹性网上蹦跳、翻滚并做各种空中动作的运动项目. 一个质量为60 kg的运动员,从离水平网面3.2 m高处自由下落,着网后沿竖起方向蹦回到离水平网面5.0 m高处. 已知运动员与网接触的时间为1.2 s. 若把在这段时间内网对运动员的作用力当作恒力处理,求此力的大小. 取 $g = 10$ m/s.

分析与解答 运动员着网时和反弹离网时的速度分别为

$$v_1 = \sqrt{2gh_1} \quad (\text{向下}), \quad v_2 = \sqrt{2gh_2} \quad (\text{向上})$$

① 用牛顿的定律求解

运动员在着网过程中仅受两个力的作用:重力 mg 和网的弹力 F. 以向上为正方向,由牛顿第二定律知

$$F - mg = ma$$

式中

$$a = \frac{v_2 - (-v_1)}{\Delta t} = \frac{v_2 + v_1}{\Delta t}$$

所以

$$F = mg + m\frac{\sqrt{2gh_2} + \sqrt{2gh_1}}{\Delta t}$$

---

* $F = \frac{\Delta(mv)}{\Delta t}$ 即为质点的动量定理. 在动量表达式中的 mv 是一个独立的物理量. 动量表达式比加速度形式的适用范围更广泛,不仅适用于质量一定的情况,也适用于质量变化的情况(如研究火箭的运动,就是一个变质量的问题).

代入数值后,得

$$F = 1.5 \times 10^3 \text{ N}$$

② 用动量定律求解

以竖直向上为正方向,运动员着网过程中,在重力和网的弹力作用下引起的动量变化为

$$\Delta mv = mv_2 - (-mv_1) = mv_2 + mv_1$$

根据动量定理,由

$$(F - mg)\Delta t = \Delta mv = mv_2 + mv_1$$

得

$$F = mg + \frac{m\sqrt{2gh_2} + m\sqrt{2gh_1}}{\Delta t}$$

说明 牛顿第二定律是一个瞬时规律,即适用于每个瞬间. 根据题设条件,当把网对运动员的作用力作为恒力后,着网时间内的加速度恒定,因此每个瞬间的加速度等于其平均加速度,于是就可以用平均加速度作为每个瞬间的加速度代入牛顿第二定律的公式应用了.

动量定理是一个过程规律*,适用于发生动量变化的全过程. 因此,用动量定理时实际上不必对网的作用力作出什么假设,算出的就是时间过程 Δt 内的平均作用力.

---

* 在大学物理中,质点的动量定理有微分形式和积分形式. 微分形式为

$$\frac{d}{dt}\mathbf{p} = \mathbf{F} \quad \text{或} \quad d\mathbf{p} = \mathbf{F}dt$$

它表示质点动量的时间变化率等于其所受合力,或者表示质点动量的微分等于质点所受合力在 dt 时间内对质点的元冲量.

质点动量定理的积分形式为

$$\mathbf{p}_2 - \mathbf{p}_1 = \int_{t_1}^{t_2} \mathbf{F}dt = \mathbf{I}$$

它表示在有限过程中合力的冲量等于质点动量的增量.

可见,质点动量定理的积分形式是一个过程规律. 在中学物理中,由于动量定理通常都用于某个时间过程,因此笼统地认为动量定理是一个过程规律.

爱因斯坦的相对论指出,物体的质量会随着运动速度变化而变化.一个静止质量为 m_0 的物体,当它以速度 v 运动时质量为

$$m = \frac{m_0}{\sqrt{1-\left(\frac{v}{c}\right)^2}}$$

由于物体质量变化,前面式 ① 括号中的量 m 就不能提出来,加速度也就不再与力成正比了.可见,在高速运动时,牛顿第二定律的这两种表达式就不再等效了.

(2) 简谐运动描述

如果问你:什么叫作简谐运动?你一定对答如流:物体受到一个大小与位移成正比、方向与位移相反的回复力作用下的运动,叫作简谐运动.这个回复力用公式可以表示为

$$F = -kx \qquad ①$$

这是中学物理常用的"动力学方程的描述",也就是说,这是从力的角度去判断的.

那么,是否还可以有其他的描述方式呢?根据牛顿第二定律,我们立刻又可以得到用运动学方程的描述,即

$$a = -\frac{F}{m} = -\frac{k}{m}x \qquad ②$$

也就是说,如果物体运动的加速度与位移的大小成正比、方向与位移相反,这个物体就做简谐运动.

此外,还可以用振动方程进行描述,即

$$y = A\cos \omega t \quad 或 \quad y = A\cos(\omega t + \varphi_0) \qquad ③$$

这就是说,如果物体的位移随时间的变化规律是余弦(或正弦)函数,那么,这个物体就做简谐运动.

可以证明,这三种描述是内在一致的,也就是说是完全等效的*. 因此,在分析研究具体问题时,可以根据已知条件,选用更方便的判据去确定物体是否做简谐运动. 在中学物理常见的问题中,大都是从回复力的角度去进行判断的.

例题 1 如图 2.34 所示,设想距地球中心 C 为 h 处开凿一条光滑的隧道,物体进入隧道后仅受地球引力作用. 试判断从隧道口静止释放的物体,将在隧道内做什么运动? 它在隧道内往返一次的时间是多少?

分析与解答 物体从隧道口释放后,在引力的作用下会沿着隧道运动. 设离开隧道中心 O 的位移为 x 时对地心的半径为 r,此时受到引力 F 仅由半径为 r 这部分球体所产生(图 2.35). 把地球看成密度为 ρ 的均匀球体,质量为 M,则半径为 r 的这部分球体的质量为

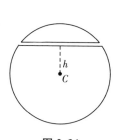

图 2.34

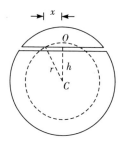

图 2.35

$$M_r = \rho \cdot \frac{4\pi}{3}r^3 = \frac{M}{\frac{4\pi}{3}R^3} \cdot \frac{4\pi}{3}r^3 = \frac{r^3}{R^3}M$$

---

* 也可以把式 ①、② 两种描述合并,变为两种描述. 将方程 ③ 对时间求二阶导数,得加速度方程

$$a = \frac{d^2 x}{dt^2} = -A\omega^2 \cos(\omega t + \varphi_0) = -\omega^2 x$$

考虑到 $k = m\omega^2$,就得到运动学描述. 将上式代入 $F = ma$,即得动力学定义式 $F = -kx$.

2　等效方法在科学认识中的作用

因此物体受到地球的引力为

$$F = G\frac{M_r m}{r^2} = G\frac{\dfrac{r^3}{R^3}Mm}{r^2} = G\frac{Mm}{R^3}r$$

它沿着隧道方向的分力为

$$F_x = F\sin\theta = G\frac{Mm}{R^3}r \cdot \frac{x}{r} = \frac{GMm}{R^3}x = kx$$

若规定从中心位置 O 指出两边为位移的正方向，则上式可以表示为

$$F_x = -kx$$

可见，物体进入隧道后，将在地球引力作用下沿隧道做简谐运动. 因此，它在隧道内往返一次的时间，即运动周期为

$$t = T = 2\pi\sqrt{\frac{m}{k}} = 2\pi\sqrt{\frac{R^3}{GM}} = 2\pi\sqrt{\frac{3}{4\pi G\rho}}$$

说明　由物体所受的回复力和运动时间可以看出，物体进入隧道后受到的回复力和运动周期都与隧道离开地球中心的距离 h 无关，这是事先意想不到的. 这也就是说，在地球内部任何一条直的隧道(包括通过地心 C 的隧道)内，物体在地球引力作用下都会做简谐运动，并且运动的周期都一样.

练习题

（2013　安徽）* 如图 2.36 所示，质量为 M、倾角为 α 的斜面体(斜面光滑且足够长)放在粗糙的水平地面上，底部与地面的动摩擦因数为 μ，斜面顶端与劲度系数为 k、自然长度为 l 的轻质弹簧相连，弹簧的另一端连接着质量为 m 的物块. 压缩弹簧使其长度为 $\dfrac{3}{4}l$ 时将物块由静止开始释放，且物块在以后的运动中，斜面体始终处于静止

---

* 本题取自该考题的前两小题.

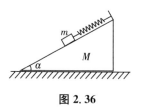

图 2.36

状态.重力加速度为 g.

(1) 求物块处于平衡位置时弹簧的长度;

(2) 选物块的平衡位置为坐标原点,沿斜面向下为正方向建立坐标轴,用 x 表示物块相对于平衡位置的位移,证明物块做简谐运动.

参考答案:(1) $l + \dfrac{mg\sin\alpha}{k}$;(2) 当物块的位移为 x 时满足条件 $F = kx$.

(3) 电磁感应定律

大家知道,对电磁感应现象和规律通常有两种不同的表述,如表 2.1 所示.

表 2.1

比较项目	磁通量变化的表述	切割磁感应线的表述
电磁感应现象产生的条件	闭合电路中磁通量发生变化	闭合电路一部分导体做切割磁感线运动
感应电流方向	用楞次定律判断	用右手定则判断
感应电动势大小	$E = \dfrac{\Delta\varphi}{\Delta t}$ 或 $E = n\dfrac{\Delta\varphi}{\Delta t}$	$E = Blv\sin\theta$
电磁感应现象产生的原因	磁场变化时产生感应电场,驱使电荷定向移动	导体运动时,自由电荷受洛伦兹力作用做定向移动

这两种表述中,磁通量变化的表述更为本质,也更具普遍意义(切割磁感线的表述可以看成一个特例).在研究具体问题中,这两种表述完全是一致的.

例题 1 如图 2.37 所示,在磁感应强度 $B = 0.4$ T 的水平匀强磁场里,有一根长 $l = 0.5$ m 的金属棒 OA,一端 O 固定,另一端绕 O 点在竖直水平面内按逆时针方向匀速转动,角速度 $\omega = 10\pi$ rad/s,试求棒两端的电势差.

分析与解答 金属棒转动时切割磁感应线,产生感应电动势.由于棒上各处的线速度不同,并且随着离开转轴 O 正比地增大,因此可用其中点速度(即平均速度)作等效替代,得棒中产生的感应电动势为

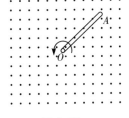

图 2.37

$$E = Bl\bar{v} = Bl\frac{\omega l}{2} = \frac{1}{2}B\omega l^2$$

$$= \frac{1}{2} \times 0.4 \times 10\pi \times (0.5)^2 \text{ V} = 1.57 \text{ V}$$

如果从磁通量变化考虑,可以设想有一个环形导轨,金属棒一端 A 搁在导轨上,另一端 O 通过导线与导轨相连,从而组成一个闭合电路,如图 2.38 所示.

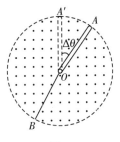

图 2.38

假设在 Δt 时间内 OA 棒从原来的位置转到新的位置 OA',棒转过的角度 $\Delta\theta = \omega\Delta t$,扫过的扇形面积为

$$\Delta S = \frac{\Delta\theta}{2\pi} \cdot \pi l^2 = \frac{1}{2}l^2 \cdot \Delta\theta = \frac{1}{2}l^2 \cdot \omega\Delta t$$

穿过这个面积的磁通量为

$$\Delta\varphi = B\Delta S = \frac{1}{2}Bl^2\omega\Delta t$$

所以产生的感应电动势为

$$E = \frac{\Delta\varphi}{\Delta t} = \frac{1}{2}B\omega l^2$$

显然,用两种方法得到的结果完全相同.

说明 许多人常常以为,1831 年法拉第发现电磁感应现象后,就得出了电磁感应定律.其实并非如此.从现象的发现到归纳出物理规律,经历了一个漫长的过程:

1831年11月4日,法拉第在英国皇家学会上正式公布了他所发现的电磁感应现象.法拉第列举了产生感应电流的多种情况,并且正确地指出,感应电流与原电流的变化有关,而不是与原电流本身有关.也就是说,要产生电磁感应现象,"运动、变化"是必要的条件.

但是,为什么"运动、变化"是必要的条件呢?感应电流和感应电动势的大小与方向是否与运动、变化的方式有关呢?法拉第后来通过不断思考,先后引入磁感线和电场线作了形象化的描述,后来又于1837年引入了电场和磁场的新概念,最后直到1851年才作出明确的回答,并将结果用数学形式表示,才得到了著名的法拉第电磁感应定律.

(4) 热力学第二定律

殊途同归的不同表述,除量子力学的理论外,这项最为经典的桂冠可能应该戴到热力学第二定律头上了.

19世纪中叶,蒸汽机的普遍使用与能的转化和守恒定律的发现,极大地推动了人们对热现象和热力学理论的研究.

汤姆孙的表述

英国著名物理学家汤姆孙通过对热机工作的仔细考察,认识到任何热机必须循环地工作,而在每个循环中为了排出已经做过功的废气,必然会向冷凝器(大气环境)释放一定的热量.因此,只有一个高温热源、没有冷凝器的热机,表面看来并不违背能的转化和守恒定律,"不盈不亏",但是它无法完成循环,这实际上是不可能的.

1851年,汤姆孙从热机工作的这个特点出发,总结出热力学的一条基本规律:"不可能从单一热源吸收热量并把它全部用来做功,而不引起其他影响."这就是热力学第二定律.

这里所说的"单一热源"是指温度均匀并且恒定不变的热源."其他影响"是指除了从单一热源吸热全部转化为功外,不再有任何其他变化.后来,人们把从单一热源吸收热量并把它全部用来做功的热机称为第二类永动机.因此,热力学第二定律也可以表述为:第二类永动机是不可能制成的.

克劳修斯的表述

德国物理学家克劳修斯另辟蹊径.他认为热量有两种变换方式:一种是"热转换"——热量可以转化为功;另一种是"热传递"——热量从高温物体传到低温物体.汤姆孙是从"热转换"这条线索出发进行研究的,克劳修斯从"热传递"的线索出发.他通过对最普遍的这个自然现象的研究,归纳出一个结论:不可能使热量从低温物体传到高温物体,而不引起其他变化.后来这个说法被称为热力学第二定律的克劳修斯表述.

克劳修斯的着眼点太普通了.千百年来,人们对热量从高温物体传递到低温物体几乎已经习以为常,如今却能归纳出一条基本定律,这也许正是科学家比大多数人高明的地方——凭借敏锐的洞察力,从常见的现象中进行归纳、联想,从而揭示出隐藏在表面现象下的本质特征,发现规律性的东西.

普朗克的表述

有关热现象和热机的研究,在19世纪中叶曾经是科学界的一个热点,许多物理学家依据不同的事实和实验现象,从不同角度、不同方向进行探究.德国著名物理学家普朗克以焦耳实验为基础,总结出了一个结论:不可以造出这样一个机械,在其循环中把一个重物升高,同时使水冷却,而不引起其他变化.后来,这就被称为热力学第二定律的普朗克表述.

理论研究指出,有关热力学第二定律的这几种表述完全是等效的.其根本原因是:它们的物理实质相同,也就是说,它们都基于这样的客观事实:一切与热现象有关的宏观过程都是不可逆的,都有自发进行的方向.

微观表述

那么,这种宏观方向性的微观原因是什么呢? 克劳修斯指出了热传递的方向性后,又抓住普通的扩散现象进行研究.

如图 2.39 所示,被隔板分开的两部分气体,抽取隔板后,由于气体分子的无规则运动,每部分气体都会向对方扩散,最后变为均匀分布. 如果把原来分居两处的气体看成一个状态,扩散后为另一个状态,那么扩散的结果就是使原来有序的状态变得乱糟糟,或者说,微观的无序程度增加了.

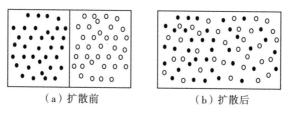

（a）扩散前　　　　　（b）扩散后

图 2.39　两部分气体扩散前后的分布

克劳修斯引入一个新名字——熵*,用于表示系统的无序程度. 于是,又有了关于热力学第二定律的微观表述:由大量分子组成的系统自发变化时,总是向着无序程度增加的方向(即熵增加的方向)发展,至少无序程度不会减少. 这个说法就是著名的熵增原理.

所以,应用热力学第二定律时可以根据问题的需要,采用不同的表述进行分析、判断——它们殊途同归,都能客观地反映同一现象和事物的物理本质.

---

* 熵($entropy$)在希腊文中表示"转变"的意思. 1932 年普朗克来南京讲学时,我国物理学家胡复刚教授为其翻译时,根据它是由热量与温度的商进行定义的,就用了新造的字"熵"表示.

图 2.40 熵的形象化阐述 —— 有关熵的一幅漫画

2.4 提供研究的手段

"等效",作为科学认识的重要思想方法,最普遍、最广泛的应用就是可以提供一种有效的研究手段*。现以下列几方面为典型,结合具体问题加以说明.

(1) 变换参考系

从落水的木瓢说起

请考虑这样一个问题:渔人划船逆流而上,行至一桥孔时从船上落下一木瓢,渔人未知,直到划至上游某处,发现木瓢掉了.渔人保持原来的划行速度返回,经 2 min 追上木瓢,此时木瓢离开该桥孔已有 120 m 之遥.试问:水速多大?(假设水匀速流动)

如果你感觉有些为难,请先考虑这个问题:在一列沿平直轨道做匀速直线运动的车厢里,你刚起身向车尾的餐厅走去时,掉下了钥匙链,2 min 后发现了便立即返回,正常情况下走回原来的地方需要多少时间?

这是大家都有生活经验的,走回的时间也是 2 min. 由此可以领

---

* 从广义上说,前面几方面都可以概括在这里. 书中仅是为了便于认识等效的作用及其应用,因此分为几个方面. 请读者不要拘泥于名称的区分,重在把握其内涵.

悟到:木瓢从掉下至找回的时间 $t=2\times 2$ min$=4$ min,随水漂流距离 $x=120$ m,则水速

$$v=\frac{x}{t}=\frac{120}{4\times 60} \text{ m/s}=0.5 \text{ m/s}$$

这就是说,以流水为参考系时,无论渔船逆流而上或顺流而下,渔船与木瓢(相当于你与钥匙链)之间的相对运动速度大小都一样. 因此,从木瓢落水到发现掉了的时间,应该等于渔船返回追及木瓢的时间. 这样一来,计算水速就可以变成用"口答"也能解决的事了*.

伽利略相对性原理

上面这个问题,也是变换参考系的一个很典型的问题. 那么,它包含什么物理原理呢?我们再看一段伽利略在1632年发表的《关于两个世界体系的对话》一书中的描述:"把你和一些朋友关在一条大船的甲板下的主舱里,让你们带着几只苍蝇、蝴蝶和其他小飞虫. 舱内放一只大碗,其中有几条鱼……只要(船)运动是匀速的……你把任何东西扔给你的朋友时,只要距离相等,向这一方向也不必比向另一方向用更多的力. 你双脚齐跳,无论向哪个方向跳过的距离都相同……鱼在水中游向碗的前部所用的力并不比游向碗后部来得大,它们一样悠闲地游向碗边缘任何地方的食饵. 蝴蝶和苍蝇继续随便地到处飞行,它们也决不会向船尾集中,为赶上船的运动而显出累的样子."

这段十分精辟的观察事实,提示了一条极为重要的规律:无法通过实验证明这个系统处于静止状态,还是匀速直线运动状态. 也就是说,匀速直线运动的系统与静止系统是等效的. 这就是伽利略相对性原理.

把握静止和匀速直线运动的等效关系,变换参考系,是中学物理

---

* 有兴趣的同学,不妨再选择地面参考系去研究这个木瓢落水的问题,两者比较一下.

2 等效方法在科学认识中的作用

中分析和研究问题的一种极为重要和常用的思想方法,可以带来不少方便.

例题1(2008 海南) 如图2.41所示,质量为 M 的楔形物块静止在水平地面上,其斜面的倾角为 θ. 斜面上有一质量为 m 的小物块,小物块与斜面间存在摩擦. 用恒力 F 沿斜面向上拉小物块,使之匀速上滑. 在小

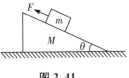

图 2.41

物块运动的过程中,楔形物块始终保持静止. 地面对楔形物块的支持力为( ).

A. $(M+mg)$ B. $(M+m)-F$
C. $(M+m)g+F\sin\theta$ D. $(M+m)g-F\sin\theta$

分析与解答 根据匀速直线运动与静止的等效关系,拉小物块沿斜面匀速上行,相当于在一个质量为 $M+m$ 的静止物体上施加一个斜向拉力. 根据平衡条件知,地面支持力为

$$N=(M+m)g-F\sin\theta$$

所以,D 正确.

(2) 引入惯性力

难倒牛顿第二定律

如图2.42所示,在一节沿平直轨道加速运动的车厢里,一个质量为 $m=5$ kg 的小球被弹簧拴着放在光滑水平桌面上,与车厢一起以加速度 $a=1$ m/s² 做加速运动. 车厢内外的观察者都看到弹簧缩短了,但是他们作出的解释不同.

地面上的观察者:弹簧缩短了产生弹力,小球在弹力作用下向右做加速运动,根据牛顿第二定律,看到弹簧中的弹力为

$$T=ma=5\times1 \text{ N}=5 \text{ N} \qquad ①$$

车厢内的观察者:弹簧像受到"魔力"一般,莫名其妙被压缩,产

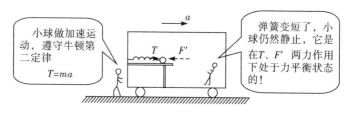

图 2.42

生了大小为 $T=5$ N 的弹力作用在小球上,然而小球仍然处于静止状态,因此这个"魔力"为 $F'=5$ N,方向与弹力相反. 对小球符合力平衡条件,即

$$T+F'=0 \qquad ②$$

现在,再换一种情景:在一节沿平直轨道以加速度 $a=1$ m/s² 向右运动的车厢里,用弹簧拉着放在光滑水平桌面上、质量为 $m=5$ kg 的小球,使它相对车厢以加速度 $a'=0.2$ m/s² 向右做加速运动(图 2.43). 车厢内外的观察者都看到弹簧伸长了,但是他们作出的解释同样不同.

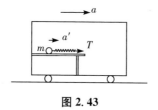

图 2.43

地面上的观察者:小球在弹力作用下,相对地面以加速度 $(a+a')=1.2$ m/s² 做加速运动,根据牛顿第二定律,弹簧中的弹力为

$$T=m(a+a')=5\times 1.2 \text{ N}=6 \text{ N} \qquad ③$$

车厢内的观察者:弹簧伸长后的弹力确实为 $T=6$ N,但是小球运动的加速度却仅为 $a'=0.2$ m/s²,因此牛顿第二定律不成立,即

$$T\neq ma' \qquad ④$$

这样,就形成了很糟糕的局面:被许许多多实验事实已经证明了

的牛顿第二定律,在这个加速运动的车厢里却被难倒了.做加速运动的车厢是一个非惯性系,因此,这就是说,牛顿第二定律在非惯性系里不成立.

惯性力的等效挽救

为了使得牛顿第二定律能够适用于非惯性系,或者说,使得非惯性系中的物体相对于自身参考系的动力学方程仍然保持牛顿第二定律的形式,可以引入一个惯性力 F'. 设物体相对于非惯性系的加速度为 a',则

$$T + F' = ma' \qquad ⑤$$

其形式与惯性系完全相同.

可见,惯性力是非惯性系中所引入的一个假想的力. 它的大小和方向取决于非惯性系相对于惯性系运动的情况. 例如,对于图 2.42 中的情况:惯性力为 $F' = -ma$,即大小为 (ma)、方向向左,小球相对于车厢的加速度 $a' = 0$,代入式 ⑤ 后即为

$$T - ma = 0 \qquad ⑥$$

由此可得与地面参考系(惯性参考系)相同的结果,即 $T = ma$.

对于图 2.43 中的情况,引入惯性力 $F' = -ma$,代入式 ⑤ 后即为

$$T - ma = ma' \qquad ⑦$$

同样可得与地面参考系相同的结果,即 $T = m(a + a')$.

所以,在加速平动参考系中的物体所受惯性力的大小,等于物体的质量与参考系加速度的乘积,方向与加速度的方向相反. 或者也可以这样说,一个做加速平动的参考系可以与一个惯性力 $(F' = -ma)$ 相等效. 用这个等效的惯性力,挽救了牛顿第二定律在加速运动系中失效的局面,真是功不可没.

必须注意:惯性力只有受力物体,没有施力物体(即找不出施出惯性力的客体),因此,惯性力也不存在反作用力. 但是,从作用效果来说,惯性力与物体间的相互作用力一样.

转动系统的惯性力

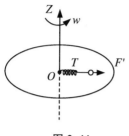

图 2.44

匀速转动的参考系也是一个非惯性系,牛顿第二定律同样不成立. 如图 2.44 所示,一个半径为 R 的水平光滑圆盘,以角速度 ω 绕通过盘面中心 O 的轴匀速转动. 一个质量为 m 的小球被一根系在中心 O 的轻弹簧拉住,随着圆盘一起转动.

对于随圆盘一起转动的观察者(即以圆盘为参考系),不知道自己在高速转动,只看到弹簧莫名其妙地被拉长了,弹簧产生的弹力为 $T=m\omega^2 R$,而小球依然处于静止状态,因此必定有一个"魔力"F' 沿半径向外作用在小球上,使小球处于平衡状态,即

$$T + F' = 0 \qquad ⑧$$

可见,在匀速转动的参考系(非惯性系)中的一切物体,都会受到一个惯性力,这个力通常称为"惯性离心力"*. 它的方向沿半径向外、大小为

$$F' = m\omega^2 R \qquad ⑨$$

把它代入式 ⑧,考虑到方向后即为

$$T - m\omega^2 R = 0 \qquad ⑩$$

同样得到在地面参考系(惯性系)中的结果.

动静转化

由此可见,无论是加速平动的参考系或匀速转动的参考系,都可以跟一个惯性力等效. 从上面的式 ⑥ 和式 ⑩ 可知,这样等效的结果,

---

* 日常生活中,常有人把圆运动中的物体具有离开中心的倾向,解释为是物体受到"离心力"作用的结果,这是不正确的. 严格地说,物理学中没有"离心力"的概念,只有"惯性离心力",这就是在转动参考系中所引入的一个假想的力,它同样没有施力者. 物体在转动时具有的离开中心的倾向,是转动中的惯性表现而已.

就相当于把原来属于加速运动的问题转化为一个平衡问题 —— 实现"动静转化",常常可以给研究带来方便.

(3) 建立参考圆

如图 2.45 所示,一个质点以角速度 ω 沿半径为 A 的圆周逆时针方向匀速运动. 以质点位于水平直径的右端开始计时,经时间 t 运动半径转过的角度为 $\theta = \omega t$,在水平直径上的投影,即相对于圆心的位移(以水平向右为正方向)为

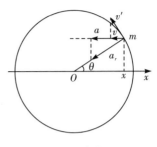

图 2.45 参考圆

$$x = A\cos\theta = A\cos\omega t$$

由此可见,做匀速圆周运动的质点,在水平直径上的投影是简谐运动. 因此,可以利用匀速圆周运动与简谐运动的等效关系,越过位移对时间做非线性变化的"门槛",比较方便地研究简谐运动的一些特性,所以这个圆就称为参考圆. 质点做简谐运动时的速度、加速度以及振动能量、振动周期等物理量都可以利用参考圆确定. 即速度公式

$$v = -v'\sin\theta = -A\omega\sin\omega t$$

加速度公式

$$a = -a_r\cos\theta = -\omega^2 A\cos\omega t = -\omega^2 x$$

周期和频率公式由 $\omega^2 = \dfrac{k}{m}$ 和 $\omega = \dfrac{2\pi}{T}$ 得

$$T = 2\pi\sqrt{\dfrac{m}{k}}, \quad f = \dfrac{1}{T} = \dfrac{1}{2\pi}\sqrt{\dfrac{k}{m}}$$

能量公式

$$E = \dfrac{1}{2}kx^2 + \dfrac{1}{2}mv^2 = \dfrac{1}{2}kA^2\cos^2\omega t + \dfrac{1}{2}mA^2\omega^2 \cdot \sin^2\omega t = \dfrac{1}{2}kA^2$$

所以参考圆是分析、研究简谐运动的极为有效的手段.

(4) 像与物的等效变换

在光路控制和成像技术中,常常需要在物与像之间进行等效变

换.例如,可以把虚像看成一个实际的发光体(物);或者,也可以把经过光学元件所成的一次像看成"物",让它再经过光学元件形成二次像.从思想方法的层面来说,这些都是一种等效变换,它在分析、研究具体问题中会带来很多方便.下面,我们选择几个实例,共同体会一下光学领域中等效变换发挥的作用.

判断成像情况

图 2.46 中凸透镜 L 的焦距为 f,在离透镜 $1.5f$ 处垂直放置平面镜 M,现在焦点 F 处有一物体 P,那么在透镜另一侧能否成像以及成像情况怎样? *

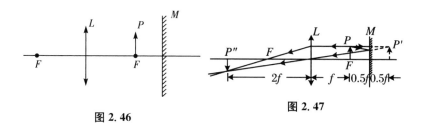

图 2.46

图 2.47

因为物体 P 能在平面镜后成一虚像 P',它等效于一个物体(虚物),原来物体 P 经平面镜反射后射到凸透镜上的光,可以认为是从这个虚物发出的.根据 P' 对凸透镜的物距,立即可以判断物体 P 会在凸透镜的左方距透镜 $2f$ 处成一个等大、倒立的实像,其光路如图 2.47 所示.

显微镜的光路

显微镜由短焦距的物镜(凸透镜)和长焦距的目镜(凸透镜)组成,其成像光路如图 2.48 所示.物 AB 位于物镜 L_1 焦点(F_1)外很靠近焦点的地方,经物镜 L_1 后生成的一次像 A_1B_1(实像)位于目镜焦

---

* 本例取自 2000 年江苏等省高考题的情境.

点(F_2)内.这个像可以等效于物,经目镜后可在同侧人眼的明视距离外形成最终像A_2B_2(虚像).由于这个虚像对人眼的视角甚大于不用显微镜时的视角,因此利用显微镜可以观察微小的物体.

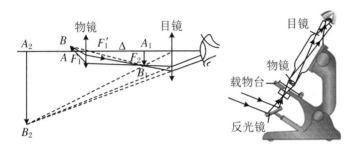

图 2.48　显微镜光路图

实际上,像与物(发光体)之间的等效变换,并非只限于几何光学中的应用,在对光的本性研究——光的干涉现象中也是一个常用的设计思想.

我们知道,两束光产生干涉现象的条件是频率相同、位相差恒定.根据杨氏双缝实验使两束光"同出一源"的设计思想,结合虚像与实际发光体的等效变换,就可以设计出其他巧妙的实验方法.下面介绍的几个实现光干涉的方法,在一定意义上都可以看成是等效思想的产物.

洛埃镜法

如图2.49所示,MN是一平面镜,从狭缝光源S(与纸面垂直)发出的光一部分掠入射到平面镜后反射到屏上,另一部分直接投射到屏上.设S'为S对平面镜所形成的虚像,把它等效为一个实际发光体后,到达屏上的两束光可以看成是由两个光源产生的.由于它们"同出一源",因此就可以满足干涉条件,在屏上会出现干涉图样.

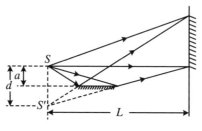

图 2.49　用洛埃镜法产生的干涉

菲涅耳双面镜法

如图 2.50 所示，M_1 和 M_2 是两块紧靠在一起夹角很小的平面反射镜，S 是一个狭缝光源。从光源发出的光经反射后被分为两束，当把 S 在两平面镜中的虚像 S_1 和 S_2 等效为两个实际光源后，这两束光就好像是从它们发出来的一样。由于这两束光也是"同出一源"，满足干涉条件，因此在这两束光的交叠区域里屏上会出现干涉条纹。

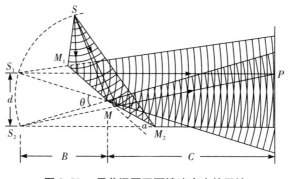

图 2.50　用菲涅耳双面镜法产生的干涉

菲涅耳双棱镜法

如果用一块棱角很小的双棱镜代替上面的双面镜，从光源 S 发出的光经棱镜后会形成两个虚像 S_1 和 S_2，它们也同样可以等效为两个实际光源，射到屏上的光就像是它们发出来的一样，在交叠区域就产生了干涉(图 2.51).这就是菲涅耳双棱镜法.

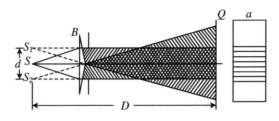

图 2.51 用菲涅耳双棱镜法产生的干涉

3 中学物理中常见的等效变换

根据等效思想,通过对所研究的具体对象的分析,建立起等效变换关系,这是研究中学物理问题常用的方法.它的含义非常广泛,只要研究对象(物理量、物理过程或系统等)在某一方面的作用效果与另一个(或几个)对象所起的作用效果相同,就可以相互作等效变换.

根据中学物理中常用的各种等效变换,概括起来,可以把它们分为下列几类.

3.1 组合等效

用一个物体代替组合起来的其他几个物体或者把一个物体分割成许多部分,并保持效果不变的做法,就像生活中用一张百元大票兑换 10 张 10 元票一样,我们把它们统称为组合等效方法.这种等效变换,是物理学中极为普遍的一种变换,形式上是较简单的合并或分割,几何特征比较明显,等效量的计算往往直接从定义出发,相对比较容易,常常用于有标量特征的物理量.例如:

几个静止物体的总质量等于各个物体质量之和,因此,用一个等于各个物体质量之和的"大物体",可以代替原来几个"小物体"的某种作用,就像天平称量物体时用一个大砝码一样.其等效质量为

$$M = m_1 + m_2 + m_3 + \cdots + m_n = \sum_{i=1}^{n} m_i$$

下面以弹簧的串联和并联,电容的串联和并联以及相同电池的串联和并联作为组合等效的典型,认识一下它们的特性.

(1) 等效劲度系数

用几根弹簧串联或并联起来,它的作用可以被单独一根弹簧所取代,这单独一根弹簧的劲度系数就称为那几根并联或串联弹簧的等效劲度系数.

弹簧的并联

先讨论相同弹簧并联时的等效关系. 如图 3.1 所示,有三根弹簧并联,每根弹簧的劲度系数均为 k_0. 当每根弹簧两端受到拉力 F_0 后,平衡时每根弹簧中的弹力大小和伸长量分别为

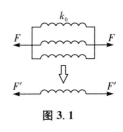

图 3.1

$$f_0 = F_0, \quad \Delta x_0 = \frac{f_0}{k_0}$$

整个并联弹簧两端受力 $F = 3F_0$. 当与它等效的一根弹簧两端也受力 $F' = 3F_0$ 后,平衡时,这根弹簧中的弹力 $f' = 3f_0$,要求其伸长量也为 Δx_0,则其劲度系数为

$$k_{并} = \frac{f'}{\Delta x_0} = \frac{3f_0}{\Delta x_0} = 3k_0$$

当有 n 根相同弹簧并联时,可推知并联弹簧组的等效劲度系数为

$$k_{并} = nk_0$$

即 n 根相同弹簧并联后的等效劲度系数等于一根弹簧劲度系数的 n 倍. 因此,并联弹簧的劲度系数增大,要使它伸长或缩短更不容易了.

如果 n 根长度相同、劲度系数依次为 $k_1, k_2, \cdots, k_n$ 的不同弹簧并联组合起来,设并联弹簧组两端受力 F 后,每个弹簧伸长量相同,均

为 Δx_0,则每根弹簧中的弹力分别为

$$f_1 = k_1 \Delta x_0, \quad f_2 = k_2 \Delta x_0, \quad \cdots\cdots, \quad f_n = k_n \Delta x_0$$

要求与这并联组合弹簧等效的一个弹簧受力 F 时伸长量也是 Δx_0,其弹力 f 应该满足条件

$$f = f_1 + f_2 + \cdots + f_n = \sum_{i=1}^{n} f_i$$

因此其劲度系数为

$$k_{并} = \frac{f}{\Delta x_0} = \frac{f_1 + f_2 + \cdots + f_n}{\Delta x_0} = k_1 + k_2 + \cdots + k_n = \sum_{i=1}^{n} k_i$$

这就是说,用同样长度、不同劲度系数的弹簧并联后的等效劲度系数等于各个弹簧劲度系数之和.

弹簧的串联

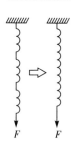

图 3.2

当弹簧串联时,同样先讨论相同弹簧的等效关系. 如图 3.2 所示有三根弹簧串联,每根弹簧的劲度系数均为 k_0. 当两端受到拉力 F 后,平衡时每根弹簧中的弹力大小和伸长量分别为

$$f_0 = F, \quad \Delta x_0 = \frac{f_0}{k_0}$$

三根串联弹簧总的伸长量 $\Delta x = 3\Delta x_0$. 当与它等效的一根弹簧受力 F 后,平衡时其弹力 $f = F$,要求其伸长量也为 Δx,则其劲度系数应为

$$k_{串} = \frac{f}{\Delta x} = \frac{F}{3\Delta x_0} = \frac{f_0}{3\dfrac{f_0}{k_0}} = \frac{k_0}{3}$$

即等于原来一根弹簧劲度系数的 $\dfrac{1}{3}$.

当有 n 根相同弹簧串联时,可以推知,串联弹簧组的等效劲度系数

$$k_{串} = \frac{k_0}{n}$$

即 n 根相同弹簧串联后的等效劲度系数等于原来一根弹簧劲度系数的 $\frac{1}{n}$.

如果 n 根劲度系数分别为 $k_1, k_2, \cdots, k_n$ 的不同弹簧串联组合起来,则当弹簧组两端受力 F 达到平衡后,每根弹簧中的弹力均为 $f = F$,但其伸长量依次为

$$\Delta x_1 = \frac{f}{k_1}, \quad \Delta x_2 = \frac{f}{k_2}, \quad \cdots\cdots, \quad \Delta x_n = \frac{f}{k_n}$$

总的伸长量

$$\Delta x = \Delta x_1 + \Delta x_2 + \cdots + \Delta x_n = f\left(\frac{1}{k_1} + \frac{1}{k_2} + \cdots + \frac{1}{k_n}\right)$$

要求与串联弹簧组等效的单独一根弹簧受力 F 后,其伸长量也为 Δx,由平衡时的弹力 $f = F$ 知,其劲度系数应为

$$k_{串} = \frac{f}{\Delta x} = \frac{1}{\frac{1}{k_1} + \frac{1}{k_2} + \cdots + \frac{1}{k_n}}$$

或者表示为

$$\frac{1}{k_{串}} = \frac{1}{k_1} + \frac{1}{k_2} + \cdots + \frac{1}{k_n} = \sum_{i=1}^{n} \frac{1}{k_i}$$

即 n 根劲度系数不同的弹簧串联后的等效劲度系数的倒数,等于各个弹簧劲度系数的倒数之和. 由此可见,串联后弹簧的劲度系数变小,串联的弹簧越多,劲度系数越小,并且比其中最小的劲度系数还要小.

(2) 等效电容

用几个电容器并联或串联起来,它的作用可以被单独一个电容器所取代,这样单独的一个电容器的电容就称为那几个并联或串联电容器的等效电容.

由于中学物理主要研究平行板电容器,它们并联或串联后表现的几何特征,仿佛增大了极板的面积或间距.因此,从这个意义上立即可以定性判断:并联电容器组的等效电容一定变大;串联电容器组的等效电容一定变小.下面,我们再作进一步的定量推导.

电容的并联

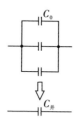

图3.3

先讨论相同电容并联的情况.如图3.3所示,设有三个电容量均为C_0的电容器并联在一起,则当两端电势差为U时,每个电容的带电量

$$Q_0 = C_0 U$$

整个并联电容器组的带电量

$$Q = 3Q_0$$

当与它等效的单独一个电容带电量$Q' = Q = 3Q_0$时,要求其两端电势差也为U,则其电容量应为

$$C_{并} = \frac{Q'}{U} = \frac{3Q_0}{U} = 3C_0$$

当有n个电容器并联时,可推知并联电容器的等效电容为

$$C_{并} = nC_0$$

即相同电容器并联后的等效电容,等于一个电容器电容量的n倍.这个结果跟前面定性分析中由于正对面积增大得到的结果是一致的.

如果n个电容量分别为$C_1, C_2, \cdots, C_n$的电容器并联起来,充电后当两端电势差为U时,每个电容的带电量依次为

$$Q_1 = C_1 U, \quad Q_2 = C_2 U, \quad \cdots\cdots, \quad Q_n = C_n U$$

要求与整个并联电容器组等效的单独一个电容器带电量为

$$Q = Q_1 + Q_2 + \cdots + Q_n = (C_1 + C_2 + \cdots + C_n)U$$

且其两端电势差也为U,则其电容量必然应该为

$$C_{并} = \frac{Q}{U} = C_1 + C_2 + \cdots + C_n = \sum_{i=1}^{n} C_i$$

即 n 个并联电容器组的等效电容(总电容)等于各个并联电容器的电容量之和. 所以,并联的电容器越多,等效电容越大.

电容的串联

这里直接从一般情况进行讨论,如图 3.4 所示,设有三个电容量分别为 C_1,C_2,C_3 的电容器串联在一起. 充电后每个电容器的带电量相等,设均为 Q_0. 每个电容器两端电势差则依次为

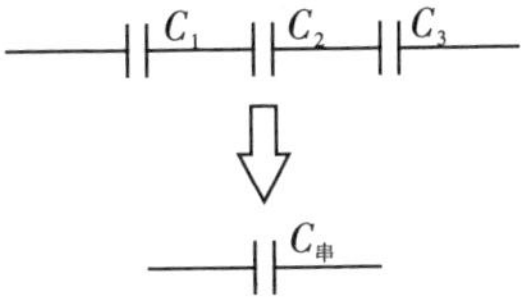

$$U_1=\frac{Q_0}{C_1},\quad U_2=\frac{Q_0}{C_2},\quad U_3=\frac{Q_0}{C_3}$$

图 3.4

整个串联电容器组两端的电势差为

$$U=U_1+U_2+U_3=Q_0\left(\frac{1}{C_1}+\frac{1}{C_2}+\frac{1}{C_3}\right)$$

要求与这个串联电容器组等效的单独一个电容器带电量为 Q_0 时,两端电势差也为 U,则其等效电容为

$$C_{串}=\frac{Q_0}{U}=\frac{1}{\frac{1}{C_1}+\frac{1}{C_2}+\frac{1}{C_3}}$$

或者表示为

$$\frac{1}{C_{串}}=\frac{1}{C_1}+\frac{1}{C_2}+\frac{1}{C_3}$$

如果 n 个电容量分别为 $C_1,C_2,\cdots,C_n$ 的电容器串联起来,可以推知其等效电容为

$$C_{串}=\frac{1}{\frac{1}{C_1}+\frac{1}{C_2}+\cdots+\frac{1}{C_n}}$$

或者表示为

$$\frac{1}{C_{串}}=\frac{1}{C_1}+\frac{1}{C_2}+\cdots+\frac{1}{C_n}=\sum_{i=1}^{n}\frac{1}{C_i}$$

即串联电容器组等效电容(总电容)的倒数等于各个串联电容器电容量的倒数之和. 所以, 串联的电容器越多, 等效电容越小, 而且比其中最小的电容量还要小.

(3) 等效电池

几个相同的电池串联或并联组成电池组, 或者既有并联又有串联组成混联电池组, 它们的作用都可以被一个电池所取代, 这一个电池就称为电池组的等效电池(等效电源), 如图3.5所示. 其等效电池的电动势、内电阻以及闭合电路欧姆定律的表达式分别表示如下:

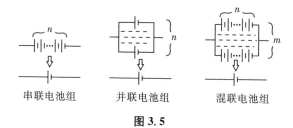

串联电池组　　并联电池组　　混联电池组

图 3.5

串联电池组（n 个电动势为 E_0、内电阻为 r_0 的电池串联, 外电阻为 R）:

$$E_{串}=nE_0, \quad r_{串}=nr_0, \quad I_{串}=\frac{nE_0}{nr_0+R}$$

并联电池组（n 个电动势为 E_0、内电阻为 r_0 的电池并联, 外电阻为 R）:

$$E_{并}=E_0, \quad r_{并}=\frac{r_0}{n}, \quad I_{并}=\frac{E_0}{\frac{r_0}{n}+R}$$

混联电池组（n 个电动势为 E_0、内电阻为 r_0 的电池串联成一组, 有 m 组并联, 外电阻为 R）:

$$E_{混}=nE_0, \quad r_{混}=\frac{nr_0}{m}, \quad I_{混}=\frac{nE_0}{\frac{nr_0}{m}+R}$$

例题 1(2016 中科大自主招生试题) 电鳗,电鳐等电鱼能借助起电斑的生物电池产生电流(图 3.6). 起电斑是生理发电装置. 如图 3.7 所示的南美洲电鳗体中的起电斑并排成 140 行,每行串有 5000 个起电斑,沿着身体延伸分布. 经检测,每个起电斑能产生 0.15V 的电动势并具有 0.25Ω 的內阻. 该起电斑阵列一端在该动物的头部,而另一端接近其尾部,藉电鳗周围的水形成回路. 此种装置能击晕或击毙游近电鳗的鱼,但不会伤害自己. 试定量解释这两方面的原因. 假设电鳗周围的水具有等效电阻 800Ω.

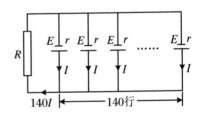

图 3.6 电鳗 图 3.7 电鳗起电斑的等效电路

分析有解答 电鳗的每行起电斑形成一组串联电池组,其电动势和内阻为

$$E = 0.15 \times 5000 \text{ V} = 750 \text{ V} \quad r = 0.25 \times 5000 \text{ } \Omega = 1250 \text{ } \Omega$$

整个电鳗 140 行的串联电池组再并联起来,形成的等效电池的电动势和内电阻分别为

$$E_{\text{等效}} = E = 750 \text{ V} \quad r_{\text{等效}} = \frac{r_1}{140} = \frac{1250}{140} \text{ } \Omega \approx 8.93 \text{ } \Omega$$

这个电池组通过电鳗周围的水形成放电回路,则电路中的电流为

$$I = \frac{E_{\text{等效}}}{R + r_{\text{等效}}} = \frac{750}{800 + 8.93} \text{ A} = 0.927 \text{ A}$$

因此等效电路两端的电压和电鳗体内的电压(即内阻上分配到的电

压)分别为

$$U = IR = 0.927 \times 800 \text{ V} = 741.6 \text{ V}$$
$$U' = Ir = 0.927 \times 8.93 \text{ V} = 8.28 \text{ V}$$

根据解答可知,电鳗周围的水中电压很大,因此能击晕或击毙游近电鳗的鱼,但电鳗体内的电压很低,完全不会伤害自己.

例题 2　有若干个电动势 $E = 2$ V、内电阻 $r = 0.5$ Ω 的电池,每个电池允许通过的最大电流为 $I_0 = 0.5$ A. 现在用它们对一个额定电压 $U = 12$ V、额定电流 $I = 2$ A 的用电器供电,这些电池怎样连接才能满足要求?

分析与解答　由于用电器的额定电压大于电池的电动势,必须利用电池的串联,得以增大电源的输出电压. 考虑到电池有内电阻,其输出电压小于电动势,为了保证用电器得到 12 V 电压,至少用 6 个以上的电池串联.

同时,由于用电器的额定电流大于每个电池允许通过的电流,又必须利用电池的并联,根据题设条件,至少用 4 个电池并联.

综合两方面因素,显然应该采用混联电池组,初步方案可以用 4 组电池并联,每组 n 个电池串联($n > 6$),在外电路中再串联一个分压电阻 R_x,整个电路结构如图 3.8 所示,这个等效电源的电动势和内电阻分别为

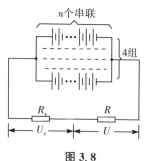

图 3.8

$$E = nE_0 = 2n, \quad r = \frac{nr_0}{m} = \frac{0.5n}{4} = \frac{n}{8}$$

用电器正常工作时的电阻为

$$R = \frac{U}{I} = \frac{12}{2} \text{ Ω} = 6 \text{ Ω}$$

根据等效电路,电路中的干路电流应该等于用电器的额定电流,即

$$I = \frac{E}{r + R + R_x} = \frac{2n}{\frac{n}{8} + 6 + R_x} = 2$$

整理后,得方程

$$7n = 8R_x + 48 \quad 或 \quad R_x = \frac{7n-48}{8}$$

考虑到 $R_x > 0$ 的条件,可以取 $n=7$,得 $R_x = \frac{1}{8}$ Ω. 也就是说,应该用 7 个电池串联为一组,4 组并联,再串联一个 $\frac{1}{8}$ Ω 的分压电阻,才能使用电器正常工作.

说明　由干路电流的方程可知,这里包含着两个未知数,是一个不定方程,因此本题可以有多个答案.

(4) 其他的组合等效

组合等效的含义很广泛,除了弹簧、电容和电池这样的典型情况外,在实际应用中,它可以有许多不同的表现形式. 通过下面这些问题,希望有助于扩展视野,深入体会组合等效的物理内涵.

例题 1　在一个半径为 R、质量为 M 的均匀球体内,与其相切地挖去一个半径为 $\frac{R}{2}$ 的球穴. 两球的球心分别为 O_1、O_2,在两球心连线上、与大球球心相距为 d 处放置一个质量为 m 的小球,试求它们之间的吸引力 (图 3.9).

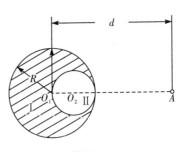

图 3.9

分析与解答　挖去球穴后剩余部分产生的引力,可以等效为一个半径为 R 的大球与一个半径为 $\frac{R}{2}$ 的小球产生的引力之差,即

$$F = G\frac{Mm}{d^2} - G\frac{M'm}{\left(d-\frac{R}{2}\right)^2}$$

对均匀球体,其质量与半径的立方成正比,即

$$\frac{M'}{M}=\frac{\left(\frac{R}{2}\right)^3}{R^3}=\frac{1}{8} \quad 或 \quad M'=\frac{1}{8}M$$

代入上式,整理后得

$$F=GMm\cdot\frac{7d^2-8dR+2R^2}{8d^2\left(d-\frac{R}{2}\right)^2}$$

说明 在思维方法上,本题的解答也是属于"组合或分割"的一种等效变换. 从知识的应用考虑,本题是万有引力公式适用性的经典问题——牛顿万有引力定律是一条普遍规律,但是,公式 $F=G\dfrac{m_1m_2}{r^2}$ 却只适用于质点或均匀球体.

例题 2(2012 安徽) 如图 3.10 所示,半径为 R 的均匀带电圆形平板,单位面积带电量为 σ,其轴线上任意一点 P(坐标为 x)的电场强度可以由库仑定律和电场强度的叠加原理求出:$E=2\pi k\sigma\left[1-\dfrac{x}{(r^2+x^2)^{\frac{1}{2}}}\right]$,方向沿 x 轴. 现考虑单位面积带电量为 σ_0 的无限大均匀带电平板,从其中间挖去一半径为 r 的圆板,如图 3.11 所示. 则圆孔轴线上任意一点 Q(坐标为 x)的电场强度为

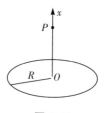

图 3.10

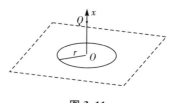

图 3.11

A. $2\pi k\sigma_0 \dfrac{x}{(r^2+x^2)^{\frac{1}{2}}}$ B. $2\pi k\sigma_0 \dfrac{r}{(r^2+x^2)^{\frac{1}{2}}}$

C. $2\pi k\sigma_0 \dfrac{x}{r}$ D. $2\pi k\sigma_0 \dfrac{r}{x}$

分析与解答　根据已知带电圆板的场强公式,令 $R\to\infty$ 时,由 $\dfrac{x}{\sqrt{R^2+x^2}}=0$,即得无限大均匀带电平板所产生的场强 $E_\infty=2\pi k\sigma_0$. 这个无限大平板可以等效为由挖去圆孔的剩余部分和圆孔两部分组成,因此剩余部分在轴线上任意一点产生的场强为

$$E_x=E_\infty-E=2\pi k\sigma_0-2\pi k\sigma_0\left[1-\frac{x}{(r^2+x^2)^{\frac{1}{2}}}\right]$$

$$=2\pi k\sigma_0\frac{x}{(r^2+x^2)^{\frac{1}{2}}}$$

A 正确.

说明　本题中场强的大小属于电场的叠加,但求解方法上也可以把它归纳为组合等效. 可见,组合等效变换是很灵活的,实际应用中不要纠缠于人为的分类与名称,应注重思考方向.

例题 3　用 12 根电阻均为 r 的相同电阻丝组成如图 3.12 所示的立方体框架,试求两对顶角 A、G 之间的等效电阻.

分析与解答　设从 A 点流入框架的电流为 I,由对称性知,通过 AB、AD、AE 和 CG、FG、HG 中的电流均为 $\dfrac{I}{3}$,其余 6 根导线中的电流均为 $\dfrac{I}{6}$. 因此,可以把 AB、AD、AE 和 CG、FG、HG 这 6 根电阻丝都看成是两根阻值为 $2r$ 的电阻丝并联起来的. 于是,原电路结构可以等效为如图 3.13 的电路结构,即可以看成由 6 条阻值为 $5r$ 的电阻丝并联而成的. 所以,AG 间的等效电阻为

$$R_{AG}=\frac{5}{6}r$$

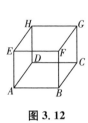
图 3.12

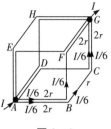
图 3.13

说明 本题有多种解法,这里采用组合等效,也是一个很富有启发性的方法.

例题 4 如图 3.14 所示,在一个半径为 R 的圆柱形区域内,存在着磁感应强度为 B 的匀强磁场,其方向与圆柱的轴线平行.一根长 $l=R$ 的细金属棒与磁场方向垂直放在磁场区域内,两端恰好在圆周上.当磁感应强度的大小以 $\dfrac{\Delta B}{\Delta t}$ 的速率均匀增加时,这根金属棒两端的电势差多大?

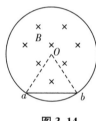
图 3.14

分析与解答 为了计算这样单独一根棒的电动势,可以再用另外五根相同的金属棒与它合成一个正六边形. 显然, 每一根棒中产生的感应电动势应该等于整个六边形中电动势的 $\dfrac{1}{6}$, 即

$$E_{ab}=\dfrac{1}{6}E=\dfrac{1}{6}\cdot\dfrac{S\Delta B}{\Delta t}=\dfrac{1}{6}\left(6\times\dfrac{\sqrt{3}}{4}R^2\right)\dfrac{\Delta B}{\Delta t}=\dfrac{\sqrt{3}}{4}R^2\dfrac{\Delta B}{\Delta t}$$

它就等于 ab 棒两端的电势差.

说明 表面看来,这根棒没有做切割磁感线的运动,也没有形成发生磁通量变化的回路,求解似有困难. 采用跟其他的棒组合起来的办法——形成组合等效关系,就可以突破这个困难了.

例题 5 在一块长方形的光学玻璃中挖出一个凸透镜形状的空穴(图 3.15),一束垂直其表面入射的平行光,经过这个有空穴的长方形玻璃块后的透射光(　　).

A. 仍然保持平行

B. 变成会聚光束

C. 变成发散光束

D. 上述三种情况都有可能

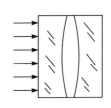

图 3.15

分析与解答　设想沿空腔的中心线把长方体

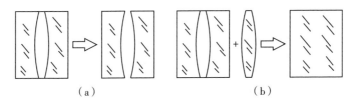

图 3.16

分割成两部分,如图 3.16(a) 所示.平行光通过原来有空腔的长方体,在物理实质上等效于连续通过两个平凹透镜,光束两次被发散,或者,把完整的长方形玻璃等效为如题图所示的有空腔的长方体和一块凸透镜的组合,如图 3.16(b) 所示.因为凸透镜对光束有会聚作用,而平行光束垂直长方体入射时透射光方向不变,可见挖有空腔的长方体对平行光必有发散作用,所以结果为 C.

**叠加等效**

(1) 认识叠加

叠加是物理学中特有的一种现象.它不像前面的"组合等效"那样直观,还常常会与生活理念相悖.例如,看电影时每个座位只能对应一位观众 —— 如果甲已经坐在 3 排 4 座,乙就无法再坐这个位置了.学习了"电场"后大家知道,场的性质与之不同 —— 如果电荷甲在空间某处 A 产生了电场,电荷乙、丙等其他的电荷也可以同时在 A 处产生电场,并且,相互间在同一处 A 产生的电场互不影响.这个性

质就称为电场的叠加.它是叠加原理在电场中的表现.

叠加原理在物理学中具有一定的普遍意义.我们从高中物理的力学开始,已经知道物体发生的位移,运动的速度和加速度,力对物体的作用等,它们的合成与分解需要采用平行四边形法则.实际上,这就是建立在运动的独立性原理和力的独立作用原理基础上的叠加*.后来,又进一步知道,电荷在某处产生的电场强度与电势、磁体和电流在空间产生的磁感应强度、光在某处引起的振动等,都可以叠加**.根据叠加原理,我们就可以用一个物理量等效替代两个(或几个)物理量;或者,用两个(或几个)物理量等效替代一个物理量.

叠加原理所对应的物理量,既有矢量,又有标量(如电势),所以叠加后等效物理量的计算也有两种不同的方法:矢量的叠加遵循平行四边形法则;标量的叠加相当于代数和的计算.

叠加等效方法就是叠加原理的具体体现.由于适用叠加等效方法的物理量绝大多数是矢量,所以方向性可以作为它的一个重要特征.显然,它比前面介绍的组合等效更为复杂.下面以电场和波为例,结合解题中的具体应用,探讨它们在叠加中的某些特性.

(2) 电场的叠加

两种属性的比较

电场是电荷周围产生的一种特殊的物质.它具有两种最基本的属性,即力的属性和能的属性,描述这两种属性的物理量就是电场强度和电势,比较如表 3.1 所示.

---

* 运动的独立性原理是一条经验规律,它的内容是:一个物体同时参与两个(或两个以上的)运动时,其中任何一个运动都不因其他运动的存在而有所改变.力的独立作用原理也是一条经验规律,它的内容是:如果几个力同时作用在一个物体上,则这几个力各自所产生的效果互不影响.

** 理论上可以证明:只要能够用线性微分方程描述研究对象的运动(或变化),那么,这种运动(或变化)所对应的物理量之间都遵循着叠加原理.

3 中学物理中常见的等效变换

表 3.1

比较项目	电场强度(E)	电势(φ)
物理意义	描述电场力的属性的物理量	描述电场能的属性的物理量
定义	电荷所受到的电场力与电量之比	电荷所具有的电势能与其电量之比(大小为单位正电荷从该点移到参考点时电场力做的功)
定义式	$E = \dfrac{F}{q}$	$\varphi = \dfrac{\varepsilon_p}{q}$,或 $\varphi = \dfrac{W}{q}$
单位	N/C 或 V·m	J/C 或 V
方向或高低	场强是矢量,空间某处场强的方向规定与正电荷所受电场力的方向相同	电势是标量,无方向.沿着电场线方向,电势不断降低(场中某处电势的数值和正负与参考点的选择有关)
叠加	$E = E_1 + E_2 + \cdots + E_n$ (矢量和)	$\varphi = \varphi_1 + \varphi_2 + \cdots + \varphi_n$ (代数和)
特例	① 点电荷电场:$E = k\dfrac{Q}{r^2}$ ② 匀强电场:场强大小、方向处处相同	① 点电荷电场:$\varphi = k\dfrac{Q}{r}$ * ② 匀强电场:$U_{AB} = \varphi_A - \varphi_B = Ed$
形象化描述	用电场线的疏密表示场强的强弱,电场线的切线方向表示该处场强的方向	用等势面表示电势相等的各点.等势面与电场线处处垂直

点电荷电场

在中学物理范畴内,有关电场的叠加,主要体现在以点电荷为核心的电场强度的叠加和电势的叠加上.并且,在实际应用中还往往构成"双电荷"(或多电荷)的模型.叠加后,就可以用一个物理量等效替代原来两个(或几个)点电荷产生的作用.

① 电场强度的叠加 —— 电场强度是矢量,叠加时需要采用矢量合成的平行四边形法则.

例如,在真空中有两对相距 $2l$ 的点电荷,它们其中一对的带电量均为 $+q$,另一对分别为 $+q$、$-q$,求在两电荷连线的中垂线上距离中

---

* 有关点电荷的电势及其公式,是一个重要的知识点,应予以重视.

点为 r 处的电场强度.

根据对称性可知,这两处的电场强度方向分别如图 3.17(a)、(b) 所示,电场强度大小分别为

$$E_A = 2E_1 \sin\theta = 2k\frac{q}{l^2+r^2} \cdot \frac{r}{\sqrt{l^2+r^2}} = \frac{2kqr}{(l^2+r^2)^{\frac{3}{2}}}$$

$$E_B = 2E_1 \cos\theta = 2k\frac{q}{l^2+r^2} \cdot \frac{l}{\sqrt{l^2+r^2}} = \frac{2kql}{(l^2+r^2)^{\frac{3}{2}}}$$

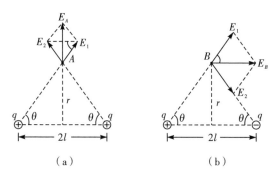

图 3.17

根据上述计算结果,我们可以看到:

当 $r = 0$ 时,所研究的场点在两点电荷连线中点,则

$$E_A = 0, \quad E_B = \frac{2kq}{l^2}$$

当 $r \to \infty$ 时,所研究的场点离开两点电荷无限远,则

$$E_A = \frac{2kqr}{(l^2+r^2)^{\frac{3}{2}}} \approx \frac{2kq}{r^2} \to 0$$

$$E_B = \frac{2kql}{(l^2+r^2)^{\frac{3}{2}}} \approx \frac{2kql}{r^3} \to 0$$

当 r 从 $0 \to \infty$ 时,即研究的场点从两点电荷的连线中点沿着中垂线外移,则两情况中的电场强度都将作非线性变化.

② 电势的叠加 —— 电势是标量,叠加时只需采用求代数和的

方法.

例如,真空中有两个电量均为 q 的等量异种点电荷位于 x 轴上,相对坐标原点对称公布(图 3.18). 为了正确描述电场中的电势 φ 随位置 x 变化的规律,可以利用点电荷的电势与距离关系的图像($\varphi-r$ 图)进行定性叠加. 如图 3.

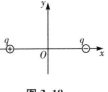

图 3.18

19 和图 3.20 所示,分别表示出正电荷和负电荷的电势随距离变化的图像,它们叠加后的图像,大体如图 3.21 所示*. 它的基本特征是:在正电荷处电势最高;在负电荷处电势最低;在正负电荷连线中点电势为零;场点从正电荷移向负电荷时,电势逐渐降低.

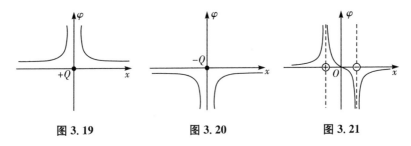

图 3.19　　　　　图 3.20　　　　　图 3.21

非匀强场分析要点

由于点电荷的场强和电势随距离的变化都是非线性函数,它们的叠加结果比较复杂. 学习中,采用图像进行分析往往会显得比较直观,容易得到所需要的结论.

在分析非匀强电场中的问题时,认识下列几点是非常有意义的:

① 电场线与等势面处处垂直,且电场线越密的地方,即场强越大的地方,等势面也越密. 沿着电场方向电势逐渐降低.

如图 3.22 中,实线为电场线,虚线为等势线. 由电场线的疏密可

---

* 这里采用了 2011 年上海高考物理 14 题的情境.

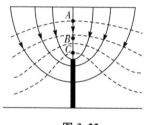

图 3.22

知，A、B、C 三点的场强大小关系为
$$E_A < E_B < E_C$$
由等势线的分布同理可知其电势的关系为
$$\varphi_A > \varphi_B > \varphi_C$$

② 场强越大的地方，沿场强方向每单位长度的电势差越大；或者说，等势线越陡，即 $\dfrac{\Delta \varphi}{\Delta d}$ 越大．

例如，图 3.23 中为空间某一静电场的电势 φ 在 x 轴上的分布，根据匀强电场中电势差与电场强度的关系

$$U = \Delta \varphi = Ed \Rightarrow E_x = \dfrac{\Delta \varphi}{\Delta x}$$

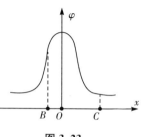

图 3.23

在图中与 x 轴上 B、O、C 三点对应的电势曲线处分别作切线，B 点的斜率大于 C 点的斜率，O 点的斜率为零，可见

$$E_{B_x} > E_{C_x}, \quad E_0 = 0$$

③ 引入平均电场强度，类比于匀强电场定性分析．

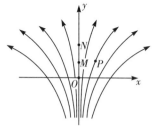

图 3.24

如图 3.24 中的电场线沿 y 轴方向分布变疏，引入平均电场强度，则 $\overline{E}_{OM} > \overline{E}_{MN}$，当 $OM = MN$ 时，则 O、M 两点间的电势差大于 M、N 两点间的电势差．

④ 借助对称性．

根据场的对称性，往往可以对叠加后的某些分布作出直观的定性分析．

如图 3.23 所示，电量为 $+q$ 和 $-q$ 的点电荷分别位于正方体的顶点，根据对称性，同种电荷连线中点的场强为零，由此可以判知：正方

体范围内的体中心和各面中心的场强一定为零,而各边中点的场强不为零.

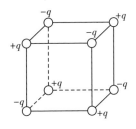

图 3.25

下面,选择若干有关问题,有助于进一步认识电场的叠加特性.

实例分析体会

例题 1(2013 全国新课标Ⅰ) 如图 3.26 所示,一个半径为 R 的圆盘上均匀分布着电荷量为 Q 的电荷,在垂直于圆盘且过圆心 c 的轴线上有 a、b、d 三个点,a 和 b、b 和 c、c 和 d 间的距离均为 R,在 a 点处有一电荷量为 q 的固定点电荷.已知 b 点处的场强为零,则 d 点处场强的大小为(k 为静电力常量)( ).

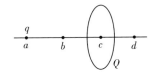

图 3.26

A. $k\dfrac{3q}{R^2}$ B. $k\dfrac{10q}{9R^2}$ C. $k\dfrac{Q+q}{R^2}$ D. $k\dfrac{9Q+q}{9R^2}$

分析与解答 b 点的场强是由带电圆盘和 a 处的点电荷共同产生的.已知其场强为零,可见带电圆盘与 a 处的点电荷 q 在 b 处的场强方向一定相反,因此圆盘和电荷 q 的电性一定相同.并且,它们在 b 处产生的场强的大小相等,均为

$$E = k\dfrac{q}{R^2}$$

可见,它们在 d 处的场强一定是两者的同向叠加,其大小为

$$E_d = k\dfrac{q}{(3R)^2} + k\dfrac{q}{R^2} = k\dfrac{10q}{9R^2}$$

所以,B 正确.

说明 题中圆盘是一个面电荷分布的带电体,无法直接计算它所产生的场强,而且它和 q 的电性均未知.掌握了场强的叠加法则,根据 b 点场强为零的条件,这个困难就可以顺利地化解了.

例题 2(2014 江苏) 如图 3.27 所示,一圆环上均匀分布着正电荷,x 轴垂直于环面且过圆心 O,下列关于 x 轴上的电场强度和电势的说法中正确的是( ).

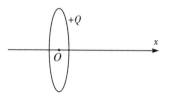

A. O 点的电场强度为零,电势最低

B. O 点的电场强度为零,电势最高

C. 从 O 点沿 x 轴正方向,电场强度减小,电势升高

D. 从 O 点沿 x 轴正方向,电场强度增大,电势降低

图 3.27

分析与解答 圆环的电荷属于线电荷分布,无法直接计算.为此,可把圆环分成许多很微小的部分,每一部分都看成点电荷,它们在圆心 O 产生的电场强度的大小都相等.由于场强是矢量,圆环上相对两部分在 O 点所产生电场方向相反,各部分叠加的结果使 $E_O=0$.

在 x 轴上某处,环上各部分在该处产生场强叠加的结果,合场强方向沿着 x 轴(图 3.28),其大小从环心起沿 x 轴先变大,后变小,至无限远处为零.

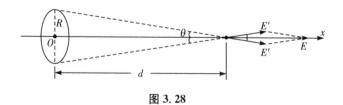

图 3.28

电势是标量,环上各部分电荷在环心产生的电势按代数和叠加,其电势最高.因为场强方向就是电势降低最快的方向,所以沿着 x 轴

电势逐渐降低.

综合场强和电势的变化,可见选项 B 正确.

说明 设圆环的半径为 R,带电量为 Q,将它分成 n 等分,每等分的电荷为 q. 由图可知,每条直径两端的一对电荷对 x 轴上离环心为 d 处所产生的场强为

$$E_i = 2E'\cos\theta = k\frac{2qd}{(d^2+R^2)^{\frac{3}{2}}}$$

整个圆环相当于有 $\frac{n}{2}$ 对电荷,它们在该处产生的场强叠加后为

$$E = \sum E_i = \frac{n}{2}k\frac{2qd}{(d^2+R^2)^{\frac{3}{2}}} = \frac{n}{2}k\frac{2\frac{Q}{n}d}{(d^2+R^2)^{\frac{3}{2}}} = k\frac{Qd}{(d^2+R^2)^{\frac{3}{2}}}$$

可见,它随离开环心的距离作非线性的变化.

例题 3 一金属球,原来不带电,现沿球的直径的延长线放置一均匀带电的细杆 MN,如图 3.29 所示. 金属球上感应电荷产生的电场在球内直径上 a、b、c 三点的场强大小分别为 E_a、E_b、E_c,三者相比( ).

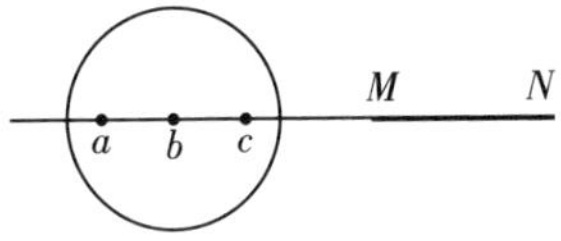

图 3.29

A. E_a 最大　　　　　　　B. E_b 最大

C. E_c 最大　　　　　　　D. $E_a = E_b = E_c$

分析与解答 金属球处于带电细杆的电场中,球面上会产生感应电荷. 达到静电平衡时,带电细杆和金属球上的感应电荷在球内各处产生的电场强度叠加后的合场强为零.

设带电细杆在球内 a、b、c 三点产生的场强分别为 E'_a、E'_b、E'_c,根据静电平衡条件

$$E'_a - E_a = 0, \quad E'_b - E_b = 0, \quad E'_c - E_c = 0$$

由于 c 点离带电细杆最近,带电细杆在 c 点产生的场强最大,所

以感应电荷在 c 点产生的场强也最大. C 正确.

说明 静电平衡时,导体内部各处的电场强度一定为零,整个导体为一个等势体,导体表面为等势面. 需要提醒的是:导体内部场强为零,指的是外电场和导体表面感应电荷所产生的电场叠加后的合场强为零.

例题 4 半径为 R 的接地金属球外有一电荷量为 q 的点电荷,点电荷与球心 O 相距 $d=2R$,如图 3.30 所示. 金属球上的感应电荷为( ).

A. 0　　　B. $-\dfrac{q}{4}$　　　C. $-\dfrac{q}{2}$　　　D. q

分析与解答 感应电荷的计算没有现成公式,可以利用的只有题设条件——接地金属球的电势为零. 由于金属球的电势是球外点电荷和球面上的感应电荷共同产生的,但球面分布电荷的电势无法计算,为此可以设想把分布在球面上的感应电荷等效为球内的点电荷 q'. 假定电荷 q' 位于球外点电荷与球心 O 的连线上,在 q 和 q' 的共同作用下,使球面上任何一点 P 的电势均为零(图 3.31). 于是,根据点电荷电势公式,有

$$k\frac{q}{r}+k\frac{q'}{r'}=0 \qquad ①$$

式中,r 为 q 到 P 点的距离,r' 为 q' 到 P 点的距离. 因此,对球面上任一点都有关系式

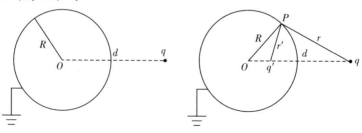

图 3.30　　　　　　　　图 3.31

$$\frac{r'}{r} = -\frac{q'}{q} \qquad ②$$

选择 q' 在某个合适的位置,使 $\angle OPq = \angle Oq'P$,则 $\triangle Oq'P$ 相似于 $\triangle OPq$,又有

$$\frac{r'}{r} = \frac{R}{d} = 常数 \qquad ③$$

联立②、③两式,得

$$q' = -\frac{R}{d}q = -\frac{q}{2}$$

所以,C 正确.

说明 本题为 2011 年卓越联盟自主招生试题. 它超越了常规的要求,相当有难度. 突破难点的关键是引入等效电荷 q' (其思路参见题解的分析).

由于 q' 与 q 的电性一定相反,若把式①表示为 $k\frac{q}{r} - k\frac{q'}{r'} = 0$,用同样解法得 $q' = \frac{q}{2}$,考虑 q' 与 q 的电性,即得选项 C.

(3) 波的叠加

认识波的叠加

大家在生活中都有体会,我们可以同时听到几个人说话的声音,并且还常常能从中分辨出某个熟人的声音. 一些音乐爱好者欣赏乐队演奏时,也能从中分辨出不同乐器发出的声音. 这里的奥秘就是波的叠加.

物理学的知识告诉我们:由不同波源产生的几列波在同一介质中传播时,每一列波不因其他波的存在而改变传播规律和波的特性(振幅、频率、波长、波速、振动方向、传播方向等). 因此,在几列波相遇的区域内,介质中的任何一个质点的振动就等于各列波单独存在时在该点所激起振动的合成. 这就是波的叠加原理,它是以波的独立

传播原理为前提建立起来的.

波的叠加原理是人们从大量的观察、实验事实中总结出来的规律.进一步的研究指出,它与其他任何实验定律一样,其适用性也是有条件的.一是与介质有关,也就是说,并不是对所有介质都适用[*];二是与波的强度有关,只有当介质质点的振动并非过于强烈时,才遵循波的独立传播定律和服从叠加原理(当然,在中学物理范畴中所研究的各种波,都认为遵循波的独立传播定律、服从叠加原理).

利用波的叠加原理,既可以从几列波的特性求出它们相遇区域中所形成的合成波的特性,也可以把一个复杂的波看成几个简单的波的合成.也就是说,根据一个物理量与几个物理量相互之间的等效变换,可以为我们对波的分析、研究提供方便.

例如,有两列波在传播中相遇,在两波的重叠区域,由于介质质点同时参与两波引起的振动,重叠区域里任何一个质点振动的总位移,都等于两波分别引起位移的矢量和,即

$$y = y_1 + y_2$$

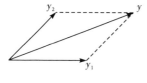

图 3.32

如图 3.32 所示.因此,可以用合振动等效替代两个分振动的共同作用.

例题 1(2004 上海) 两列波相向而行,在某时刻的波形与位置如图 3.33 所示.已知波的传播速度为 v,图中标尺每格长度为 l.试在图中画出又经过 $t = \dfrac{7l}{v}$ 时的波形.

分析与解答 经时间 $t = \dfrac{7l}{v}$ 后两波分别向右和向左移动的距离均为

$$x = vt = v \cdot \dfrac{7l}{v} = 7l$$

---

[*] 例如,有一种变色玻璃,随着光的强度增加玻璃的透光率和颜色会发生改变,表明它不服从光的独立传播定律.参见赵凯华和钟锡华,光学,1984.

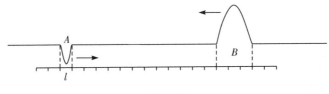

图 3.33

由于 A、B 两波的波长分别为 $\lambda_A = 2l$、$\lambda_B = 6l$,根据传播距离 x 与波长(或周期)的关系,并考虑到波形的重复性,因此,

对 A 波

$$x = 7l = 3\lambda_A + \frac{1}{2}\lambda_A \quad (\text{或}\ \Delta t_A = 3T_A + \frac{1}{2}T_A)\ \text{相当于传播}\ \frac{1}{2}T_A$$

对 B 波

$$x = 7l = \lambda_B + \frac{1}{6}\lambda_B \quad (\text{或}\ \Delta t_A = T_B + \frac{1}{6}T_B)\ \text{相当于传播}\ \frac{1}{6}T_B$$

可见两波刚好波峰、谷相遇.根据波叠加时介质中质点的位移等于各列波所引起位移的矢量和,因此得叠加后的波形如图 3.34 所示.

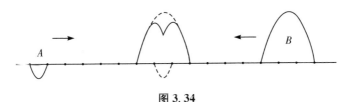

图 3.34

一个典型现象

如果频率相同的两列波相遇,它们能够使重叠区域的某些位置振动加强,某些位置振动减弱,并且形成振动加强和振动减弱互相间隔的现象.这是两列波叠加中最典型的一种现象,称为波的干涉.这样的两列波称为相干波.

如图 3.35 所示,设 S_1、S_2 是频率相同的

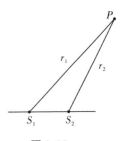

图 3.35

两个波源,振动方程均为

$$y = A\cos\omega t$$

它们发出的简谐波以速度 v 传播,到达与它们相距分别为 r_1 和 r_2 的 P 点时,每列波引起 P 点的振动随时间的变化规律为

$$y_1 = A\cos\omega\left(t - \frac{r_1}{v}\right), \quad y_2 = A\cos\omega\left(t - \frac{r_2}{v}\right)\ *$$

根据波的叠加原理,P 点的合振动为

$$y_P(t) = y_1 + y_2 = A\cos\omega\left(t - \frac{r_1}{v}\right) + A\cos\omega\left(t - \frac{r_2}{v}\right)$$

利用三角公式 $\cos x + \cos y = 2\cos\dfrac{x+y}{2}\cos\dfrac{x-y}{2}$,将上式进行变换后得

$$y_P(t) = 2A\cos\frac{\pi(r_1 - r_2)}{\lambda} \cdot \cos\omega t$$

这就是说,根据波的叠加,使我们可以用一个振动等效替代两列波所引起的振动.

当 $\Delta r = r_1 - r_2 = n\lambda$,即两波源到某点 P 的波程差等于波长的整数倍时,两波同相到达,振动加强,则

$$y_P(t) = 2A\cos\omega t$$

当 $\Delta r = r_1 - r_2 = \left(n + \dfrac{1}{2}\right)\lambda$,即两波源到某点 P 的波程差等于

---

* 波源做简谐运动时的振动方程 y = Acos ωt,当以速度 v 传播到离波源为 x 处的某点 P 时,经历的时间为 Δt = $\dfrac{x}{v}$,也就是说质点 P 的振动较波源的振动滞后时间 Δt,对应的相位差 Δφ = ω$\dfrac{x}{v}$,因此 P 点的振动方程为

$$y_P = A cos\ ω(t - Δt) = A cos\ \omega\left(t - \frac{x}{v}\right)$$

这个方程通常称为波动方程. 它描述了平面波传播过程中离波源为 x 处任何一点的振动情况.

半波长的奇数倍时 ($n=0,\pm 1,\pm 2\cdots$),两波反相到达,振动减弱,则
$$y_P(t)=0$$

如果把传播区域中满足同一加强或减弱条件的一系列点连接起来,就得到一簇优美的图线,根据数学知识知道,到两定点的距离之差等于定长的点的轨迹为双曲线. 如图 3.36 所示. 在与两波源对称线上的各点,$\Delta r=0$,一定是振动加强的点.

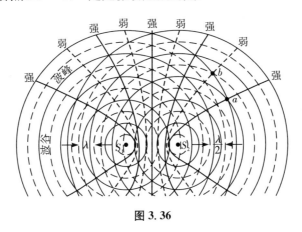

图 3.36

对干涉的几点认识

必须注意的是:

① 波的叠加是波传播过程中的一种普遍现象,任何两列波都可以叠加. 波的干涉是叠加中的一个特例,必须满足一定条件才会发生.

② 发生干涉时,振动加强的点始终加强(振幅增长),振动减弱的点始终减弱(振幅减小). 无论振动加强或振动减弱的点,它们都在做着周期性运动,其位移不断变化. 振动加强点的位移变化范围和振动减弱点的位移变化范围分别为

$$-|A_1+A_2|\leqslant y\leqslant |A_1+A_2|,\quad -|A_1-A_2|\leqslant y\leqslant |A_1-A_2|$$

因此,某时刻振动加强点的位移不一定始终比振动减弱点的位移大.

③ 如果两列波不仅频率相同,其振幅也相同,但传播方向相反,于是就形成干涉中的特殊现象——驻波.介质中某些点振幅最大,等于2A(称为波腹);某些点静止不动(称为波节).

④ 干涉(和衍射)是波所特有的现象.任何性质的波都会产生干涉(和衍射).但是,能"产生现象"和能否"观察到现象"是两回事.

⑤ 两束相干光发生干涉时,振动加强和减弱的光程差条件与上面得到的结果相同.

几个实例分析

下面,结合中学物理目前的要求,以波的干涉条件及其特征为核心,选取若干偏于定性判断的问题,共同体会一下有关波叠加的表现.

例题 1(2017 北京理综) 物理学原理在现代科技中有许多重要应用.例如,利用波的干涉,可将无线电波的干涉信号用于飞机降落的导航.

如图 3.37 所示,两个可发射无线电波的天线对称地固定于飞机跑道两侧,它们类似于杨氏干涉实验中的双缝.两天线同时都发出波长为 λ_1 和 λ_2 的无线电波.飞机降落过程中,当接收到 λ_1 和 λ_2 的信号都保持最强时,表明飞机已对准跑道.下列说法正确的是(　　)

图 3.37

A. 天线发出的两种无线电波必须一样强

B. 导航利用了 λ_1 与 λ_2 两种无线电波之间的干涉

C. 两种无线电波在空间的强弱分布稳定

D. 两种无线电波各自在空间的强弱分布完全重合

分析与解答　题中指出这里的两个天线相当于杨氏实验中的双缝,因此发生干涉的是每个天线(双缝)各自发出的波长为 λ_1 的波,或者是各自发出的波长为 λ_2 的波,不是同一个天线发出的 λ_1 和 λ_2 这两列波之间的干涉.导航时实际上在空中形成了两组稳定的干涉,因此 B 错.

既然不是同一天线发出的这两种无线电波发生干涉,因此也不要需要它们的强度(即振幅)相同,A 错.

根据发生稳定干涉的条件,要求两个天线发出的这两种无线电波在空中各自的强弱分布稳定,这样就能够形成两组稳定的相干波,并非要求它们各自在空中的强弱分布完全重合,因此 D 错,C 正确.

说明　本题把两列波形成稳定干涉的条件,非常自然地融合在导航的应用中,是颇有新意的一道好题.求解的关键是必须认识到哪两种波发生了干涉,然后,根据形成稳定干涉的条件即可找出结果.

例题 2(2014　全国)　两列振动方向相同、振幅分别为 A_1 和 A_2 的相干简谐横波相遇.下列说法正确的是(　　).

A. 波峰与波谷相遇处质点的振幅为 $|A_1-A_2|$

B. 波峰与波峰相遇处质点离开平衡位置的位移始终为 A_1+A_2

C. 波峰与波谷相遇处质点的位移总是小于波峰与波峰相遇处质点的位移

D. 波峰与波峰相遇处质点的振幅一定大于波峰与波谷相遇处质点的振幅

分析与解答　根据波的叠加原理,在两波相遇区域,各点的位移都等于两波分别引起位移的矢量和,因此峰、谷相遇处质点的振幅为 $|A_1-A_2|$,A 正确.

在峰、峰相遇处质点的振幅为 (A_1+A_2),但相遇处每一质点的位移都随时间做周期性的振动,其位移并非保持 (A_1+A_2) 不变,只

是其振幅一定大于峰、谷相遇处质点的振幅,B错,D正确.

由于两波相遇处振动加强点的位移变化范围和振动减弱点的位移变化范围分别为

$-|A_1+A_2| \leqslant y \leqslant |A_1+A_2|$, $\quad -|A_1-A_2| \leqslant y \leqslant |A_1-A_2|$

因此,峰、谷相遇处(振动减弱点)质点的位移,不一定总是比峰、峰相遇处(振动加强点)的位移小. C错.

练习题

1.(2011 上海) 两波源 S_1、S_2 在水槽中形成的波形如图 3.38 所示.其中实线表示波峰,虚线表示波谷,则( ).

A. 在两波相遇的区域中会产生干涉

B. 在两波相遇的区域中不会产生干涉

C. a 点的振动始终加强

D. a 点的振动始终减弱

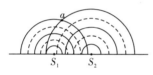

图 3.38

参考答案:B

说明 本题虽不难,但可贵的是对传统问题"反其道而行之". 类似于此,下面的这个练习题同样很有意义,请自行练习,有助于加深对干涉现象的认识.

2.(2005 上海)如图 3.39 所示,实线表示两个相干波源 S_1、S_2 发出的波的波峰位置,则图中的_____点为振动加强的位置,图中_____点为振动减弱的位置.

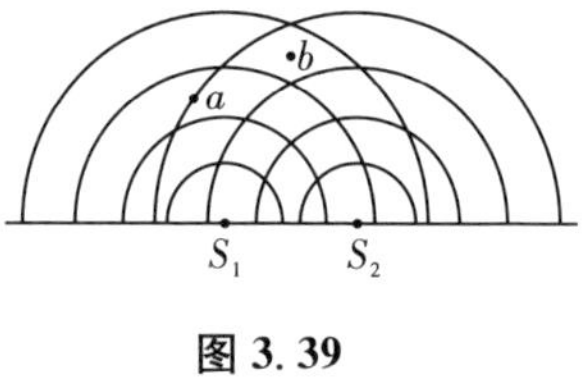

图 3.39

参考答案:b;a.

例题 3 如图 3.40 所示,A、B 为两个频率 $f=1700$ Hz 的声源,相距 $d=10$ m.与两声源连线平行的线段 OM 长 $s=16$ m,O 点恰在

A、B 的中垂线上且相距 $l=400$ m. 已知声音的传播速度 $v=340$ m/s,则在 OM 线段上能出现声音最弱的位置数为( ).

A. 1个   B. 2个   C. 3个   D. 4个

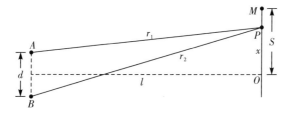

图 3.40

分析与解答　该声波的波长为

$$\lambda = \frac{v}{f} = \frac{340}{1700} \text{ m} = 0.2 \text{ m}$$

设 OM 线段上与 O 相距为 x 某处 P,离开两声波源分别为 r_1、r_2. 根据两波干涉后振动减弱的条件,其波程差应为半波长的奇数倍,即

$$\delta = r_2 - r_1 = (2k+1)\frac{\lambda}{2}$$

或根据以下说明表示为

$$x = \frac{l}{d}\delta = (2k+1)\frac{l}{d}\cdot\frac{\lambda}{2}$$

以 $k=0,1,2,\cdots$ 代入,得振动减弱点与 O 的距离依次为

$$x_0 = \frac{l}{d}\cdot\frac{\lambda}{2} = \frac{400}{10}\times 0.1 \text{ m} = 4 \text{ m}$$

$$x_1 = 3\frac{l}{d}\cdot\frac{\lambda}{2} = 3\times\frac{400}{10}\times 0.1 \text{ m} = 12 \text{ m}$$

$$x_2 = 5\frac{l}{d}\cdot\frac{\lambda}{2} = 5\times\frac{400}{10}\times 0.1 \text{ m} = 20 \text{ m} > 16 \text{ m}$$

所以 OP 线段出现振动减弱的位置只有 2 个,B 正确.

说明　线段(屏)上某处的坐标 x 与波程差 δ 的关系,证明如下:
由

$$r_2^2 = l^2 + \left(x + \frac{d}{2}\right)^2, \quad r_1^2 = l^2 + \left(x - \frac{d}{2}\right)^2$$

得

$$r_2^2 - r_1^2 = 2dx$$

则

$$\delta = r_2 - r_1 = \frac{2dx}{r_1 + r_2}$$

考虑到 $l \gg d$,$r_1 + r_2 \approx 2l$,于是得 $\delta = \frac{d}{l}x$ 或 $x = \frac{l}{d}\delta$.

在有关干涉现象的问题和实际应用中,常常需要确定振动加强或减弱的位置.当所考虑的点与两波源(或声源)在同一条直线上时,比较容易确定.下面这个练习题,有助于进一步认识叠加时振动强弱位置的确定.

练习题

(2013 全国大纲版)在学校运动场上 50 m 直跑道的两端,分别安装了由同一信号发生器带动的两个相同的扬声器.两个扬声器连续发出波长为 5 m 的声波.一同学从该跑道的中点出发,向某一端点缓慢行进 10 m.在此过程中,他听到的扬声器声音由强变弱的次数为( ).

A. 2　　　B. 4　　　C. 6　　　D. 8

参考答案:B.

 **运动等效**

用一种(或两种和两种以上)运动与另外一种运动之间进行相互替代,并保持效果不变的方法,我们称之为运动等效法.

例如,图 3.41 中将一根长为 l 的光滑钢丝均匀地绕成一个高为 h 的弹簧,竖立在水平地面上.然后再将一个小环穿在钢丝上,让它从顶端开始由静止下滑.由于小环下滑时只受到重力和钢丝的支持力.其中,钢丝的支持力始终垂直于环的运动方向,对环不做功,不会改变环的运动速度(仅会改变环的运动方向).因此,环沿着弹簧圈的下滑运动等效于沿光滑斜面的运动(图 3.42).于是,由

$$l = \frac{1}{2}at^2 = \frac{1}{2}g\sin\alpha \cdot t^2, \quad \sin\alpha = \frac{h}{l}$$

立即可得小环下滑的时间

$$t = \sqrt{\frac{2l^2}{gh}}$$

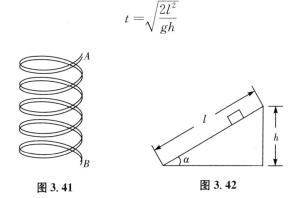

图 3.41　　　　　图 3.42

这里的运动等效变换——用物体沿斜面的运动替代原来沿螺旋钢丝的运动,比较直观,思维层次相对较低.在中学物理问题中有关的运动等效变换,往往不是直接就能看出来的,处理起来也会复杂得多.

根据对运动等效的具体处理方式,大体上可以分为两种情况,现分别加以阐述.

(1) 通过组合进行运动等效变换

这种等效变换包含的范围很广泛.它没有刻板的模式,常常需要根据具体的运动灵活采用相应的运动等效方法,等效量的计算一般也没有普遍的法则.

例题 1　把一个小球沿着高为 h、半径为 R 的光滑圆筒内壁以初

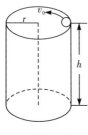

图 3.43

速度 v_0 水平抛出,小球将沿着筒的内壁一边旋转、一边下落,直至落到地面上(图 3.43). 那么,在这个过程中,小球会绕筒壁旋转的圈数是多少?

分析与解答 小球既受到筒壁的约束,又受到重力作用,在筒内做着不等距螺旋线运动. 这个运动可以等效成水平方向的匀速直线运动和竖直方向自由落体运动的合运动,于是由

$$s = v_0 t, \quad t = \sqrt{\frac{2h}{g}}$$

得旋转的圈数

$$n = \frac{s}{2\pi R} = \frac{v_0 t}{2\pi R} = \frac{v_0}{2\pi R}\sqrt{\frac{2h}{g}}$$

例题 2(2014 重庆理综) 一竖直悬挂的弹簧振子,下端装有一记录笔,在竖直面内放置有一记录纸. 当振子上下振动时,以速率 v 水平向左拉动记录纸,记录笔在纸上留下如图 3.44 所示的图像. y_1、y_2、x_0、$2x_0$ 为纸上印迹的位置坐标. 由此求振动的周期和振幅.

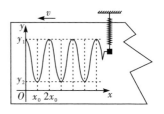

图 3.44

分析与解答 向左以速率 v 拉动记录纸,等效于记录笔向右以速率 v 的运动,因此图中曲线等效于记录笔的两种运动 —— 一种是上下的周期性振动;另一种是水平向右的匀速运动.

设振子上下振动的周期为 T,由水平向左匀速运动的速度大小

$$v = \frac{2x_0}{T} \quad \Rightarrow \quad T = \frac{2x_0}{v}$$

图像在 y 轴上的高度,对应着振子在上下两个极端位置间的距离,所以振幅为

$$A = \frac{y_1 - y_2}{2}$$

说明 匀速拉动记录纸,相当于形成时间轴,使原来上下运动的记录笔的位置沿时间均匀排列,从而形成曲线.示波器上需要加扫描电压也是这个道理.

实验室里落体音叉测量重力加速度也是通过组合的一种运动等效变换.实验装置很简单:在音叉的一股固定一根细针,使细针尖恰好能接触到一块熏有煤烟的金属板,敲击音叉使其振动,同时让金属板自由下落,针尖将在金属板上划出一条波状曲线.若音叉的振动频率为 f,量出完成振动数 n 次金属板的下落距离 s,即可由

$$\Delta t = \frac{n}{f}, \quad s = \frac{1}{2} g \Delta t^2$$

联立得重力加速度

$$g = \sqrt{\frac{2s}{\Delta t^2}} = \frac{f}{n} \sqrt{2s}$$

例题 3 回旋加速器的工作原理如图 3.45 所示.置于高真空中的 D 形金属盒半径为 R,两盒间的狭缝为 d,磁感应强度为 B 的匀强磁场与盒面垂直,A 处粒子源产生质量为 m、电量为 $+q$ 的

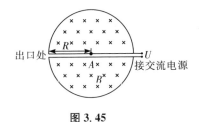

图 3.45

粒子,在加速器被加速,加速电压为 U.加速过程中不考虑相对论效应和重力作用.求粒子从静止开始加速到出口处所需的时间 t.

分析与解答 粒子从静止开始加速到出口处所需的时间 t 应该包括两部分,即在磁场中回旋的时间(t_1)和在狭缝中加速的时间(t_2).

设粒子从 A 处发射到达出口处经历了 n 圈,出口处的速度为 v,则由狭缝的加速条件和磁场内运动的向心力条件知

$$2nqU = \frac{1}{2}mv^2, \quad qvB = m\frac{v^2}{R}$$

联立两式,可得回旋圈数

$$n = \frac{qB^2R^2}{4mU}$$

因为回旋加速器中的粒子,在磁场中每次回旋一周时间相同,均为

$$T = \frac{2\pi m}{qB}$$

所以粒子在磁场中的运动时间

$$t_1 = nT = \frac{\pi BR^2}{2U} \qquad ①$$

粒子在狭缝中每次运动的时间不同,但加速度都相同.因此,为了计算在狭缝中的运动时间,可以将各次通过狭缝的运动"衔接"起来——也就是说,将原来分段的运动用一个连续的直线运动作等效替代,得加速运动的时间为

$$t_2 = \frac{v - v_0}{a}$$

式中,$v_0 = 0$,$v = \frac{qBR}{m}$,$a = \frac{qU}{dm}$,代入上式得

$$t_2 = \frac{dBR}{U} \qquad ②$$

所以,粒子从静止开始加速到出口处所需的总时间为

$$t = t_1 + t_2 = \frac{\pi BR^2}{2U} + \frac{dBR}{U} = \frac{BR}{U}\left(\frac{\pi R}{2} + d\right) \qquad ③$$

说明 通常情况下,由于两个 D 形盒之间的狭缝很小,带电粒子穿过狭缝的时间可以忽略.因此,许多同学从未思考过如何计算粒子通过狭缝的时间问题.

显然,如果逐次计算,那是非常烦琐的.本题采用了对运动过程的等效变换,用连续的运动代替分段的运动,非常巧妙、简便.

例题 4(2014　安徽)　在光滑水平地面上有一凹槽 A,中央放一小物块 B,物块与左右两边槽壁的距离如图 3.46 所示,L 为 1.0 m,凹槽与物块的质量均为 m,两者之间的动摩擦因数 μ 为 0.05,开始时物块静止,凹槽以 $v_0 = 5$ m/s 的初速度向右运动,设物块与凹槽槽壁碰撞过程中没有能量损失,且碰撞时间不计. g 取 10 m/s². 求:

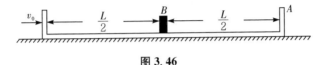

图 3.46

(1) 物块与凹槽相对静止时的共同速度;

(2) 从凹槽开始运动到两者相对静止物块与右侧槽壁碰撞的次数;

(3) 从凹槽开始运动到两者刚相对静止所经历的时间及该时间内凹槽运动的位移大小.

分析与解答　(1) 把物块与凹槽作为一个系统,相互碰撞中水平方向不受其他外力,由动量守恒可得两者相对静止时的共同速度. 即

$$mv_0 = 2mv \quad \Rightarrow \quad v = \frac{v_0}{2} = 2.5 \text{ m/s}$$

(2) 从物块开始运动到两者相对静止,系统损失的机械能为

$$\Delta E = \frac{1}{2}mv_0^2 - \frac{1}{2}(2m)v^2 = \frac{1}{4}mv_0^2$$

这些机械能都消耗于克服两者间的摩擦所做的功. 设两者相对滑行的总位移大小为 x,则由

$$\Delta E = \mu mgx \quad \text{或} \quad \frac{1}{4}mv_0^2 = \mu mgx$$

得

$$x = \frac{v_0^2}{4\mu g} = \frac{5 \times 5}{4 \times 0.05 \times 10} \text{ m} = 12.5 \text{ m}$$

由于开始时凹槽向右运动,所以两者相对静止时物块与槽的右侧碰撞次数为

$$n = \frac{1}{2}\left(\frac{x - \frac{L}{2}}{L}\right) = \frac{1}{2} \times \frac{12.5 - 0.5}{1} = 6$$

(3)设凹槽与物块碰撞前的速度分别为 v_1、v_2,碰撞后的速度分别为 v'_1、v'_2,由碰撞前后的动量守恒与动能守恒

$$mv_1 + mv_2 = mv'_1 + mv'_2, \quad \frac{1}{2}mv_1^2 + \frac{1}{2}mv_2^2 = \frac{1}{2}mv'^2_1 + \frac{1}{2}mv'^2_2$$

联立两式,解得

$$v'_1 = v_2, \quad v'_2 = v_1$$

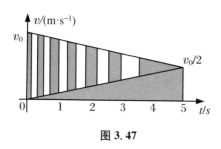

图 3.47

也就是说,每次碰撞后两者互换速度.在同一坐标系内两者的速度图像如图 3.47 所示,根据碰撞次数可以分为 13 段,凹槽与物块的速度图像分别上下跃迁,它们与每次碰前凹槽、物块的图像连接,等效于两条连续的匀变速直线运动的速度图像.也就是说,可以用一个连续的匀变速直线运动等效替代原来间断的碰撞.于是,由物块的运动即得时间

$$t = \frac{v_t}{a} = \frac{v}{\mu g} = \frac{2.5}{0.05 \times 10} \text{ s} = 5 \text{ s}$$

凹槽的速度图像与 t 轴间所对应的面积,数值上就等于其通过的位移.图中两条速度图像组成的等腰三角形共分 13 份,除第一份为 $0.5L$ 外,其余每份均为 L.因此槽的位移为

$$s = 6.5L + \frac{1}{2}\left(\frac{v_0}{2}\right)t = 6.5 \times 1 \text{ m} + \frac{1}{2} \times 2.5 \times 5 \text{ m} = 12.75 \text{ m}$$

说明 本题(2)、(3)两问的解答中,都渗透着运动过程作等效变换的思想. 其中(3)计算时间和位移是本题的核心,采用了等效变换后,物理情景非常清晰,求解就显得轻松了. 这里时间的计算,如果取凹槽为研究对象,由下式同样可得,即为

$$t = \frac{v_t - v_0}{a} = \frac{-\frac{v_0}{2}}{-\mu g} = \frac{v_0}{2\mu g} = \frac{5}{2 \times 0.05 \times 10} \text{ s} = 5 \text{ s}$$

(2) 以运动合成与分解为前提的等效变换

运动的合成与分解原理,实际上就是以运动的独立性原理为依据所建立的一种运动等效变换. 它是运动等效变换的核心内容.

运动的独立性原理是物理学中的一条经验规律. 它指出:一个物体同时参与两个(或两个以上)的运动时,其中任何一个运动都并不因为其他运动的存在而有所改变. 因此,以运动的合成与分解为依据的等效变换,也可以属于叠加等效的范畴.

在实际问题中,运动等效较多地具体反映在物体的位移、速度和加速度等方面. 它们的分位移(或分速度、分加速度)与合位移(或合速度、合加速度)的关系普遍适用平行四边形法则(图 3.48),即矢量的合成与分解法则.

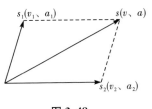

图 3.48

应用中必须注意的是,分运动和合运动都是对同一个研究对象而言的,都相对于同一个参考系,并且同时开始、同时结束.

在中学物理中,属于合成与分解范畴的运动等效问题很普遍. 例如,竖直上抛运动,可以等效于竖直向上的匀速直线运动和自由落体运动;平抛物体运动可以等效于水平方向的匀速直线运动和自由落体运动;等等. 下面,以"小船过河"与"斜抛运动"作为运动等效中的两个典型案例,通过对它们的讨论,体会运动等效的一些研究方法.

小船过河

"小船过河",一般情况下都是两个匀速直线运动的合成与分解,运动轨迹是直线. 设河宽为 l,水速为 u,船在静水中的速度为 v. 通常,需要解决这样一些问题:

① 过河时间

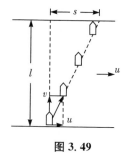

图 3.49

根据运动的独立性原理,水流的运动和小船的运动互不影响. 因此,过河的时间完全取决于垂直河岸的运动速度 —— 如果没有垂直于河岸的运动速度,小船永远无法过河. 显然,只有当船速方向(船头指向)垂直于河岸时(图 3.49),小船过河的时间最短,即

$$t_{\min} = \frac{l}{v}$$

过河后,小船将到达正对岸下游,离开正对岸登陆处的距离由水速和过河时间共同决定,即为

$$s = ut_{\min} = \frac{u}{v}l$$

② 过河最小位移和航向

当船速大于水速时,过河的最小位移等于河宽,即船到达正对岸. 因此,过河时船头指向(船速方向)必须逆向上游,设与河岸成 α 角,船速平行河岸的分量正好平衡水速(图 3.50). 即

$$v_{\parallel} = v\cos\alpha = u \quad 或 \quad \alpha = \arccos\frac{u}{v}$$

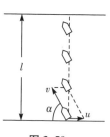

图 3.50

过河时间为

$$t = \frac{l}{\sqrt{v^2 - u^2}} \quad 或 \quad t = \frac{l}{v_{\perp}}$$

当船速小于水速时,无法使合速度方向垂直于河岸,为了较方便地确定过河时间和航向,可采用几何方法.如图 3.51 所示,以水速 u 矢量的末端为圆心,船速 v 的大小为半径作一个圆,然后过出发点 O 点作圆的切线,这就是合速度的方向.此时船头与河岸的夹角 β 以及过河时间分别为

$$\beta = \arccos \frac{v}{u}$$

$$t = \frac{l}{v_\perp} = \frac{l}{v\sin\beta}$$

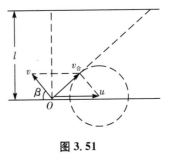

图 3.51

③ 到达正对岸上游(或下游)某处

若要求渡船到达正对岸上游 s_0 处(图 3.52),设船头逆向上游与河岸间夹角为 γ,过河时间为 t,可建立方程

$$(v\cos\gamma - u)t = s_0$$
$$v\sin\gamma \cdot t = l$$

联立得解.

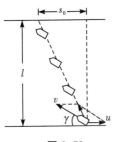

图 3.52

④ 沿着确定的航线运动

若要求沿着河中确定的航线(直线)运动,一般有两种处理方法:其一,使船的合速度沿着该航线;其二,使垂直于该航线两侧的分速度互相抵消(平衡).

例题 1(2014 四川) 有一条两岸平直、河水均匀流动、流速恒为 v 的大河,小明驾着小船渡河,去程时船头指向始终与河岸垂直,回程时行驶路线与河岸垂直,去程与回程所用时间的比值为 k,船在静水中的速度大小相同,则小船在静水中的速度大小为( ).

A. $\dfrac{kv}{\sqrt{k^2-1}}$ B. $\dfrac{v}{\sqrt{1-k^2}}$ C. $\dfrac{kv}{\sqrt{1-k^2}}$ D. $\dfrac{v}{\sqrt{k^2-1}}$

分析与解答 设船在静水中的速度为 u,河宽为 l.去程和回程

时的运动示意图如图 3.53 所示. 无论用什么方式渡河,都可等效于垂直于河岸速度的一个匀速运动,因此渡河时间取决于河宽与垂直河岸的速度,故去程和回程的时间分别为

$$t_1 = \frac{l}{u}, \quad t_2 = \frac{l}{\sqrt{u^2 - v^2}}$$

由

$$\frac{t_1}{t_2} = \frac{\sqrt{u^2 - v^2}}{u} = k$$

得船速

$$u = \frac{v}{\sqrt{1-k^2}}$$

所以,B 正确.

例题 2 为测定一艘新建轮船的速度,安排它沿着测量线 AB 来回航行一次(图 3.54). 当船从 A 驶向 B 时,航向与测量线 AB 成 α 角,恰好能使船沿测量线航行,航行时间 t_1. 从 B 驶向 A 时,船仍然沿着测量线航行,时间为 t_2. 已知测量线 $AB = s$,则船速多大?

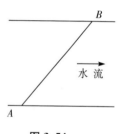

图 3.54

分析与解答 设船速为 v,水速为 u,水速与测量线 AB 间夹角为 β. 当船从 A 驶向 B 时要求沿着测量线航行,必须满足条件

$$v\sin\alpha = u\sin\beta$$

从 B 向 A 反航时,要求仍然沿着测量线运动,航向与测量线之间的夹角必须也是 α(图 3.55). 于是由

$$(v\cos\alpha + u\cos\beta)t_1 = s$$
$$(v\cos\alpha - u\cos\beta)t_2 = s$$

联立两式,即得船速

$$v = \frac{s(t_1 + t_2)}{2t_1 t_2 \cos \alpha}$$

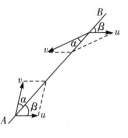

图 3.55

平面上斜抛

斜抛物体的运动,不计阻力时也是仅受重力作用的匀变速曲线运动,同样可以将它等效为两个比较简单的运动,并且,根据需要可以有不同的等效方法.

当物体在平面上斜抛时,常见的有两种等效分解方法:

① 把斜抛运动等效成水平方向的匀速直线运动和竖直方向的上抛运动.

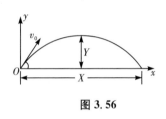

图 3.56

如图 3.56 所示,以抛出点 O 为原点建立坐标系,沿 x 方向和 y 方向的两个等效运动的方程分别为

$$x = v_0 \cos \alpha \, t$$
$$y = v_0 \sin \alpha \, t - \frac{1}{2} g t^2$$

由 $y = 0$ 得斜抛物体的运动时间

$$T = \frac{2v_0 \sin \alpha}{g}$$

把这个结果代入上面的运动方程,即得斜抛物体的水平射程 X 和射高 Y,即

$$X = \frac{v_0^2 \sin 2\alpha}{g}, \quad Y = \frac{v_0^2 \sin^2 \alpha}{2g}$$

由 x、y 两方向的运动方程中消去 t,即得轨道方程

$$y = x \tan \alpha - \frac{g}{2v_0^2 \cos^2 \alpha} x^2$$

这是一个抛物线方程,因此斜抛物体的运动轨迹是一条抛物线.

② 把斜抛运动等效为沿抛射方向的匀速直线运动和竖直向下的自由落体运动.

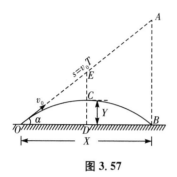

图 3.57

如图 3.57 所示,设不计重力时,物体抛出后沿 v_0 方向做匀速直线运动,经运动时间 T 后到达 A 点,由于受到重力作用,在同一时间内物体下落距离 $h=\dfrac{1}{2}gt^2$,结果物体便沿着抛物线运动到 B. 根据图 3.57 很容易算出

$$\sin\alpha=\dfrac{\overline{AB}}{\overline{OA}}=\dfrac{\dfrac{1}{2}gT^2}{v_0T}=\dfrac{gT}{2v_0},\quad \cos\alpha=\dfrac{\overline{OB}}{\overline{OA}}=\dfrac{X}{v_0T}$$

由此即得斜抛物体的运动时间 T 和水平射程 X 分别为

$$T=\dfrac{2v_0\sin\alpha}{g},\quad X=v_0T\cos\alpha=\dfrac{v_0^2\sin 2\alpha}{g}$$

设抛物线最高点为 C 点,它对应于直线 OA 上的 E 点,由对称性知,从抛出到最高点的时间为 $\dfrac{T}{2}$,则

$$\overline{EC}=\dfrac{1}{2}g\left(\dfrac{T}{2}\right)^2$$

由 △OAB 相似于 △OED,即得射高

$$Y=\overline{ED}-\overline{EC}=\dfrac{1}{2}\left(\dfrac{1}{2}gT^2\right)-\dfrac{1}{2}g\left(\dfrac{T}{2}\right)^2=\dfrac{1}{8}gT^2=\dfrac{v_0^2\sin^2\alpha}{2g}$$

由此可见,这样两种不同的等效运动分解方法所得到的结果完全相同. 采用第二种等效运动方法,虽然比较直观,便于理解,但无法直接得到运动方程,不适于运用解析法进行计算和数学讨论,可以作为特定情况下的一种解题思路.

斜面上的斜抛

当物体在斜面上做斜抛时,也可以等效为两个匀变速直线运动. 如图3.58所示,设斜面倾角为θ,发射方向与水平方向间夹角为α,沿斜面向上和垂直斜面向上建立直角坐标系,并把初速度v_0和重力加速度g沿两坐标轴分解.

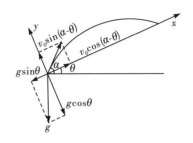

图 3.58

于是原来沿斜面向上的斜抛运动就可以等效为沿着斜面方向和垂直斜面方向的两个匀减速运动,其位移方程分别为

$$x = v_0 \cos(\alpha - \theta) t - \frac{1}{2} g \sin\theta t^2$$

$$y = v_0 \sin(\alpha - \theta) t - \frac{1}{2} g \cos\theta t^2$$

由$y=0$得斜抛物体的运动时间

$$T = \frac{2v_0 \sin(\alpha - \theta)}{g \cos\theta}$$

将T和$\dfrac{T}{2}$分别代入x、y的表达式,即得相对于斜面的射程和射高

$$s = \frac{2v_0^2 \cos\alpha \sin(\alpha - \theta)}{g \cos^2\theta}, \quad H = \frac{v_0^2 \sin^2(\alpha - \theta)}{2g \cos\theta}$$

若物体从斜面上向下做斜抛,可以同理确定与其等效的运动.

例题 3(2013 江苏) 如图3.59所示,从地面上同一位置抛出两小球A、B,分别落在地面上的M、N点,两球运动的最大高度相同. 空气阻力不计,则( ).

A. B的加速度比A的大

B. B的飞行时间比A的长

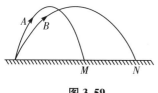

图 3.59

C. B 在最高点的速度比 A 在最高点的大

D. B 在落地时的速度比 A 在落地时的大

分析与解答 两小球抛出后都仅受重力作用,在竖直方向的加速度均为 g,A 错.

因为不计阻力时,斜抛运动的轨迹是一条中心对称的抛物线,所以如果从最高点分成两部分,斜抛运动可等效为两个反向的平抛运动(图 3.60),于是立即可知:两小球飞行时间相等(B 错);B 在最高点的速度比 A 大(C 正确);由于两小球落地的竖直速度相同,而水平速度 B 比 A 大,即得落地时 B 的速度比 A 大(D 正确).

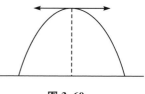

图 3.60

说明 本题如果采用常规解法,设斜抛物体的初速度为 v_0,抛射角为 θ,则需根据其飞行时间和最大高度

$$t = 2\frac{v_0 \sin\theta}{g}, \quad y_m = \frac{(v_0 \sin\theta)^2}{2g}$$

从而逐项判断,远不如采用运动等效方法简便,读者可自行比较.

如果斜抛物体的落地点与抛出点不在同一水平面上,如图 3.61 所示物体落体在一个凹坑里,要求斜抛物体的射程、运动时间和落地速度等物理量时,采用将斜抛运动从顶点等效为两个平抛运动的方法,其优势更是不言而喻了.

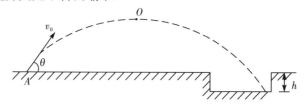

图 3.61

3 中学物理中常见的等效变换

例题 4 在倾角 $\theta=30°$ 的斜坡底端,以初速度 $v_0=700$ m/s、射角 $\alpha=45°$ 向斜坡上发射一颗炮弹,取 $g=10$ m/s^2,试求炮弹在斜坡上的射程.

分析与解答 以抛出点为原点建立直角坐标系,设炮弹在斜坡上落点的坐标分别为 x、y,则由斜抛运动规律知

$$x = v_0 \cos \alpha \cdot t \qquad ①$$

$$y = v_0 \sin \alpha \cdot t - \frac{1}{2}gt^2 \qquad ②$$

设炮弹在斜坡上的落点与抛出点相距为 R,则由图 3.62 知

$$x = R\cos\theta = v_0 \cos\alpha \cdot t \qquad ③$$

$$y = R\sin\theta = v_0 \sin\alpha \cdot t - \frac{1}{2}gt^2 \qquad ④$$

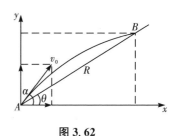

图 3.62

由式 ③ 得飞行时间

$$t = \frac{R\cos\theta}{v_0 \cos\alpha}$$

代入式 ④,整理后并代入数据,得射程

$$R = \frac{2v_0^2}{g} \cdot \frac{\cos\alpha \sin(\alpha-\theta)}{\cos^2\theta} = 23910 \text{ m}$$

说明 如果沿着斜坡和垂直斜坡方向建立直角坐标系,可将炮弹等效为这两个方向的匀变速运动. 请参照前面图 3.55 的分解方法建立方程,自行求解比较.

此外,也可以把炮弹的运动等效成沿着初速度方向的匀速直线运动和自由落体运动两个运动,如图 3.63 所示. 由正弦定理知

$$\frac{h}{\sin(\alpha-\theta)} = \frac{s}{\sin(90°+\theta)} = \frac{R}{\sin[180°-(90°+\theta)-(\alpha-\theta)]}$$

即

$$\frac{h}{\sin(\alpha-\theta)} = \frac{s}{\cos\theta} = \frac{R}{\cos\alpha}$$

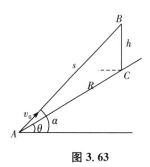

图 3.63

式中

$$h = \frac{1}{2}gt^2, \quad s = v_0 t$$

代入后,可解出运动时间和射程分别为

$$t = \frac{2v_0 \sin(\alpha - \theta)}{g \cos \theta}$$

$$R = \frac{2v_0^2}{g} \cdot \frac{\cos \alpha \sin(\alpha - \theta)}{\cos^2 \theta}$$

这个斜抛问题,综合了三种运动等效变换方法,值得多加体会.

 过程等效

在许多物理问题中,并不需要考虑(或涉及)研究对象从一个状态到另一个状态所经历的细节,只需要关注状态变化的最终结果. 于是,我们就可以用另外一个比较简单的(或更直观的)过程代替原来的过程,或者对所进行的过程作某些调整等,保持最终的效果不变. 这样的等效变换,就称为过程等效法.

等效过程在中学物理问题中是很普遍的,它可以有灵活的表现形式,下面仅选取若干事例,可以初步有所领悟.

最典型的事例

做功和热传递是两个不同的物理过程,它们在改变物体内能上的等效,称得上是过程等效最典型的事例.

例如,我们可以用加热的方式使一个铁块的温度升高,也可以采用将铁块不停地摩擦、通过做功的方式使它升高到同样的温度. 加热是一个热传递过程,它是通过分子间的相互作用,将分子无规则运动的能量由一个物体转移到另一个物体,或由物体的一部分转移到另一部分,一般并不发生宏观的位移. 做功是通过物体间宏观的相对位移,使物体的机械能转化为系统分子无规则运动能量的过程. 两者使

物体温度升高的机理不同,但事后仅从温度变化上,我们将无法分辨某个铁块温度升高究竟采用了哪一种方式.这也就是热力学第一定律所指出的,做一定量的功和传递一定量的热量在改变物体内能上是等效的.

例题 1 如图 3.64 所示,一个活塞将绝热容器分成 A、B 两部分,用控制销 K 固定活塞,保持两部分的体积不变. 现给电热丝通电,则 A 中气体的内能 _____,温度 _____ ;拔出控制销 K,活塞将向右移动压缩 B 中气体,则 B 中气体的内能 _____.

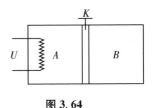

图 3.64

分析与解答 电热丝通电后产生热量,使 A 部分气体的内能增加、温度升高. 拔出控制销后,活塞右移压缩 B 部分气体,对它做了功,B 中气体的内能也增加. 所以应填"增加";"升高";"增加".

变更过程顺序

电场和重力场一样,有一个重要的特性——在电场内移动电荷时,电场力所做的功与路径无关,仅取决于始、末两位置的电势差,即

$$W_{AB} = q(\varphi_A - \varphi_B) = qU_{AB}$$

根据这个特性,有时可以对电荷经历的过程进行等效变换——人为地改变所经路径的顺序,保持电场力做功情况不变,从而更简单、方便地处理问题.

例题 2(2004 全国理综) 一平行板电容器的电容 C,两板间的距离为 d,上板带正电,电荷量为 Q,下板带负电,电荷量也为 Q,它们产生的电场在很远处的电势为零.两个带异号电荷的小球用一绝缘刚性杆相连,小球的电荷量都是 q,杆长为 l,且 $l < d$. 现将它们从很远处移到电容器内两板之间,处于图 3.65 所示的静止状态(杆与板

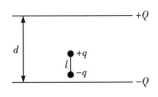

图 3.65

面垂直),在此过程中电场力对两小球做的总功大小等于(设两球移动过程中极板上电荷分布情况不变)( ).

A. $\dfrac{Qlq}{Cd}$ B. 0

C. $\dfrac{Qq}{Cd}(d-l)$ D. $\dfrac{Clq}{Qd}$

分析与解答 假设先将两小球一起移到平行板电容器中 $+q$ 的位置,电场力对两小球所做功的代数和为零.然后,再将其中的 $-q$ 下移,电场力做功为

$$W = -q \cdot El = -q \cdot \dfrac{Q}{Cd}l$$

即大小为 $\dfrac{Qlq}{Cd}$,A 正确.

说明 本题的常规解法需设两小球所在位置的电势 φ_+、φ_-,然后列出从无限远移到电容器内两位置电场力做功的表达式,再结合电场中两点电势差与场强的关系等,然后算出总功,整个过程比较烦琐.题中采用了对移动过程的等效变换,显得轻松得多,请同学们自行比较、体会.

对气体分装变换

我们知道,一定质量理想气体在两个平衡态之间所遵循的变化规律与它所经历的中间过程无关,因此我们可以对它的变化过程作多种选择,采用更灵活、简便的方法进行研究.

例如,一定质量的理想气体处于某个初始状态,现在要求它经历两个等值过程后,仍然回到初始状态的温度,那么,可以有多种不同的方法.如:

等压膨胀 → 等容减压(图 3.66 中过程 a);

等压压缩 → 等容升压(图 3.66 中过程 b);

等容升压 → 等压压缩(图 3.66 中过程 c);

等容降压 → 等压膨胀(图 3.66 中过程 d).

这些过程用 $p-V$ 图可以很直观地显示出来. 如果不限制只能经历两个等值过程,那么可以经历无数个不同的过程后,仍然回到原来的温度. 过程等效在气体的状态变化研究中显得特别突出.

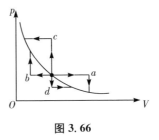

图 3.66

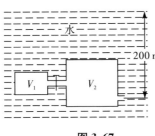

图 3.67

例题 3　如图 3.67 所示,潜水艇位于水面下 200 m 处,艇上有一个容积为 $V_1 = 2 \text{ m}^3$ 的贮气钢筒. 筒内贮有压缩空气,将筒内一部分空气压入水箱. 水箱有排水孔与海水相连,排出海水 10 m³,此时筒内剩余空气的压强是 95 atm. 设在排水过程中温度保持不变,求贮气筒内原来的压缩空气的压强? 计算时取 1 atm = $1 \times 10^5 \text{ N/m}^2$,海水密度 $\rho = 1 \times 10^3 \text{ kg/m}^3$,$g = 10 \text{ m/s}^2$.

分析与解答　贮气筒内的空气压入水箱的过程是一个等温变化过程. 在这个过程中,筒内空气的压强和体积同时发生变化,最终结果筒内依然充满空气,仅是压强减小为 95 atm,水箱中也充满空气,压强等于 200 m 深处的水底

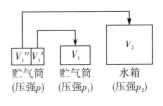

图 3.68

压强. 因此,可以抓住始、末条件,对贮气筒内全体空气都应该参与的一次变化过程,进行等效变换——设其中体积为 V_1' 部分仍然留在筒内,体积为 V_1'' 部分气体充满水箱,两部分空气各司其职,如图 3.68 所示.

根据玻意耳定律和几何条件,有关系式

$$pV_1' = p_1V_1, \quad p_1V_1'' = p_2V_2, \quad V_1' + V_1'' = V_1$$

联立得

$$p = \frac{p_1V_1 + p_2V_2}{V}$$

式中

$$p_2 = p_0 + \rho g h = \left(1 + \frac{1 \times 10^3 \times 10 \times 200}{10^5}\right) \text{ atm} = 21 \text{ atm}$$

代入上式得

$$p = 200 \text{ atm}$$

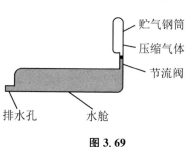

图 3.69

练习题

（2017 福建） 某潜水艇位于海面下 200m 深处,如图 3.69 所示.潜艇上有一容积为 3m^3 的贮气钢筒,筒内储有压缩气体,压缩气体的压强为 2.0×10^7 Pa,将贮气钢筒内一部分压缩气体通过节流阀压入水舱,排除海水 10m^3（节流阀可控制其两端气压不等,水舱有排水孔和海水相连）,在这个过程中气体温度视为不变,海面大气压为 1.0×10^5 Pa,海水密度取 $1.0 \times 10^3 \text{kg/m}^3$,重力加速度 $g = 10\text{m/s}^2$,求：

（1）海面下 200m 深处的压强 p_1；

（2）贮气钢筒内剩余气体的压强 p_2.

参考答案：(1) 2.1×10^6 Pa; (2) 1.3×10^7 Pa.

人为的分解

有时,许多过程的发生"瞬息万变",在宏观上是无法确定其过程细节的(如核反应过程).为了便于研究,也可以根据结果的等效,采用人为分解过程的方法.

例题 4 两个氘核($^2_1$D)聚合成一个氦核($^4_2$He),共放出多少能量?已知氘核和氦核的平均结合能分别为 1.11 MeV 和 7.07 MeV.

分析与解答 原子核的聚合反应是一个瞬息万变的过程,中间可能会有许多细节,在理论和实验上都是难以确定的. 应用中,通常可以不必考虑核反应过程中的各个细节,只需注意到这个核反应的初始条件(两个氘核)、最后的结果(生成一个氦核). 保持这个要求的前提下,我们可以用一个简单的"先拆散、后结合"的过程代替真实的聚合过程.

把两个氘核拆散成四个自由核子需要消耗的能量为
$$E_1 = 1.11 \times 4 \text{ MeV} = 4.44 \text{ MeV}$$

把四个自由核子合成一个氦核时,可以放出的能量为
$$E_2 = 7.07 \times 4 \text{ MeV} = 28.28 \text{ MeV}$$

对上述两个核反应作"收、支"核算,即得这个聚合反应中净获能量为
$$\Delta E = E_2 - E_1 = 23.84 \text{ MeV}$$

3.5 模型等效

物理模型的可贵之处,就在于它与客观实际有一定的等效性. 因此,通过对物理模型的研究,可以获得对客观实际的特性、规律等多方面有重要意义的结论,从而可用以指导实践*.

所以,广义地说,通过建立物理模型所进行的各种研究方法都可以称为模型等效方法;狭义地说,可以把范围局限在中学物理知识的学习和应用中,主要表现为用实验(实物模型)替代实际客体,建立简化的、理想化的理论模型替代原型,利用相对简单的、熟悉的模型(或理想过程)替代比较复杂的、生疏的模型(或实际过程)等方面,我们

---

* 如需要对物理模型有更多的了解,可参阅本丛书《模型》一册.

把它们统称为模型等效.它的应用非常广泛,可以说遍布力学到原子物理学的整个中学物理知识范围.

例如,学习力的分解时,对三角支架悬挂重物后所产生的效果,初学者往往难以判断,如果用一个实验模型(图 3.70)替代,立即就有了很深的体会.

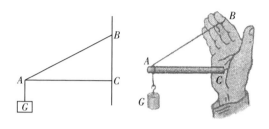

图 3.70

在解题实践中,更多的时候需要建立一个合适的模型,或利用熟悉的模型进行模型替代.下面,仅以这两方面举例说明.

建立模型

美国物理学家威斯哥夫给中学生做科普讲座时,曾经提出一个估算山高的问题.这个问题对中学生很有吸引力,但又似乎深不可测,让人不知所措.那么,怎样进行估算呢?

① 建立模型——地面上的高山可简化成如图 3.71 所示的均匀柱体形状,并假设它全部由 SiO_2 组成.

② 确定依据——能的转化和守恒.假设当山处于高度 h 时下沉 x 所释放的重力势能小于熔化下沉部分所需能量时,山便不会再下沉.则高度 h 就是形成山的极限高度.

③ 查阅数据——已知 SiO_2 的相对分子质量为 60,溶化每个 SiO_2 分子需吸收的热量为 $E_0 = 4.8 \times 10^{-21}$ J,质子质量 $m_p = 1.67 \times 10^{-27}$ kg,$g = 9.8$ m/s^2.

④ 列式计算——设山的总质量为 M,它下沉 x 所释放(减少)的

重力势能为

$$E_P = Mgx$$

设山的横截面积为 S,每单位体积内的分子数为 n,则下沉 x 部分全部熔化所需要吸收的能量为

$$E_x = nSxE_0$$

山不再下沉时,应该满足条件 $E_p < E_x$,由

$$Mgx < nSxE_0 \Rightarrow M < \frac{nSE_0}{g}$$

设 SiO_2 的分子量为 A,把中子的质量近似看成等于质子的质量,因此山高 h 时的总质量为

$$M = n \cdot hS \cdot Am_p$$

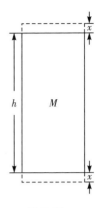

图 3.71

联立两式得

$$h = \frac{E_0}{Am_p g} = \frac{4.8 \times 10^{-21}}{60 \times 1.67 \times 10^{-27} \times 9.8} \text{ m} = 4.9 \times 10^3 \text{ m}$$

说明 这个数值虽然跟实际值有差异,但运用这样简单的方法,能够得到同样的数量级已经是很了不起的了. 更重要的在于通过对山高问题的估算,应该领悟到对实际问题进行探究建立模型的重要意义. 下面三个练习题,都需要通过建立模型作等效变换,然后进行估算,可以加深体会.

练习题

(1)(2007 北京)图 3.72 为高速摄影机拍摄到的子弹穿透苹果瞬间的照片. 该照片经放大后分析出,在曝光时间内,子弹影像前后错开的距离约为子弹长度的 1%～2%. 已知子弹飞行速度约为 500 m/s,由此可估算出这幅照片的曝光时间最接近( ).

图 3.72

A. 10^{-3} s　　　　　　B. 10^{-6} s

C. 10^{-9} s　　　　　　D. 10^{-12} s

参考答案:B.

(2) 人们在工作、学习和各种活动中都需要消耗能量,这些能量通常是在消化食物的过程中转化来而的.科学研究表明,食物在人体内经消化过程转化为葡萄糖,葡萄糖在体内又转化为 CO_2 和 H_2O,同时产生能量.一个质量 $m=60$ kg 的短跑运动员,如果起跑后在 $t=\frac{1}{6}$ s 内能冲出 $s=1$ m 的距离,试估算这一过程中,运动员需要消耗体内储存的葡萄糖是多少? 已知葡萄糖的摩尔质量 $M=0.18$ kg/mol,消耗单位质量葡萄糖产生的能量 $E=2.80\times10^6$ J/mol.

参考答案:2.78×10^{-4} kg.

(3) 心电图记录仪的出纸速率(即纸带移动速度大小) $v=2.5$ cm/s.用此仪器记录某同学的心动情况如图 3.73 所示.已知图中每格的边长为 0.5 cm.该同学的心脏每跳动一次约输送体积 $V=8\times10^{-5}$ m³ 的血液,测得其血压(可看成心脏跳动时输送血液的平均压强)的平均值 $p=1.5\times10^4$ Pa,这位同学心脏跳动时做功的平均功率是多少?

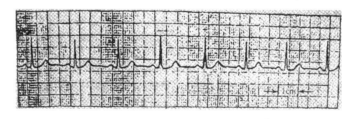

图 3.73

参考答案:1.5 W.

提示:对血管内输送的血液建立一个柱模型,心脏输送血液的平

均压力 $\overline{F}=pS$,一次跳动相当于把血液推进距离 $\dfrac{V}{S}$。由记录纸上两次峰值的间隔 Δs,可知经历时间 $\Delta t = \dfrac{\Delta s}{v}$,因此平均功率为 $P = \dfrac{W}{\Delta t} = \dfrac{\overline{F}V}{S\Delta t} = \dfrac{pV}{\Delta t}$.

利用模型

① 气体分子运动模型

我们知道,气体压强(或大气压)的本质是由于大量气体分子无规则运动碰撞器壁形成的. 它的大小等于单位时间内、单位面积上受到的总冲量. 用公式可以表示为

$$p = \dfrac{\sum I}{\Delta t \Delta S} = \dfrac{n \cdot 2mv}{\Delta t \Delta S}$$

式中,n 为分子密度(单位体积内分子数),v 为分子运动的平均速率,m 为分子质量. 对于其他微粒与平面碰撞时所产生的作用(或压强),可以利用气体分子的这个碰撞模型进行分析与计算.

例题 1 真空中有一个大平行板电容器,接在电压 $U=10^4$ V 的电源上. 在高电势板附近置一放射源,它在 1 s 内能向另一板 1 cm² 面积上垂直发射 $N=10^{17}$ 个 α 粒子. 设粒子离开发射源的初速度不计,打到另一板时速度立即降为零. 求 α 粒子打在另一板上时产生的压强. 已知 α 粒子的质量 $m=6.68 \times 10^{-27}$ kg,电量 $q=3.2 \times 10^{-19}$ C.

分析与解答 设 α 粒子发射后到达另一板的速度为 v,则

$$qU = \dfrac{1}{2}mv^2 \quad \Rightarrow \quad v = \sqrt{\dfrac{2qU}{m}}$$

由于 α 粒子打到极板后的速度立即降为零,因此对板形成的冲量为 $I = mv$. 利用气体压强的模型,得 α 粒子打在极板上产生的压强为

$$p = \frac{\sum I}{St} = \frac{Nmv}{St} = \frac{N}{St}\sqrt{2qUm}$$

代入数据后,得

$$p = 6.25 \text{ Pa}.$$

② 双电荷模型

"双电荷模型"堪称电场叠加的一个典型.它的场强分布和电势分布都有许多很重要的特征.例如:

场强分布——等量同种电荷连线中点的电场强度一定为零;在中垂线上从中点逐渐远离时,场强先增大、后减小,至无限远时为零;在中垂线两侧对称点的场强大小相等、方向相反……

电势分布——等量同种正电荷的连线中点电势最高;在中垂线上从中点逐渐远离时,电势逐渐减小,至无限远处电势为零;在中垂线两侧对称点的电势一定相等;两电荷连线的中垂面是个等电势面……

熟悉了双点电荷模型的特征,有时就可以用它作等效替代,研究一些比较复杂、生疏的问题.

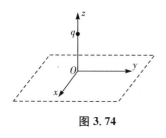

图 3.74

例题 2(2013 安徽) 如图 3.74 所示,xOy 平面是无穷大导体的表面,该导体充满 $z<0$ 的空间,$z>0$ 的空间为真空.将电荷为 q 的点电荷置于 z 轴上 $z=h$ 处,则在 xOy 平面上会产生感应电荷.空间任意一点处的电场皆是由点电荷 q 和导体表面上的感应电荷共同激发的.已知静电平衡时导体内部场强处处为零,则在 z 轴上 $z=\dfrac{h}{2}$ 处的场强大小为(k 为静电力常量)( ).

A. $k\dfrac{4q}{h^2}$ B. $k\dfrac{4q}{9h^2}$ C. $k\dfrac{32q}{9h^2}$ D. $k\dfrac{40q}{9h^2}$

分析与解答　由于 xOy 平面上产生感应电荷是分布电荷,没有公式可以直接计算它产生的场强,必须另辟蹊径.根据题意"xOy 平面是无穷大导体的表面",意味着这是一个电势处处为零的等势面,联想到等量正负电荷连线的中垂面也是一个电势为零的等势面,因此可以用平面下方对称位置的一个负电荷($-q$)等效替代平面上的感应电荷,保持其空间电场的分布情况不变(图 3.75).

根据等效替代后的"双电荷模型"立即可知:$+q$ 和 $-q$ 在 $z=\dfrac{h}{2}$ 产生的电场强度分别为

$$E_+ = k\dfrac{q}{\left(\dfrac{h}{2}\right)^2} = k\dfrac{4q}{h^2},\quad E_- = k\dfrac{q}{\left(\dfrac{3}{2}h\right)^2} = k\dfrac{4q}{9h^2}$$

由于两者在该点的电场强度方向相同,所以合场强为

$$E = E_+ + E_- = k\dfrac{40q}{9h^2}$$

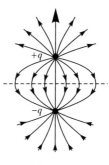

图 3.75

所以,D 正确.

说明　同学们对题中给出的模型(情境)是很生疏的,而改用熟悉的"双电荷模型"作了等效变换后,解答就十分轻松了.回顾这个等效变换的思路:

| 无限大平面电势为零 | → | 等量正负电荷中垂面 | → | 双点电荷模型 |

显然,必须以基础知识为铺垫.

整体等效

将研究对象(某个物体或某个系统等)作整体性等效替代的方法,我们把它称为整体等效法.采用整体等效方法时,等效量的确定

往往是从整体对外部的作用效果(或影响)出发的.如图 3.76 中所列举的一些事例,从最终效果来说,都可以认为是从整体出发所作的等效变换.

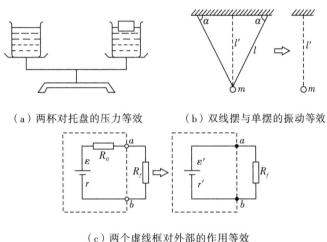

(a)两杯对托盘的压力等效　　(b)双线摆与单摆的振动等效

(c)两个虚线框对外部的作用等效

图 3.76

这种从整体出发所作的等效变换关系,在中学物理中的应用同样非常广泛.下面,我们选择几个比较典型的实例,共同体会.

活塞的压强

"气缸-活塞"问题在中学物理中很常见,所采用的活塞都是圆板状的.有同学提出问题:气缸内活塞的形状对封闭气体压强是否会有不同的影响?这个问题很有新意,通过对下面这个经典问题所作的"整体等效"讨论,我们可以得出一个很有意义的结论.

例题 1 如图 3.77 所示,一个横截面积为 S 的圆筒形容器竖直放置,金属圆板 A 的上表面是水平的,下表面是倾斜的,下表面与水平面的夹角为 θ,圆板的质量为 M.不计圆板与容器内壁之间的摩擦.若大气压强为 p_0,则被圆板封闭在容器中气体的压强 p 等于

A. $p_0 + \dfrac{Mg\cos\theta}{S}$

B. $\dfrac{p_0}{\cos\theta} + \dfrac{Mg}{S\cos\theta}$

C. $p_0 + \dfrac{Mg\cos^2\theta}{S}$

D. $p_0 + \dfrac{Mg}{S}$

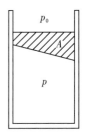

图 3.77

分析与解答 取金属板(活塞)为研究对象,它受到三个力作用:重力 Mg,顶面的大气压力 $p_0 S$,容器内气体的压力 $pS' = p\dfrac{S}{\cos\theta}$,其方向垂直于下表面斜向上(图 3.78).

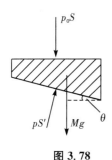

图 3.78

由圆板的力平衡条件

$$p_0 S + Mg = pS'\cos\theta = p\dfrac{S}{\cos\theta}\cdot\cos\theta = pS$$

得

$$p = p_0 + \dfrac{Mg}{S}$$

所以,D 正确.

说明 本题的迷惑性在于圆板的下表面是倾斜的,为了认识其物理实质,可以对它从整体上作些变换.

① 在倾斜圆板下方再补上同样的另一块(图 3.79),依然变成常见的圆板状模型.显然,这样两块金属板产生的压强为 $\dfrac{2Mg}{S}$,那么单独一块板对气体产生的压强自然只有 $\dfrac{Mg}{S}$.

② 把倾斜的圆板按图中虚线分成两块,并将分割的下半部分翻个身(倒转 180°),变成上下都是水平的两块板(图 3.80).显然,"分割、翻身"后的活塞,它对气体产生的压强等效于质量为 M 的圆板,

压强大小为 $\dfrac{Mg}{S}$.

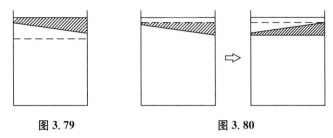

图 3.79　　　　　　图 3.80

③ 如果圆板的上下表面呈现凹凸不平的形状,可以将它的表面分成许多小块,由于气体分子对器壁碰撞产生的压强方向垂直于接触面,把它们的作用分解到垂直于圆面方向,总效果跟圆板上、下表面呈平面时一样. 或者,同样可以将凹凸不平的圆板从中间剖开后倒置,成为上下都是平面的两块(图 3.81).

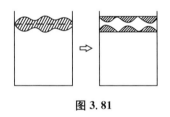

图 3.81

通过对各种不同表面形状的活塞作整体的等效变换后,可以得到这样的一个结论:直立气缸内的活塞重力对缸内气体产生的附加压强始终为

$$p_{活塞} = \dfrac{Mg}{S}$$

即只决定于活塞质量和截面积,跟活塞表面的形状无关.

流体"固化"

气体和液体都有流动性,研究它们的质点在某个过程内对物体连续产生的作用,常常可以将它们"固化"后,等效为"整块"的一次性作用.

例题 2 两个连通的底面积都是 S 的圆桶,放在同一水平面上,桶内装水,水面高度分别为 h_1 和 h_2,如图 3.82 所示. 已知水的密度为 ρ. 现把连接两桶的阀门打开,最后两桶水面高度相等,则这过程中重力做的功等于多少?

分析与解答 打开阀门,最后两桶水面等高,可以把水的逐渐流动过程看成一次完成——等效于将"一块水"从一侧移动到另一侧(图 3.83).移动的这块水质量及其重心下降高度分别为

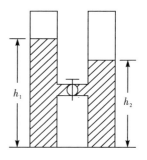

图 3.82

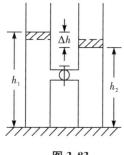

图 3.83

$$\Delta m = \rho S \cdot \frac{h_1 - h_2}{2}$$

$$\Delta h = \frac{1}{2}(h_1 - h_2)$$

所以,这个过程中重力做功

$$W = \Delta mg \Delta h = \frac{1}{4}\rho g S(h_1 - h_2)^2$$

分散与合并

跟"固化"流体有着异曲同工之妙的,是对分散的物体或微粒产生的作用进行"整合",将它们等效为整体的作用.这样不仅可以简化计算,而且还能使某些困难的问题变得容易求解.

例题 3 如图 3.84 所示,质量为 M 的小车静止在光滑水平面上,车上有 n 个质量均为 m 的小球.现用两种不同方式将球相对地面以恒定的速度 v 向右水平抛出.第一种方式将 n 个小球一起抛出,第二种方式将球一个接一个抛出,则两种情况中,小球全部抛出后小车最终速度的大小(   ).

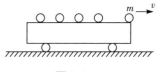

图 3.84

A. 第一种方式大 B. 第二种方式大
C. 两种方式一样大 D. 条件不足,无法比较

分析与解答　小球抛出时,车会反冲.把小球与车作为一个系统,抛球的过程中水平方向不受其他外力,动量守恒.

由于小球抛出时对地面的速度恒定,每抛出一个球,都会使小车获得大小均为 mv 的"一份动量",因此可以将球一个接一个抛出的过程合并为 n 个小球一起抛出的过程,小车获得的动量都是 $n \cdot mv$,即小车速度都为 $v_车 = \dfrac{nmv}{M}$,C 正确.

说明　类似的问题也出现在喷气发动机中,如果飞机每次喷出的气体相对地面的速度恒定,同样可以将依次喷出气体的过程用一次喷出作等效替代.

如果题中每次抛出的小球相对小车的速度恒定(或喷出的气体相对飞机的速度恒定),那么就必须每次分别列式计算,情况就复杂多了.

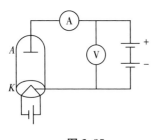

图 3.85

例题 4　二极电子管曾经在无线电技术的发展史上起过辉煌的作用.如图 3.85 所示为二极电子管及其电路.在抽成真空的玻璃泡里封有两个电极——阴极 K 被加热的灯丝烘热后发射电子,当阳极 A 的电势高于阴极时,电子被吸引上去,从而形成从 $A \to K$ 的电流.设 AK 之间的电压 $U = 80$ V,测得阳极电流 $I = 0.5$ A.不计电子的初速度,设电子在管内加速运动撞上阳极板后的速度立即降为零.试估算电子撞击阳极板的平均冲击力多大?已知电子质量 $m = 9.1 \times 10^{-31}$ kg,电量 $e = 1.6 \times 10^{-19}$ C.

分析与解答　电子撞击阳极板是一个分立的过程,计算冲击力(最终效果)的初始条件是电子碰板前后的动量变化.在保持这个条件不变的前提下,可以把某段时间内许多电子对板的多次碰撞变换

3 中学物理中常见的等效变换

为"一整块电子"的一次碰撞.

设在时间 Δt 内阴极发射 n 个电子,则由电场加速、电子的动量变化和电流定义式,可得

$$eU = \frac{1}{2}mv^2, \quad \overline{F}\Delta t = nmv, \quad n = \frac{I\Delta t}{e}$$

联立三式得电子对阳极板的平均冲击力大小为

$$\overline{F} = \sqrt{\frac{2mU}{e}} I = \sqrt{\frac{2 \times 9.1 \times 10^{-31} \times 80}{1.6 \times 10^{-19}}} \times 0.5 \text{ N} = 1.5 \times 10^{-5} \text{ N}$$

光路控制

在光学技术中进行光路控制时,往往只需要满足输入、输出的要求,对中间细节并不过分计较.因此,到达同样要求可以有多种不同的装置,这些不同装置对满足输入、输出的要求来说,相互间就可以进行整体的等效变换.

例题 5 如图 3.86 所示为一个光学黑箱,箱中有一个焦距为 $f_1 = 20$ cm 的凸透镜和一个焦距为 $|f_2| = 18$ cm 的凹透镜,应该如何放置才能使入射黑箱的平行光束经过黑箱后仍然为平行光束?

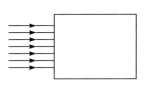

图 3.86

分析与解答 由于箱内只有两个光学元件,因此在箱内的光束传播过程也只有两种可能:先经凸透镜会聚,再经凹透镜发散;或者,先经凹透镜发散,再经凸透镜会聚.根据两透镜的焦距参数,具体的放置方法如图 3.87 中(a)、(b)所示.显然,这两种装置对保持光束依然平行的这个要求来说(并不包括光束的宽度等其他因素),整体上是等效的,可以相互替代.

星形-三角形变换

我们知道,交流电的产生很容易:用一个矩形线圈在匀强磁场里匀速转动,就可以在线圈内产生大小和方向周期性变化的正弦交流

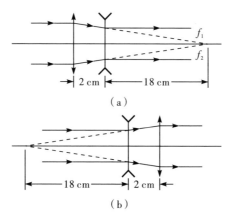

图 3.87

电(单相交流电).如果改用三个互成 120°的相同线圈,就可以得到三相交流电.产生三相交流电的三个线圈和接入三相交流电路的负载都有两种不同的连接方式.如图 3.88(a)、(b) 所示,分别称为负载的"星形电路"和"三角形电路".这两种电路结构可以作整体的等效变换,并且三个电阻之间有着确定的关系.

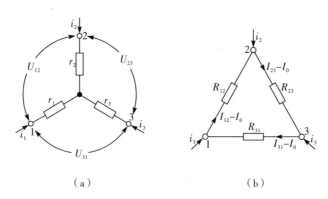

图 3.88

当星形电路变换成三角形电路时,等效电阻依次为

$$R_{12}=\frac{r_1r_2+r_2r_3+r_3r_1}{r_3}$$

$$R_{23} = \frac{r_1 r_2 + r_2 r_3 + r_3 r_1}{r_1}$$

$$R_{31} = \frac{r_1 r_2 + r_2 r_3 + r_3 r_1}{r_2}$$

当三角形电路变换成星形电路时,等效电阻依次为

$$r_1 = \frac{R_{12} R_{31}}{R_{12} + R_{23} + R_{31}}$$

$$r_2 = \frac{R_{21} R_{23}}{R_{12} + R_{23} + R_{31}}$$

$$r_3 = \frac{R_{31} R_{32}}{R_{12} + R_{23} + R_{31}}$$

证明如下:设在三角形接法中通过各支路电流分别为$(I_{12} - I_0)$、$(I_{23} - I_0)$、$(I_{31} - I_0)$;星形接法中三点间电压分别为U_{12}、U_{23}、U_{31}.欲使两接法相等,则三点间的电压和流过三点的电流,都必须相等.三角形接法为一闭合无源电路,三电压之和为零,即

$$U_{12} + U_{23} + U_{31} = 0$$

流过三节点的电流,彼此对应地等值,故

$$i_1 = I_{12} - I_{31}, \quad i_2 = I_{23} - I_{12}, \quad i_3 = I_{31} - I_{23}$$

在三角形接法中,由欧姆定律得

$$U_{12} = (I_{12} - I_0) R_{12}, \quad U_{23} = (I_{23} - I_0) R_{23}, \quad U_{31} = (I_{31} - I_0) R_{31}$$

将上述三式相加

$$U_{12} + U_{23} + U_{31} = I_{12} R_{12} + I_{23} R_{23} + I_{31} R_{31} - I_0 (R_{12} + R_{23} + R_{31}) = 0$$

于是得

$$I_0 = \frac{I_{12} R_{12} + I_{23} R_{23} + I_{31} R_{31}}{R_{12} + R_{23} + R_{31}} = \frac{I_{12} R_{12} + I_{23} R_{23} + I_{31} R_{31}}{\sum R}$$

把这个结果代入三角形接法的电压表达式,得

$$U_{12} = \frac{R_{12} R_{31}}{\sum R} i_1 - \frac{R_{12} R_{23}}{\sum R} i_2$$

$$U_{23} = \frac{R_{12}R_{23}}{\sum R}i_2 - \frac{R_{23}R_{31}}{\sum R}i_3$$

$$U_{31} = \frac{R_{23}R_{31}}{\sum R}i_3 - \frac{R_{12}R_{31}}{\sum R}i_1$$

若从星形接法考虑,按欧姆定律,得

$$U_{12} = r_1i_1 - r_2i_2, \quad U_{23} = r_2i_2 - r_3i_3, \quad U_{31} = r_3i_3 - r_1i_1$$

比较上述六式,得从三角形换成星形时的等效电阻

$$r_1 = \frac{R_{12}R_{13}}{\sum R}, \quad r_2 = \frac{R_{21}R_{23}}{\sum R}, \quad r_3 = \frac{R_{31}R_{23}}{\sum R}$$

如已知星形接法中各电阻,把三角形接法中各电阻作为未知数,即可得由星形换成三角形时的等效电阻计算式:

$$R_{12} = \frac{r_1r_2 + r_2r_3 + r_3r_1}{r_3}$$

$$R_{23} = \frac{r_1r_2 + r_2r_3 + r_3r_1}{r_1}$$

$$R_{31} = \frac{r_1r_2 + r_2r_3 + r_3r_1}{r_2}$$

星形电路与三角形电路不同于通常有着比较明确串、并联关系的电路,记忆其等效变换的公式是没有必要的,利用实验测量去认识它的一些特性,则很有意义.

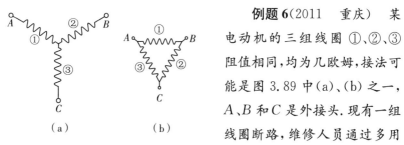

图 3.89

例题 6(2011 重庆) 某电动机的三组线圈①、②、③阻值相同,均为几欧姆,接法可能是图 3.89 中(a)、(b)之一,A、B 和 C 是外接头. 现有一组线圈断路,维修人员通过多用表测量外接头之间的电阻来判

断故障.若测量 A 和 B 之间、B 和 C 之间、A 和 C 之间的电阻时,多用表指针偏转分别如图 3.90(a)、(b)(c) 所示.则测量中使用的欧姆挡的倍率是_____(填×1、×10、×100 或×1k),三组线圈的接法是_____(填(a)或(b)),断路的线圈是_____(填①、② 或 ③).

分析与解答 已知每组线圈电阻均为几个欧姆,全部串联也仅为几个欧姆至 30 欧姆之间,多用表的倍率只需用×1 挡.

图 3.90

由于有一组线圈断路,对照多用表的测量示数知

$$R_{AB}=R_{BC}=4\,\Omega,\quad R_{AC}=8\,\Omega$$

因此三线圈的接法应该是(b),而且一定是线圈 ③ 断路.

说明 无论是星形连接或三角形连接,当其中的一组线圈断路时,另外两组线圈都形成串联关系,测得的总电阻值一定相同.

例题 7(2000 江苏、浙江、吉林理综)
电阻 R_1、R_2、R_3 连接成图 3.91 所示的电路,放在一个箱中(虚线表示),箱面上有三个接线柱 A、B、C.请用多用表和导线设计一个实验,通过在 A、B、C 之间的测量,确定各个电阻的阻值.要求写出实验步骤并用所测量的值表示电阻 R_1、R_2、R_3.

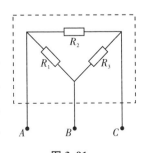

图 3.91

分析与解答 **方法 1** 直接测量.实验步骤如下:

① 测出 A、B 两端间的阻值,设为 x;

② 测出 A、C 两端间的阻值,设为 y;

③ 测出 B、C 两端间的阻值,设为 z.

根据每两端所对应的三个电阻之间的连接关系,有

$$\frac{1}{x}=\frac{1}{R_1}+\frac{1}{R_2}, \quad \frac{1}{y}=\frac{1}{R_2}+\frac{1}{R_3}, \quad \frac{1}{z}=\frac{1}{R_1}+\frac{1}{R_3}$$

联立三式,解得

$$R_1=\frac{1}{2(y+z-x)}[2(xy+yz+xz)-x^2-y^2-z^2]$$

$$R_2=\frac{1}{2(x+z-y)}[2(xy+yz+xz)-x^2-y^2-z^2]$$

$$R_3=\frac{1}{2(x+y-z)}[2(xy+yz+xz)-x^2-y^2-z^2]$$

方法 2 用导线短路后测量. 实验步骤如下:

① 用导线连接 BC,测出 A、B 两端间的电阻值,设为 x;

② 用导线连接 AB,测出 B、C 两端间的电阻值,设为 y;

③ 用导线连接 AC,测出 B、C 两端间的电阻值,设为 z.

同理,根据电阻间的连接关系有

$$\frac{1}{x}=\frac{1}{R_1}+\frac{1}{R_2}, \quad \frac{1}{y}=\frac{1}{R_2}+\frac{1}{R_3}, \quad \frac{1}{z}=\frac{1}{R_1+R_3}$$

联立三式,解得

$$R_1=\frac{2xyz}{xy+yz-xz}, \quad R_2=\frac{2xyz}{yz-xy+xz}, \quad R_3=\frac{2xyz}{xy+xz-yz}$$

等效变换一般表示

上面,我们对中学物理中常见的等效变换的应用分成几类,值得提醒的是:任何分类都是人为的,仅是为了便于作某些说明而已,并且各种分类往往都是对某一个侧面而言,并不是唯一的、绝对的,相互间也不存在不可逾越的鸿沟.

如果我们借用控制论的概念,把被等效的对象(无论是一个物体或物体组,还是它们发生的运动、进行的某个过程、形成的某种装置等)看成一个系统,把被等效的初始条件看成输入信号,等效变换后

的结果看成输出信号,那么,可以把各种不同情况下的等效变换概括地表示如下:

$$\xrightarrow[\text{(初始条件)}]{\text{输入}} \boxed{\text{系统(等效对象)}} \xrightarrow[\text{(变换结果)}]{\text{输出}}$$

因此,应用中切忌受到分类的约束,更不宜拘泥于名称,重要的是把握等效方法的精髓——效果相同,并且在实际应用中往往可以交织运用多种等效方法,绝对不要囿于某种机械的划分.

4 运用等效变换的基本原则

"等效"是一种思想,也是一种分析、研究问题的手段,应用时非常灵活.它没有刻板的程序和模式,针对不同的具体问题,需要从不同的角度去寻觅和建立其中的等效关系.但是,不论采用怎样的等效变换关系,它们的一些基本原则都是相同的.

4.1 唯一的准则 —— 保持效果相同

运用等效方法时,保持"效果"相同,这是等效的灵魂,也是进行等效变换的唯一的要求或准则.

(1) 认识效果相同的内涵

那么,所谓"效果"相同的内涵是什么呢?或者说,"等效"具体反映在哪里?在不同的问题中一般都有不同的具体要求,这是进行等效变换首先必须认识清楚的问题.

太空城

随着空间技术的发展和地球资源的日益匮乏、人口激增,人类向太空移居已经不是"痴心妄想"的事了.实际上,早在1926年,人类航天技术的先驱、俄国科学家齐奥尔科夫斯基已经提出过移居宇宙空间的设想.如今,已有许多科学家构建了太空城的种种美丽蓝图.

4 运用等效变换的基本原则

图 4.1 电影《极乐世界》中的太空城概念图

为了保证太空居民的正常生活,需要创建一个大气压的人造重力场,也就是需要形成一个与地球等效的环境. 为此,科学家设想太空城像一个巨大的环形轮胎,绕中心轴以一定的速度旋转,这样就可以建立一个与地球重力等效的人造重力,宇宙居民不会像宇航员那样有飘浮的感觉,而是结结实实地踩在"地上". 太空城也应该有昼夜和季节的变化,科学家设想在圆环壁上开有天窗,通过装在天窗外面由电脑控制的大镜子,按照一定的规律转动,将太阳光以不同的角度反射到太空城里,使人们能享受充足的阳光,并且有着跟地面上一样的昼夜和四季的变化. 太空城的土地当然是人造的,中央是环形马路,两边绿树成荫,里面露出不同色彩的住宅、商店、咖啡馆、运动场,还有起伏的青山、潺潺的小溪和鲜花盛开的公园……

许多科学家充分发挥自己的才智,形成各有千秋、特色纷呈的不同设计. 但是,无论各种设计有多少差别,最基本的一点是都必须建立与地球等效的 1 atm 的人造重力环境,这也就是将来的太空城与地球环境等效最基本的含义.

合力与分力

合力与分力的关系完全是从效果相同定义的. 我们知道,由于力对物体的作用从宏观上说有两个效果——使物体发生形变和改变

物体的运动状态.那么,合力与各个分力的效果相同是指这两个效果都相同,还是只有其中的一个效果相同呢?许多同学可能从来没有去思考过这样的问题.

一些同学根据共点力合成实验中的平行四边形法则,从拉动结点位置判断效果相同出发,于是就认为合力定义中的效果相同,指的就是使物体产生同样的形变.

实际上,这样的理解就错了.应该知道,引入合力概念仅是寻求一种等效力,当这个力代替其他几个力作用在物体上时,使物体的运动状态有无变化和怎样变化这个意义上有着相同的效果,并不包括如发生形变等其他效果,也就是说,合力与分力的效果相同,指的是使物体产生加速度的效果相同,至于物体是否形变(但不是不发生形变)、晶体的熔点是否变化、有无其他效应(如压电效应)等,并没有相应的等效关系.显然,合力与分力的关系仅是在研究质点受力问题中某方面的等效.

两个共点力合成的实验中(图4.2),把橡皮条的结点拉到同一位置,仅是直观地显示了一个力与其他两个力的作用效果,不能把它作为合力定义中效果相同的依据.结合牛顿第二定律,就可以有更清楚的认识.

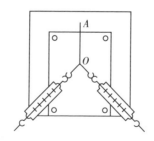

图4.2　两个共点力合成的实验

可见,保持"效果"相同,往往仅针对研究对象的某些方面或某个局部,并非指它的全部,更不能认为等效对象与原对象"全同".太空城的人造重力场并不"全同"于地球,这是显而易见的.同样,合力也并非"全同"于原来的那几个分力.在物理学的其他等效变换关系中,同样如此.

球壳与点电荷

如图 4.3 所示为一个半径为 R、电量为 Q 的均匀带电导体球壳,对它外部 ($r \geqslant R$) 空间的任何一点来说,它的效果与一个位于球心、电量为 Q 的点电荷等效,两者的场强分布与电势分布完全相同.因此,要求计算这个球壳对球外某处试验电荷的作用,或要求计算球外某处试验电荷所具有的电势能时,就可以把它作为一个点电荷看待.但并不是说这个球壳始终可以被这个点电荷所替代.当研究球内 ($r < R$) 的场强分布和电势分布时,两者就不再等效了.

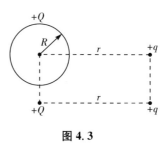

图 4.3

所以,进行等效变换时,一定要认识清楚"哪里等效""等效什么?"

(2) 效果相同的几种情况

从效果相同寻找等效关系,确定等效对象(研究的系统、物理量、物理过程或状态等),在中学物理问题中可以分为这样几种情况.

瞬时效果

瞬时效果是根据研究对象某一瞬间(或各个瞬间)的特性去确定等效关系的.

如图 4.4 所示,用两根细绳 AO、BO 悬挂一个质量为 m 的小球.当把细绳 BO 剪断的瞬间,可以等效于一个振动到极端位置(或从极端位置开始运动)的单摆.因此,细绳 AO 中的张力和小球的加速度分别为

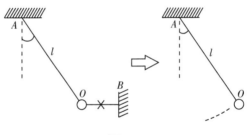

图 4.4

$$F = mg\cos\theta, \quad a = \frac{mg\sin\theta}{m} = g\sin\theta$$

显然,这是仅对小球刚释放的这个瞬间(一个瞬间)成立的等效关系.

瞬时效果也可以表现在某个过程中的各个瞬间.匀速圆周运动在直径上投影的运动与简谐运动的等效关系,就是一个典型实例.

先来观察一个实验:在一个水平圆盘上竖立一根细棒,棒端有一小球,用电动机带动圆盘匀速转动,则小球也将以一定的半径 R 在水平面内做匀速圆周运动.在圆盘的左方,在小球运动的同一水平高度上,垂直于其水平直径装置一个单摆(或弹簧振子),并用一束水平向右的平行光照射单摆和小球(图 4.5).调整水平圆盘的转速,使得小

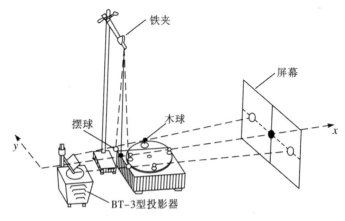

图 4.5

球做圆周运动时在直径上投影的运动与摆球的运动同步,即每一瞬间两者在右方屏幕上的投影重合.

这就是说,一个简谐运动可以等效于一个匀速圆周运动在直径上投影点的运动.显然,这是每个瞬时效果的等效关系.有了这样的等效关系后,就很容易从匀速圆周运动在直径上投影点的运动确定做非匀速运动(简谐运动)的许多特征.它们相互对应的有关物理量如表 4.1 所示.

表 4.1

简谐运动	匀速圆周运动
振幅 A	半径 R
周期 $T\left(T=2\pi\sqrt{\dfrac{m}{k}}\right)$	周期 $T\left(T=\dfrac{2\pi R}{v}\right)$
平衡位置	水平直径(x 轴)的中点
极端位置	垂直直径(y 轴)两端点
振动过程中的位移	质点在 y 轴上的投影
振动中的速度	线速度在 y 轴上的投影
振动中的加速度	向心加速度在 y 轴上的投影

根据这个道理,如果我们把地球看成一个质量均匀分布的球体,并设想正对南北极开凿一条隧道,那么从北极洞口轻轻释放一个小球,它在洞内的运动将等效于沿着地球表面飞行的人造卫星在地轴上投影点的运动.

平均效果

这是从研究对象在某段时间(或某个过程)中运动变化的平均效果去确定等效变换关系的.前面所说的计算变速直线运动在某段时间内的位移,可以用一个匀速直线运动代替,就是从平均效果出发的

一种等效变换关系.中学物理的各部分经常遇到的平均速度、平均阻力、平均功率、平均压强、平均电流、平均电动势等,从思想方法的意义上,都可以认为是从平均效果上作的一种等效变换.

例题1(2007 重庆) 为估算水池中睡莲叶面承受雨滴撞击产生的平均压强,小明在雨天将一圆柱形水杯置于露台,测得 1 h 内杯中水上升了 45 mm.查询得知,当时雨滴竖直下落速度约为 12 m/s.据此估算该压强约为(设雨滴撞击睡莲后无反弹,不计雨滴重力,雨水的密度为 1×10^3 kg/m³)( ).

A. 0.15 Pa   B. 0.54 Pa   C. 1.5 Pa   D. 5.4 Pa

分析与解答 在时间 $t = 1$ h $= 3600$ s 内落到杯中的雨水质量

$$m = \rho S h$$

把这些连续下落的雨水,看成一个整体,在时间 t 内它的动量从 $mv \to 0$.设睡莲对水的作用力为 F,取竖直向上的方向为正方向,由动量定理

$$(F - mg)t = \Delta mv = 0 - (-mv) = mv$$

不计雨水的重力时,得

$$F = \frac{mv}{t}$$

所以雨滴撞击睡莲的压强为

$$p = \frac{F}{S} = \frac{\rho S h v}{S t} = \frac{\rho h v}{t}$$

代入数据:$\rho = 1 \times 10^3$ kg/m³, $h = 45 \times 10^{-3}$ m, $v = 12$ m/s, $t = 3600$ s,得

$$P = 0.15 \text{ Pa}$$

所以,A 正确.

说明 对睡莲的压强是由密集的雨滴对它的作用力产生的,显然具有平均的意义.根据牛顿第三定律,雨滴对睡莲的力跟睡莲对雨

滴的力等值反向,解答中为简化起见均用了 F 表示.

例题 2 一条水坝长 $L=200$ m,它的截面呈三角形,底宽 $b=3$ m,高 $H=6$ m.当水深 $h=4$ m时,水对坝侧壁的平均压力为多大(图 4.6)? 已知水的密度 $\rho=1\times 10^3$ kg/m³,取 $g=10$ m/s².

分析与解答 侧壁各处浸没部分的深度不同,由于水的静压强与浸没深度成正比,因此侧壁各处压强的平均值为

$$\overline{p}=\rho g \overline{h}=\rho g\frac{0+h}{2}=\frac{1}{2}\rho gh$$

$$=\frac{1}{2}\times 1\times 10^3 \times 10\times 4 \text{ Pa}=2\times 10^4 \text{ Pa}$$

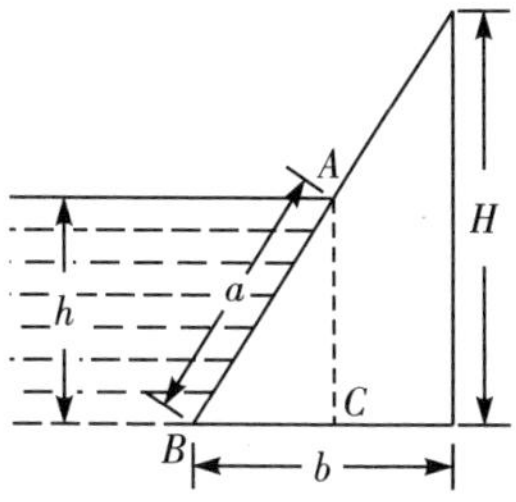

图 4.6

设侧壁浸没部分的长度为 a,由相似三角形对应边的比例关系得

$$a=\frac{h}{H}\sqrt{b^2+H^2}=2\sqrt{5}\text{ m}$$

因此,水对侧壁的平均压力为

$$\overline{F}=\overline{p}S=\overline{p}\cdot aL=2\times 10^4\times 2\sqrt{5}\times 200\text{ N}=1.788\times 10^7\text{ N}$$

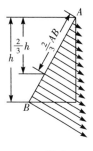

图 4.7

说明 由于侧壁各处的浸没深度不同,这个平均压力的物理意义是容易理解的.必须提醒的是,这个平均压力的作用位置并非在 $\frac{h}{2}$ 处.如图 4.7 所示,表示侧壁不同深度处平行于坝长方向的各个狭条上所受到的压力.根据静力学知识可知,这些力的合力作用在液面下 $\frac{2}{3}h$ 处.也就是说,水对坝侧壁的压力,可以等效于一个大小为 $\overline{F}$、作用在水面下 $\frac{2}{3}h$ 的恒力.

例题 3 试求氢原子核外电子在基态时绕核运转的等效电流为

多大?已知氢原子基态轨道半径 $r=0.53\times10^{-10}$ m,电子电量和质量分别为 $e=1.6\times10^{-19}$ C,$m=9.1\times10^{-31}$ kg.

分析与解答　氢原子核外电子绕核运动时,由核对电子的库仑力作为向心力,则有

$$k\frac{e^2}{r^2}=m\frac{v^2}{r} \Rightarrow v=e\sqrt{\frac{k}{mr}}$$

电子绕核一周的时间 $T=\dfrac{2\pi r}{v}$,即在时间 T 内通过轨道横截面的电量为 e,根据电流强度的定义得等效电流为

$$I=\frac{\Delta q}{\Delta t}=\frac{e}{T}=\frac{ev}{2\pi r}=\frac{e^2}{2\pi}\sqrt{\frac{k}{mr^3}}$$

代入数据后得

$$I=1.05\times10^3 \text{ A}$$

说明　把轨道等效为一根导线,核外电子间断地通过其横截面,因此这个等效电流完全是从平均效果出发的一种电流.

同理,运动电荷受洛伦兹力作用在磁场里做匀速圆周运动时,同样可以从平均意义上算出它所对应的等效电流.

练习题

(2017　北京)　在磁感应强度为 B 的匀强磁场中,一个静止的放射性原子核发生了一次 α 衰变.放射出 α 粒子(^4_2He)在与磁场垂直的平面内做圆周运动,其轨道半径为 R.以 m,q 分别表示 α 粒子的质量和电荷量.α 粒子的圆周运动可以等效成一个环形电流,求环形电流的大小*.

参考答案:$\dfrac{q^2B}{2\pi m}$.

整体效果

有的时候,也可以从研究对象的总体效果出发去确定等效变换

---

* 本题由该试题的前两部分合并而成.

关系.如前面所说的双线摆、等效电源、等效电容等,都可以说是属于整体效果的一种等效变换关系.在分析和研究力学问题中常用的整体法,就是把几部分(或几个物体)等效为一个物体处理的.从研究对象的整体效果去确定等效变换关系,也并不限于某种具体的形式,它同样可以有多种不同的变化(如从全过程考虑等).当然,即使在这样的整体等效变换中也只是关注某方面的效果,同样不会"全同"于原来实际的研究对象.

例题 1(2013 北京) 倾角为 α、质量为 M 的斜面体静止在水平桌面上,质量为 m 的木块静止在斜面体上(图 4.8).下列结论正确的是( ).

A. 木块受到摩擦力大小是 $mg\cos\alpha$

B. 木块对斜面体的压力大小是 $mg\sin\alpha$

C. 桌面对斜面体的摩擦力大小是 $mg\sin\alpha\cos\alpha$

D. 桌面对斜面体的支持力大小是 $(M+m)g$

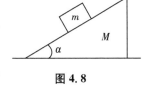

图 4.8

分析与解答 由木块沿斜面方向的力平衡条件可知,它受到斜面体的摩擦力为 $mg\sin\alpha$;它对斜面体的压力与斜面体的支持力等值反向,大小为 $mg\cos\alpha$.

把斜面体和木块等效为一个质量等于 $(M+m)$ 的物体,它沿桌面方向没有滑动趋势,桌面对它不产生摩擦力.根据竖直方向的力平衡条件,得桌面对斜面体(即对整体)的支持力为

$$N=(M+m)g$$

所以,A、B、C 的结论都错,D 正确.

例题 2 如图 4.9 所示,一根长为 $2l$ 的匀质细链 AB 对称地挂在轻小、光滑的定滑轮上,滑轮半径相对于长度 l 极小.当细链受到轻微的扰动时就会滑动,它脱离定滑轮时的速度有多大?

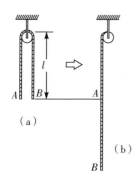

图 4.9

分析与解答 细链脱离定滑轮时的情况,等效于把其中的一半(如图 4.9(a)中右面部分)整体地接到另一部分下面.由移动部分重力势能的减少转化为整个链的动能可知

$$\frac{1}{2}mgl = \frac{1}{2}mv^2$$

得细链脱离滑轮时的速度为

$$v = \sqrt{gl}$$

说明 这是属于变质量的问题,中学阶段无法通过建立运动方程求解,只能通过机械能守恒等方法求解.这里采用的整体等效方法,可能是最简单方便的方法,请同学们自行比较.

例题 3(2014 福建) 一枚火箭搭载着卫星以速率 v_0 进入太空预定位置,由控制系统使箭体与卫星分离.已知前

图 4.10

一部分的卫星为 m_1,后一部分的箭体质量为 m_2,分离后箭体以速率 v_2 沿火箭原方向飞行,若忽略空气阻力及分离前后系统质量的变化,则分离后卫星的速率 v_1 为 _____.(填选项前的字母)

A. $v_0 - v_2$
B. $v_0 + v_2$
C. $v_0 - \dfrac{m_2}{m_1}v_2$
D. $v_0 + \dfrac{m_2}{m_1}(v_0 - v_2)$

分析与解答 由于箭体与卫星分离过程中和分离后,在飞行方向都不受其他外力,因此仍然可以把分离后的两部分作为一个整体.以原飞行方向为正方向,由动量守恒

$$(m_1 + m_2)v_0 = m_1v_1 + m_2v_2$$

得

$$v_1 = v_0 + \frac{m_2}{m_1}(v_0 - v_2)$$

所以,D 正确.

说明 从整体效果出发,在有关动量守恒的问题中应用得非常普遍. 无论一个物体分成几部分或几部分合并成一个物体,只要除相互作用力外,没有任何其他外力(或某方向没有任何其他外力),都可以作为一个整体应用动量守恒(或某方向上动量守恒).

例题 4(2014 安徽) 如图 4.11 所示,充电后的平行板电容器水平放置,电容为 C,极板间的距离为 d,上板正中有一小孔. 质量为 m、电荷量为 $+q$ 的小球从小孔正上方高 h 处由静止开始下落,穿过小孔到达下极板处速度恰为零(空气阻力忽略不计,极板间电场可视为匀强电场,重力加速度为 g),求:

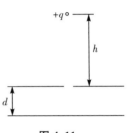

图 4.11

(1) 小球到达小孔处的速度;

(2) 极板间电场强度的大小和电容器所带电荷量;

(3) 小球从开始下落至运动到下极板处的时间.

分析与解答 (1) 小球到达小孔处的速度为

$$v = \sqrt{2gh}$$

(2) 设两板间的电场强度为 E,它与重力场叠加形成等效力场的强度为

$$g' = \frac{qE - mg}{m}$$

由

$$\sqrt{2gh} = \sqrt{2g'd} \quad \Rightarrow \quad gh = \frac{qE - mg}{m}d$$

得板间场强与电容器电量分别为

$$E = \frac{mg(h+d)}{dq}, \quad Q = CEd = \frac{mg(h+d)C}{q}$$

(3) 对开始下落至运动到下极板的全过程应用动量定理

$$mg\sqrt{\frac{2h}{g}} - (qE - mg)t' = \Delta mv = 0$$

代入 E 的值,得

$$t' = \frac{d}{h}\sqrt{\frac{2h}{g}}$$

所以小球从开始运动到下极板处的时间为

$$t = \sqrt{\frac{2h}{g}} + \frac{d}{h}\sqrt{\frac{2h}{g}} = \frac{h+d}{h}\sqrt{\frac{2h}{g}}$$

说明 本例中第(3)小题,不同于前三例中具体物体的整合,而是对运动过程的整合,即从全过程的效果相同考虑.所以,整体效果相同可以有不同的含义.

上面我们虽然分三个方面讨论了等效关系的确定,同样,希望同学们不要囿于机械的理解,重要的是把握等效变换的准则 —— 效果相同.

 4.2 变换的基础 —— 明确物理实质

等效变换是一种更高层次的抽象思维活动,建立在透彻理解物理原理的基础上.很难想象,一个连欧姆定律都掌握不好的人,会懂得等效电源的含义.可见,等效变换的运用是有条件、分层次的.

(1) 从基本原理到等效变换

一般来说,在学习活动中,对一个新问题(如新概念、新规律等)的认识,都应该从基本原理开始;当认识发展到一定程度后,产生一个飞跃 —— 形成某种等效变换关系;然后,再反过来对原来的问题加以重新认识,从而深化对基本物理原理的理解.待到对基本原理相当熟悉以后,也就可以非常自如地运用等效变换方法了.所以,等效变换与基本物理原理有着十分密切的依存关系,相互间不仅不会产生矛盾,而且起着互补的作用.它们之间的关系,可以表示如下:

4 运用等效变换的基本原则

$$\boxed{基本原理} \underset{深化}{\overset{跃升}{\rightleftharpoons}} \boxed{等效关系}$$

显然,只有对基本的物理原理有了比较清晰的理解后,才能通过等效方法的运用,深化基础,活化思维.

例如,图4.12(a)中剪断细绳 BO 的瞬间,如果对 AO 绳中张力会发生突变的物理实质认识不足,就会将它跟图 4.12(b) 中的轻弹簧混淆起来,认为剪断细绳 BO 的瞬间,细绳和轻弹簧的张力和小球的加速度分别均为

$$T = \frac{mg}{\cos\theta}$$

$$a = \frac{T\sin\theta}{m} = g\tan\theta$$

这样的等效关系就错了.所以,学习中切忌囫囵吞枣、生搬硬套,以致被表面的相似掩盖住物理实质,作出错误的等效关系.

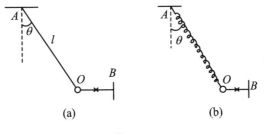

图 4.12

从物体到质点

举一个很常见的例子:质点是一个理想化的物理模型,用质点替代实际物体从思维层面上说,就是一种等效变换.把实际物体等效成质点后,拉动物体时就可以把拉力、地面的支持力和摩擦力都画在同一个位置上.如图4.13所示,这里的物理实质是不考虑物体的转动.

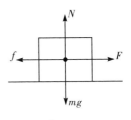

图 4.13

同样道理,我们能够用万有引力公式计算太阳与行星两个巨大天体间的引力,却无法算出文具盒中两支质量仅为 20 g 左右的铅笔间的引力. 这里的物理实质是巨大的天体相比于它们的间距可以等效为质点,而文具盒中的两支铅笔虽小,但放在一起时它们相对于间距来说就无法等效为质点了.

高中物理教材万有引力部分曾经有个问题*:如果在地球中心称量物体的重力,会得到怎样的结果? 一些学生仍然把地球的质量集中于地心,根据地球质量中心与物体间的距离 $r \to 0$,于是由万有引力公式

$$F = G\frac{Mm}{r^2} \Rightarrow F \to \infty$$

为什么会产生重力(引力)变成无限大的错误结果呢? 关键是这些同学对什么情况下可以将物体等效为质点的物理内涵认识不足.

等效"m"与等效"g"

我们先比较两个"孪生兄弟"似的问题:在一个倾角为 θ 的斜面上,放上物体 A 时物体 A 恰好能沿着斜面匀速下滑,如图 4.14(a) 所示;放上物体 B 时物体 B 则沿斜面匀加速下滑,如图 4.14(b) 所示. 那么,当在它们的顶面上再粘一个质量为 m_0 的小物体,或者在顶面上再施加一个竖直向下、大小为 $F_0 = m_0 g$ 的力时,它们的运动状态将发生怎样的变化?

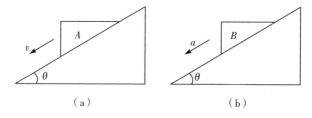

图 4.14

---

* 指的是 20 世纪 80 年代高中物理乙种本教材(人民教育出版社).

4 运用等效变换的基本原则

① 设物体 A 的质量为 m_A,原来恰好匀速下滑时满足条件

$$m_A g \sin\theta = \mu m_A g \cos\theta \qquad ①$$

当粘了质量为 m_0 的小物体后,等效于质量的变化,即 $m_A \to m_A' = m_A + m_0$,平衡条件不变,物体 A 仍处于匀速下滑状态.

当施加竖直向下的力 F,等效于重力场增强,即 $g \to g' = \dfrac{F + m_A g}{m_A}$,平衡条件也不变,物体 A 还是处于匀速下滑状态.

② 设物体 B 的质量 m_B,原来处于加速运动状态,有关系式

$$m_B g \sin\theta - \mu m_B g \cos\theta = m_B a$$

得

$$a = g(\sin\theta - \mu\cos\theta) \qquad ②$$

当粘了质量为 m_0 的小物体后,也等效于质量的变化,即 $m_B \to m_B' = m_B + m_0$,运动状态的条件不变,即

$$m_B' g \sin\theta - \mu m_B' g \cos\theta = m_B' a \Rightarrow a = g(\sin\theta - \mu\cos\theta)$$

物体将仍然保持原来的加速度 a 匀加速下滑.

当施加竖直向下的力 F,等效于重力场增强,即 $g \to g' = \dfrac{F + m_B g}{m_B}$,物体将以大于原来的加速度 a 匀加速下滑.

那么,两种情况下把小物体换成力 F 后,都从等效变换的角度考虑,为什么产生的效果并非完全相同呢?这是因为两种运动形式——匀速运动(静止)与加速运动的力学条件不同.粘上小物体 m_0,运动物体的质量发生变化,重力加速度 g 不变;施加力 F_0,运动物体的质量没有变化,相当于重力加速度发生了变化.因此,两者产生的效果也不同.

所以,在应用等效变换时,必须明确物理实质,对不同问题区别对待,不能简单地"套类型". 下面这两个练习题会有助于你加深认识,请注意体会.

练习题

(1)(2011 安徽)一质量为 m 的物块恰好静止在倾角为 θ 的斜面

上. 现对物块施加一个竖直向下的恒力 F,如图 4.15 所示. 则物块( ).

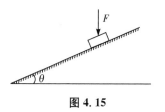

图 4.15

A. 仍处于静止状态
B. 沿斜面加速下滑
C. 受到的摩擦力不变
D. 受到的合外力增大

参考答案:A.

(2)(2012 安徽) 如图 4.16 所示,放在固定斜面上的物块以加速度 a 沿斜面匀加速下滑,若在物块上再施加一个竖直向下的恒力 F,则( ).

A. 物块可能匀速下滑
B. 物块将仍以加速度 a 匀速度下滑
C. 物块将以大于 a 的加速度匀加速下滑

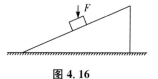

图 4.16

D. 物块将以小于 a 的加速度匀加速下滑

参考答案:C.

托里拆利实验问题

下面,我们再研究一个有趣的托里拆利实验中的等效问题.

大家知道,1654 年,德国物理学家格里克为皇帝斐迪南三世和帝国国会众多的观众做了一次精彩的实验. 他制造了两个直径约为 1.2 英尺(36 cm 左右)的空心铜半球,把它们密合在一起,抽去空气. 然后他让两个马队分别向相反方向使劲地拉一个半球,直到用了 16 匹强壮的马,才把这个半球拉开.

图 4.17 马德堡半球实验

4 运用等效变换的基本原则

格里克逝世后的下一年(1687年),牛顿出版了他的巨著《自然哲学的数学原理》。如果我们让格里克与牛顿实现一次时空穿越,牛顿见到格里克时可能会这样说:"尊敬的格里克阁下,您只要把半球一端的绳子拴在牢固的大树上,用8匹马在另一端拉就够了——因为我在书中总结的第三定律已经指出,这样是完全等效的."

不过,只用8匹马就远远没有格里克实验那样壮观了.

那么,格里克实验中拉开半球的力有多大呢?这里又潜伏着一个等效变换问题.

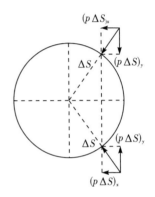

图 4.18

由于大气压的方向处处垂直于球的表面,即指向球心,无法直接计算. 在初等数学范畴内,可以采用微元法——在两个半球的上下对称位置各取一个极小的面元 ΔS,并把它们看成平面(图 4.18). 然后将面元所受到的大气压力 $p\Delta S$ 沿水平方向和竖直方向分解为

$$(p\Delta S)_x \quad \text{和} \quad (p\Delta S)_y$$

由对称性可知,半球上下各个面元的竖直分量都大小相等、方向相反,其合力为零;半球上下各个面元的水平分量之和应该等于拉开球的外力,即

$$\sum \Delta(p\Delta S)_x = F \quad \text{或} \quad p\sum \Delta S_x = F$$

式中, $\sum \Delta S_x = \pi R^2$ (即半球在竖直方向的投影面积). 所以,拉开球的外力为

$$F = \pi R^2 p$$

这也就是说,受大气压作用的有效面积,等于球的大圆面积. 现在中学物理实验室里"马德堡半球"用圆盘代替圆球,就是精明的商家在

等效变换下的产品.

知道了马德堡半球实验等效变换的物理实质,下面的练习题就可以轻而易举地口答了.练习题 2 仿照"马德堡半球"用圆盘代替半圆球,就迎刃而解了.

练习题

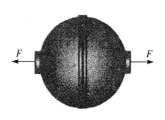

图 4.19

(1)(1995 上海)如图 4.19 所示,两个半球壳拼成的球形容器,内部已抽成真空.球形容器的半径为 R,大气压强为 p,为了使两个半球沿图中箭头方向互相分离,应施加的力至少为( ).

A. $4\pi R^2 p$ B. $2\pi R^2 p$

C. $\pi R^2 p$ D. $\dfrac{1}{2}\pi R^2 p$

参考答案:C.

(2)如图 4.20 所示,容器 A 的底部由一个半径略小于 r 的圆孔,上面用一个半径为 r 的小球盖住,然后在容器 A 中注入密度为 ρ_1 的液体后,把它放入容器 B 中,在容器 B 中盛有密度为 ρ_2 的液体,结果两容器内的液面恰好相平,且液面离容器 A 的底部高为 h.

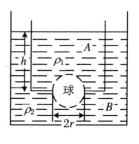

图 4.20

试求小球将圆孔盖住时,其重力应该满足的条件.

参考答案:$G \geqslant \dfrac{2}{3}\pi r^3 g(\rho_1+\rho_2) + \pi r^2 gh(\rho_2-\rho_1)$.

提示:上下两半球因排开液体受到向上的浮力分别为

$$F_{A1} = \rho_1 G V_{排} = \dfrac{2}{3}\pi r^3 \rho_1 g, \quad F_{B1} = \rho_2 G V_{排} = \dfrac{2}{3}\pi r^3 \rho_2 g$$

容器 A 和 B 中液体对半球产生的向下和向上压力,等效于作用

在孔的圆面上的压力(图 4.21),其大小分别

$$F_{A2} = \rho_1 gh\pi r^2$$
$$F_{B2} = \rho_2 gh\pi r^2$$

根据力平衡条件即得.

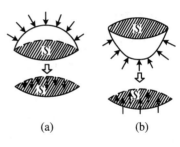

图 4.21

牛顿第一定律与第二定律

在进行等效变换时,特别需要指出的是:明确物理实质绝对不是一种简单的数学变换,而是应该有着坚实的物理背景.

例如,有人根据物体的加速度 $a=0$ 时物体处于静止或做匀速直线运动状态,认为牛顿第一定律等效于牛顿第二定律 $a=0$ 时情况,或者说,牛顿第一定律就是牛顿第二定律在加速度等于零时的特殊情况. 这是完全错误的.

牛顿第一定律是牛顿在伽利略的实验基础上进一步研究后总结出来的. 它对力和运动状态的关系给出了明确的定性结论:物体不受力时,运动状态不会改变,物体受力时,运动状态才会改变. 因此,牛顿第一定律定义了力的概念. 同时,牛顿第一定律也定义了惯性系,即牛顿第一定律成立的参考系称为惯性系. 牛顿第一定律不成立的参考系,都称为非惯性系. 可见,牛顿第一定律是研究力学的出发点,它不能被牛顿第二定律所代替,也不是牛顿第二定律的特例.

(2) 如何建立等效变换关系

前面说过,等效是一种非常灵活的思想方法,因此建立等效变换关系不会有固定的模式和程序. 下面,我们选取若干具体问题作为个例,通过在物理原理分析的基础上,指出如何抽象出等效变换关系的几个方面,希望有助于同学们加深对两者联系的一些认识.

改变参考系

对物体运动的描述,可以选用不同参考系.理解了同一个物体的运动对不同参考系所呈现的规律,也就等于建立了一个等效变换关系.

例如,一列客车在平直轨道上以速度 v_1 运动,突然司机发现在其前方 s_0 处,有一列货车正以速度 v_2($v_2 < v_1$) 同向行驶,如图4.22所示.为避免相撞,客车司机立即拉制动闸匀减速行驶.那么,客车减速行驶的加速度至少多大,两车才不致相撞?

图 4.22

以地面为参考系时,两列车分别做不同的运动:客车以 v_1 为初速度做匀减速运动;货车以速度 v_2 做匀速运动.设经时间 t 两车相遇时的速度正好相等,才不致相撞.若此时货车的位移为 s,速度为 v_{2t},客车的速度为 v_{1t},则对货车,有

$$s = v_2 t, \quad v_{2t} = v_2$$

对客车,有

$$s + s_0 = v_1 t - \frac{1}{2}at^2, \quad v_{1t} = v_1 - at$$

不相撞条件为

$$v_{1t} = v_{2t}$$

联立上述各式,有

$$v_1 - at = v_2 \quad \Rightarrow \quad t = \frac{v_1 - v_2}{a}$$

$$v_2 t + s_0 = v_1 t - \frac{1}{2}at^2 \quad \Rightarrow \quad s_0 = (v_1 - v_2)t - \frac{1}{2}at^2 = \frac{(v_1 - v_2)^2}{2a}$$

4 运用等效变换的基本原则

所以客车的加速度至少为

$$a = \frac{(v_1 - v_2)^2}{2s_0}$$

上述式中,$(v_1 - v_2)$就是客车相对于货车的速度,$t = \dfrac{v_1 - v_2}{a}$和$s_0 = \dfrac{(v_1 - v_2)^2}{2a}$表示了以速度$v_0 = v_1 - v_2$、加速度为$a$做减速滑行的时间和位移. 因此,我们若站在货车上观察客车,看到的就是一个以初速度为v_0、加速度为a的匀减速运动,相遇时它的速度恰好减为零($v_t = 0$). 懂得了这个道理,一个等效变换关系自然就建立起来了,即

以地面为参考系时,客车和货车的运动	等效于	以货车为参考系时,客车以$(v_1 - v_2)$为初速度的匀减速运动

根据这个等效变换关系,由v_0、v_t和s_0立即可得客车加速度的值.

熟练地把握了通过改变参考系建立的等效变换关系,原来两个研究对象的运动可以转化为一个对象的运动,求解就会变得更轻松了.

例题 1(2013 全国) 一客运列车匀速行驶,其车轮在铁轨间的接缝处会产生周期性撞击. 坐在该客车中的某旅客测得从第1次到第16次撞击声之间的时间间隔为10.0 s. 在相邻的平行车道上有一列货车,当该旅客经过货车车尾时,货车恰好从静止开始以恒定加速度沿客车行进方向运动. 该旅客在此后的20.0 s内,看到恰好有30节货车车厢被他连续超过. 已知每根铁轨的长度为25.0 m,每节货车车厢的长度为16.0 m,货车车厢间距忽略不计. 求:

(1)客车运行速度的大小;

(2)货车运行加速度的大小.

分析与解答 (1)已知客车在听到撞击声的时间$\Delta t = 10.0$ s内,通过15根铁轨,因此客车的速度为

$$v = \frac{\Delta x}{\Delta t} = \frac{15 \times 25.0}{10.0} \text{ m/s} = 37.5 \text{ m/s}$$

(2) 以客车为参考系,看到货车做初速度为 v 的匀减速运动,在时间 $t=20.0$ s 内的位移为 $x=30 \times 16.0$ m——用一个研究对象等效于两个做不同运动的研究对象. 于是由

$$x = v_0 t - \frac{1}{2} a t^2$$

即

$$30 \times 16.0 = 37.5 \times 20.0 - \frac{1}{2} a \times 20.0^2$$

得货车的加速度为

$$a = 1.35 \text{ (m/s}^2)$$

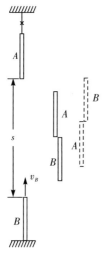

图 4.23

说明 若客车原来的运动方向向东,以客车为参考系时,看到货车的初速度方向向西、加速度方向向东,在时间 $t=20.0$ s 货车向西位移 480.0 m. 当以向西为正方向时,列出的公式如上面所示.

例题 2 长为 $l=1$ m 的两根棒 A 和 B, A 悬挂在顶板下,B 竖立在地面上,A 的下端与 B 的上端相距 $s=20$ m. 当 A 棒的悬线断裂自由下落时,B 棒以初速度 $v_B=40$ m/s 保持直立状态竖直上抛(图 4.23). 试问:两棒经过多少时间相遇? 从相遇到分离——"擦肩而过"的时间是多少?

分析与解答 由于竖直上抛运动可以看成竖直向上的匀速运动和自由落体运动的合运动,即 A、B 两棒都包含着自由落体运动,因此可以建立这样的等效关系:

因此,两棒相遇需要经历的时间为

$$t = \frac{s}{v_B} = \frac{20}{40}\ \text{s} = 0.5\ \text{s}$$

两棒从相遇到分离的时间为

$$\Delta t = \frac{2l}{v_B} = \frac{2\times 1}{40}\ \text{s} = 0.05\ \text{s}$$

变动为静

前面介绍爱因斯坦"等效原理"时已说过,电梯的上下加速运动可以等效于重力场的变化. 现在再比较详细地说明一下,由加速运动与力场的等效导致对同一问题研究角度的变化.

如图 4.24(a) 所示,用一根轻弹簧竖直悬挂一个质量为 m 的物块,当物块在竖直方向上做加速度为 a 的匀加速运动时,弹簧的长度及其弹力都会发生变化. 即加速向上时弹力为

$$T_1 = mg + ma$$

加速向下时的弹力为

$$T_2 = mg - ma$$

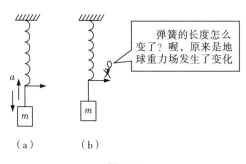

图 4.24

现在,假设你像神话中的孙悟空一样,变得非常非常小,能跳到弹簧秤的指针上,如图 4.24(b) 所示. 由于你已经与物块处于同样的

运动状态中,自然无法看到物块的运动.但是,弹簧长度的变化(即弹力的变化)始终是客观存在的,那么你将作怎样的解释呢?显然,你只能认为是地球的重力场突然间发生了变化.因此,弹簧变长时的弹力为

$$T'_1 = mg'_1 = m(g+a)$$

弹簧变短时的弹力为

$$T'_2 = mg'_2 = m(g-a)$$

这里的 $g'_1 = g+a$、$g'_2 = g-a$,称为等效重力加速度.于是,一个等效变换关系自然地建立起来了,即

小球竖直上下的加速运动 —等效于→ 变化重力场中的静力平衡

从而实现了"变动为静"的等效变换 —— 将原来的动力学问题转化为一个力平衡问题.当然,这里也同样闪耀着改变参考系的思想.

如果小球悬挂在车厢里,当车厢沿水平轨道做加速运动时,悬线会变得倾斜起来(图 4.25).地面观察者用牛顿第二定律解释的问题,对车厢内的观察者,又变成一个静力平衡问题 —— 重力场突然倾斜起来了.

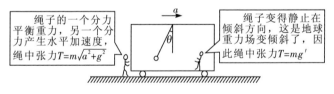

图 4.25

变曲为直

一条曲线所产生的效果,可以被一条直线代替,这是在明白了其中的物理原理后才能自觉接受的事实.

如图 4.26 所示,在磁感应强度为 B 的匀强磁场中,平行于 B 的平面内放置一根弯曲的导线 ab,导线中通以强度为 I 的电流.为了计

算这根弯曲导线所受到的磁场力(安培力),可以将它分割成许许多多很短的直导线,如 $aa_1, a_1a_2, a_2a_3, \cdots, a_nb$,设各小段直导线与磁感应强度 B 之间的夹角依次为 $\alpha_0, \alpha_1, \alpha_2, \cdots, \alpha_n$,则各小段所受的安培力依次为

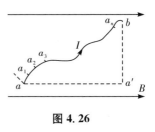

图 4.26

$$F_0 = BI \cdot aa_1 \sin \alpha_0$$
$$F_1 = BI \cdot a_1a_2 \sin \alpha_1$$
$$F_2 = BI \cdot a_2a_3 \sin \alpha_2$$
……
$$F_n = BI \cdot a_nb \sin \alpha_n$$

这根导线所受的合力

$$F = F_0 + F_1 + F_2 + \cdots + F_n$$
$$= BI(aa_1 \sin \alpha_0 + a_1a_2 \sin \alpha_1 + \cdots + a_nb \sin \alpha_n)$$

式中,括号内各小段导线在垂直于 B 方向上的投影之和,用 $l_\perp$ 表示,于是上式可写成

$$F = BIl_\perp$$

这就是说,原来的弯曲导线 ab 所受的安培力,等效于垂直磁感应强度方向的一根直导线 $a'b$,如图 4.26 中虚线所示.

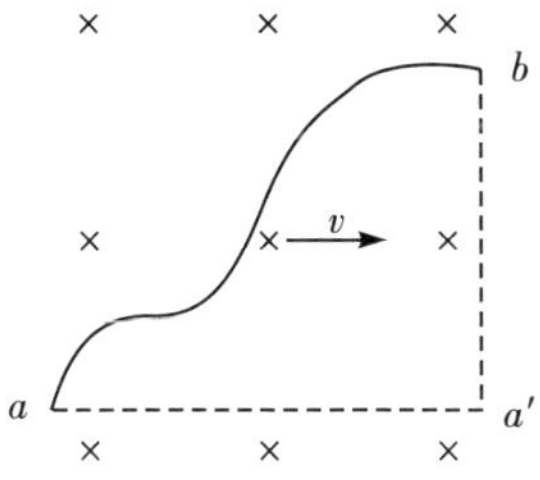

同样,一根弯曲的导线在垂直于磁感应强度 B 的匀强磁场中,以恒定速度 v 做切割磁感线运动时产生的感应电动势,等效于垂直于速度方向的一根直导线 $(a'b)$ 在磁场中运动产生的感应电动势,如图 4.27 所示.

图 4.27

例题 3 在磁感应强度为 B、水平方向的匀强磁场中,有一个细金属环以速度 v_0 做无滑动的滚动,环上有长度为 l 的一个小缺口,磁

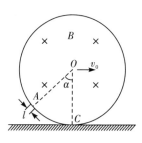

图 4.28

场方向垂直环面(图 4.28). 求当缺口与环心的连线与竖直方向成 α 角时,金属环所产生的感应电动势.

分析与解答　如果用一段长为 l 的导线将环的小缺口填补,圆环滚动时由于穿过环面的磁通量不变,环中不会产生感应电动势.因此,有缺口的环滚动时所产生的感应电动势一定与长为 l 的这一小段导线所产生的感应电动势大小相等.

由于这个缺口很小,因此可以把填补缺口的这一小段导线看成直线.所以,从产生感应电动势的大小来说,这里形成的等效变换关系可表示为

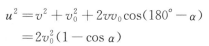

圆环做纯滚动时,环上各处的运动可等效于随环心的运动和绕环心转动的两种运动.由于环上各处的相对于环心的转动速度 v 的大小正好都等于环心的平动速度 v_0*,当缺口转至图中位置时,设填补缺口的小段导线 l 的速度(即速度 v 与 v_0 的合速度)为 u,由图 4.29 可知

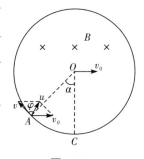

图 4.29

$$u^2 = v^2 + v_0^2 + 2vv_0\cos(180° - \alpha)$$
$$= 2v_0^2(1 - \cos\alpha)$$

得

---

* 纯滚动时,环与地面接触点 C 的瞬时速度为零.当以 C 点为瞬时转轴时,由 $v_0 = \omega R$ 即得绕 C 的角速度,则绕环心的角速度 $\omega = \dfrac{v_0}{R}$,所以环上各处相对于环心的转动速度大小 $v = \omega R = v_0$.

4 运用等效变换的基本原则

$$u = 2v_0 \sin \frac{\alpha}{2}$$

所以,小段导线 l 所产生的感应电动势的大小为

$$E = Bul \sin \varphi = B \cdot 2v_0 \sin \frac{\alpha}{2} \cdot l \cdot \sin\left(\frac{\pi}{2} - \frac{\alpha}{2}\right) = Blv_0 \sin \alpha$$

式中 φ 即为速度 u 与 l 所成的夹角.

这也就是有缺口的圆环所产生的感应电动势的大小. 可见,环中的感应电动势随缺口位置按正弦规律变化.

分清主次合理近似

有时,实际问题中包含着影响力不同的多种因素,建立等效变换关系时必须认真分析主、次因素,并采用合理的近似条件.

如图 4.30 所示,在一对间距为 d、长为 l 的平行金属板上加有交变电压 $u = U_0 \sin \omega t$. 在两板中央、沿着平行于板面方向以速度 v_0 射入一个电子. 由于板上电压的变化,使板间电场强度时刻变化. 因此,入射的电子在垂直于板面方向受到的是一个变力,电子在穿越两板的过程中将做比较复杂的运动.

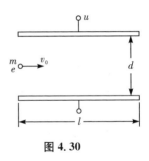

图 4.30

如果题设条件中 v_0 很大,而交流电压的变化频率 ω 比较小,则电子以速度 v_0 水平匀速穿越两板的时间 Δt 甚小于交流电压的变化周期 T,即满足条件

$$\Delta t \ll T \quad \text{或} \quad \frac{l}{v_0} \ll \frac{2\pi}{\omega}$$

那么在电子穿越两板的过程中可以认为板上的电压保持不变,把板间看成一个匀强电场,因此电子仍然做着类似于平抛物体的运动. 这里的等效关系是

| 高速的电子在缓慢变化的电场中运动 | 等效于
(条件: $\frac{l}{v_0} \ll \frac{2\pi}{\omega}$) | 高速的电子在匀强电场中运动 |

如果不能从运动时间与电压变化的关系上抓住主要因素,也就无法建立这样的等效变换关系了.

4.3 检验的依据——物理规律的一致性

在研究问题时建立的等效变换关系是否正确,或者说,它与原来的客观研究对象是否真正等效,检验的依据也是物理规律.只有当原来的客观对象与等效后的对象能保持物理规律的一致性时,才能确认所建立的等效变换关系是合理的、正确的.

下面,我们结合几个比较典型的具体问题加以说明.

匀速运动与静止

例题 1(2012 海南) 如图 4.31 所示,粗糙的水平地面上有一斜劈,斜劈上一物块正沿斜面以速度 v_0 匀速下滑,斜劈保持静止,则地面对斜劈的摩擦为( ).

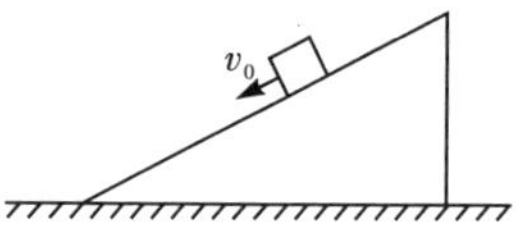

A. 等于零

B. 不为零,方向向右

C. 不为零,方向向左

D. 不为零,v_0 较大时方向向左,v_0 较小时方向向右

图 4.31

分析与解答 根据匀速直线运动与静止状态有相同的力学条件,可以建立等效关系

| 匀速直线运动 | 等效于 | 静止状态 |

因此,这个物块与斜面相当于一个整体静止在水平地面上,没有沿水平方向的滑动趋势,所以地面对斜劈的摩擦力等于零,A 正确.

检验 画出物块和斜劈的隔离体受力图(图 4.32),根据物块匀

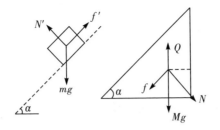

图 4.32

速下滑的条件,有

$$N' = mg\cos\alpha, \quad f' = mg\sin\alpha$$

根据牛顿第三定律,斜劈所受物块的压力和摩擦力的大小分别为

$$N = N' = mg\cos\alpha, \quad f = f' = mg\sin\alpha$$

它们在水平方向的合力

$$\sum F_x = N_x - f_x = mg\cos\alpha \cdot \sin\alpha - mg\sin\alpha \cdot \cos\alpha = 0$$

可见,斜劈在水平方向不会有滑动趋势,也不会受到地面的任何摩擦力,所以上面由等效条件得出的关系完全正确.

加速系统中的浮力

例题 2 如图 4.33 所示,一块物体浮在容器中的水面上.当容器由静止开始匀加速下降时,物体浸没在水中部分的体积(   ).

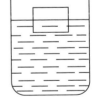

图 4.33

A. 减小

B. 增大

C. 不变

D. 决定于加速度与 g 值的关系

分析与解答 因为浸在液体中的物体受到的浮力大小,等于它所排开的液体的重力.根据等效原理,容器(包括其中的水和物体)加速下降时,等效于重力场减弱(即重力加速度减小),物体的重力和液

体的重力按同样规律减小,可以建立这样的等效关系:

随液体加速下降时物体受到的浮力 —等效于→ 在一个较小重力场环境中静止液体对物体产生的浮力

所以,结论是:物体浸没在水中部分的体积不变.C 正确.

检验 上面的结论是否正确,或者说这个等效关系是否合理,我们可以依据物理规律作一检验.

设物体的体积为 V,密度为 ρ,水的密度为 ρ_0,物体静浮于水面时浸没在水中部分的体积 V',则物体的重力(G)和受到的浮力(Q)分别为

$$G = mg = \rho V g, \quad Q = \rho_0 V' g$$

由平衡条件

$$\rho V g = \rho_0 V' g$$

得

$$V' = \frac{\rho}{\rho_0} V \qquad ①$$

当容器以加速度 a 下降时,设此时水对物体的浮力变为 Q',则物体的运动方程为

$$mg - Q' = ma \qquad ②$$

假设这时物体浸没在水中部分体积是 V'',设想将物体取出使体积同样是 V'' 的水块填满这一空间,那么周围的水对这个水块的作用力仍然应该是 Q'.这个水块所受到的重力是 $\rho_0 V'' g$.它同样以加速度 a 下降,运动方程为

$$\rho_0 V'' g - Q' = \rho_0 V'' a$$

得

$$Q' = \rho_0 V''(g - a) \qquad ③$$

把式 ③ 的结果代入运动方程 ② 中,即为

$$mg - \rho_0 V''(g - a) = ma$$

4 运用等效变换的基本原则

或

$$\rho V g - \rho_0 V''(g-a) = \rho V a$$

于是得加速下降时物体的浸没体积

$$V'' = \frac{\rho}{\rho_0} V$$

它正好等于容器静止时物体浸没在水中的体积,即 $V''=V'$. 所以,容器加速下降时物体的浸没部分体积不变. 也就是说,我们在上面所建立的等效变换关系是合理的、正确的.

如果只考虑到物体的"失重",忽视了水浮力的变化,建立这样一个等效关系:

这样就会得到浸没部分体积减小的错误结论了(错选为 A).

转动的物体

在前面组合等效中说过,用一个等于各物体质量之和的"大物体",可以代替原来的几个小物体. 那么,这个跟生活经验非常贴近的等效关系是否始终成立呢?

例题 3 如图 4.34 所示,在一根长 $2l$ 的细杆 AB 的中点 O 和一端 B,分别固定两个质量为 m_1、m_2 的均质小球,细杆以另一端 A 为轴在竖直平面内转动. 当细杆从水平位置轻轻释放,转到竖直位置时,系统重心的速度多大?

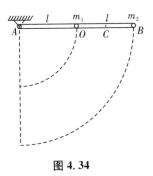

图 4.34

分析与解答 设系统的重心位置在 C 点,它离开转轴 A 的距离的 r,由力矩平衡原理易知

$$m_1 g l + m_2 g \cdot 2l = (m_1 + m_2) g r$$

得

$$r = \frac{m_1 + 2m_2}{m_1 + m_2} l \qquad ①$$

根据"大物体与小物体质量之和的等效关系",相当于两球的质量集中在重心上,即等效于重心上放置一个质量为(m_1+m_2)的物体.细杆轻轻释放下落的过程中,只有重力做功,系统的机械能守恒,有

$$(m_1 + m_2)gr = \frac{1}{2}(m_1 + m_2)v_C^2$$

代入上式中r的值,即得系统重心的速度

$$v'_C = \sqrt{2gl \cdot \frac{m_1 + 2m_2}{m_1 + m_2}} \qquad ②$$

检验 这个结果是否可靠?或者说,上面的质量等效关系在物体(刚体)转动中是否适用?同样可以通过物理规律加以检验.

细杆从水平位置转到竖直位置的过程中,细杆做变加速运动,在竖直位置时杆上离开转轴A不同距离各点的线速度不同,但角速度都相同.设细杆在竖直位置时的角速度为ω,两小球的瞬时速度分别为

$$v_1 = \omega l, \quad v_2 = \omega \cdot 2l = 2\omega l$$

细杆下落过程中,由机械能守恒得

$$m_1 gl + m_2 g \cdot 2l = \frac{1}{2}m_1 v_1^2 + \frac{1}{2}m_2 v_2^2$$

代入v_1、v_2的值后,可解得细杆转至竖直位置的角速度为

$$\omega = \sqrt{\frac{2(m_1 + m_2)g}{(m_1 + 4m_2)l}} \qquad ③$$

同样,由力矩平衡找出重心位置C离开A的距离,即$r = AC = \frac{m_1 + 2m_2}{m_1 + m_2}l$,于是得系统重心的瞬时速度

$$v_C = \omega r = \frac{m_1 + 2m_2}{m_1 + m_2}\sqrt{2gl \cdot \frac{m_1 + 2m_2}{m_1 + 4m_2}} \qquad ④$$

显然,$v_C \neq v'_C$. 由于式 ④ 的结果 v_C 是从物理学基本原理出发的,每一个步骤都无懈可击,应该是正确的,可见式 ② 的结果 v'_C 不正确. 究其原因,力矩平衡求重心位置和运用机械能守恒都是正确的,其错误必然在质量的等效关系上,也就是说,当物体(刚体)转动时,上面所说的质量等效关系不成立.

说明 为什么在刚体转动问题中"大物体的质量与小物体质量之和"的等效关系不成立呢? 我们可以用微元法作一般情况的分析.

将一个质量为 m 的物体分割成许多很小的部分(质点),设各部分(质点)的质量分别为 $\Delta m_1, \Delta m_2, \cdots$,它们的速度分别为 $v_1, v_2, \cdots$,因此,整个物体的动能就应该等于各个质点的动能之和,即

$$E_K = \frac{1}{2}\Delta m_1 v_1^2 + \frac{1}{2}\Delta m_2 v_2^2 + \cdots + \frac{1}{2}\Delta m_i v_i^2 = \sum \frac{1}{2}\Delta m_i v_i^2$$

当物体平动时,由于各部分的速度相同(设为 v),并且等于物体质心的速度,整个物体的总动能为

$$E_K = \sum \frac{1}{2}m_i v_i^2 = \frac{1}{2}(\sum \Delta m_i)v^2 = \frac{1}{2}mv^2$$

所以,物体做平动时的动能等效于把全部质量集中于质心时的动能.

当物体转动时,由于各部分(质点)离开转轴的距离不同(转动半径不同),设分别为 $r_1, r_2, \cdots$,转动的角速度为 ω,因此整个物体的总动能为

$$E_K = \sum \frac{1}{2}\Delta m_i v_i^2 = \sum \frac{1}{2}\Delta m_i r_i^2 \omega^2 = \frac{1}{2}\sum(\Delta m_i v_i^2)\omega^2 = \frac{1}{2}I\omega^2$$

式中 $I = \sum r_i^2 \Delta m_i$,称为刚体对转动轴的转动惯量. 它反映了转动中惯性的大小. 根据转动惯量表达式可以看出,它的大小与物体内各部分的质量分布有关 —— 同样质量的某部分,分布得离转轴越远,物体的转动惯量也就越大. 所以,当涉及计算转动物体的动能时,不能

简单地把全部质量集中在质心用等效替代的方法进行计算了.

单摆振动的等效"g"

在研究不同情况下单摆的振动时,其周期的变化往往表现为公式中 g 的变化.引入"等效重力加速度",就可以很快地得出结果.例如:图 4.35 中用一根长 l 的细线悬挂一个密度为 ρ 的小球,将它放在密度为 ρ_0 的液体里($\rho_0<\rho$),不计液体对小球运动的阻力,要求小球做小振幅振动的周期时,可以把小球在液体中受到的重力和浮力合成一个等效力.由等效重力加速度得出周期,即

$$g' = \frac{\rho g V - \rho_0 g V}{\rho V} = \left(1 - \frac{\rho_0}{\rho}\right) g$$

$$T = 2\pi \sqrt{\frac{l}{g'}} = 2\pi \sqrt{\frac{\rho}{\rho - \rho_0} \cdot \frac{l}{g}}$$

图 4.36 中为一个带负电的单摆,在竖直向上的匀强电场中,就像处于一个强度为 $g' = g + \dfrac{Eq}{m}$ 的等效重力场中,这个小球做简谐运动的周期为

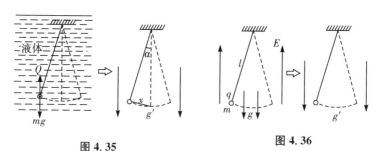

图 4.35   图 4.36

$$T = 2\pi \sqrt{\frac{l}{g'}} = 2\pi \sqrt{\frac{l}{g + \dfrac{Eq}{m}}}$$

物体在不同情况下做简谐运动时,引入的等效 g 是否合理?同样可以从物理原理上加以检验.下面,以单摆振动的几种典型情况为

4 运用等效变换的基本原则

例加以讨论.

例题 4 在一个倾角为 θ 的光滑斜面上,用长 l 的细线悬挂一个小球,如图 4.37 所示,让小球在斜面上做小振幅的振动. 求振动的周期.

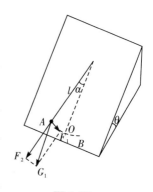

图 4.37

分析与解答 小球静止时,细线沿斜面方向对小球的拉力为 $G_1 = mg\sin\theta$,等效于重力场强度变小,即等效重力加速度为 $g' = g\sin\theta$,因此小球在斜面上做小振幅振动的周期为

$$T = 2\pi\sqrt{\frac{l}{g'}} = 2\pi\sqrt{\frac{l}{g\sin\theta}}$$

检验 为了从物理原理上对上面的等效关系进行验证,可将小球的重力沿着斜面和垂直斜面分解为两个量

$$G_1 = mg\sin\theta, \quad G_2 = mg\cos\theta$$

其中,G_2 被斜面的支持力所平衡,可以认为小球仅在 G_1 的作用下在斜面上做小角度的摆动.

设摆动的偏角为 α,将 G_1 分解为垂直摆线的 F_1 和沿着摆线的 F_2*. 其中 F_1 就是使小球振动的力,其值为

$$F_1 = mg\sin\theta \cdot \sin\alpha$$

当小球做小振幅摆动时,上式可表示为

$$F_1 \approx mg\sin\theta \cdot \alpha = mg\sin\theta \cdot \frac{\widehat{AO}}{l} \approx mg\sin\theta \cdot \frac{\overline{AO}}{l} = mg\sin\theta \frac{x}{l}$$

令 $k = \dfrac{mg\sin\theta}{l}$,并考虑到 F_1 与 x 的方向正好相反,上式即为

---

* $F_2 = mg\sin\theta \cdot \cos\alpha = mg' \cdot \cos\alpha$,它与摆线张力的合力提供了小球沿圆弧半径方向做加速运动需要的力.

$$F_1 = -kx$$

可见,在光滑斜面上的小球做小振幅摆动也是简谐运动,其振动周期为

$$T = 2\pi\sqrt{\frac{m}{k}} = 2\pi\sqrt{\frac{m}{\frac{mg\sin\theta}{l}}} = 2\pi\sqrt{\frac{l}{g\sin\theta}}$$

所以,小球在斜面上振动时,把 $g' = g\sin\theta$ 称为等效重力加速度是合理的.

例题5 沿着平直轨道以加速度 a 做匀加速运动的车厢里,连接在车厢顶部长为 l 的细线下悬挂一个质量为 m 的小球,试计算它做小振幅振动时的周期.

分析与解答 引入等效重力加速度 g',设它与竖直方向间的夹角为 φ(图 4.38),则

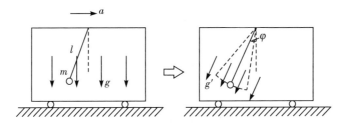

图 4.38

$$g' = \sqrt{g^2 + a^2}, \quad \tan\varphi = \frac{a}{g}$$

这个小球在平衡位置附近做小振幅振动的周期为

$$T = 2\pi\sqrt{\frac{l}{g'}} = 2\pi\sqrt{\frac{l}{\sqrt{g^2 + a^2}}}$$

检验 设小球在匀加速运动车厢中的静止位置为 O,摆线偏离竖直方向的角度为 α(图 4.39(a)),此时摆线中的张力的大小为

$$Q = \sqrt{(ma)^2 + (mg)^2} = m\sqrt{a^2 + g^2} = mg'$$

式中 $g'=\sqrt{a^2+g^2}$,其方向与竖直线之间的夹角为 $\alpha=\arctan\dfrac{a}{g}$.

设小球在平衡位置 O 附近做小振幅振动中某位置 A 相对平衡位置时的摆线偏角为 β(图 4.39(b)),把力 mg' 分解为沿着摆线方向的 F_n 和垂直摆线方向的 F,则

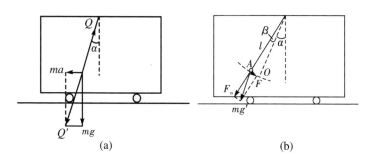

图 4.39

$$F_n = mg'\cos\beta, \quad F = mg'\sin\beta$$

其中,F_n 与摆线张力的合力提供小球所需的向心力,F 则起着使小球振动的回复力作用.在小角度振动时,F 可以表示为

$$F = mg'\sin\beta \approx mg'\beta = mg'\dfrac{\overline{OA}}{l} = \dfrac{mg'}{l}x$$

式中,$x=\overline{OA}$ 是小球相对平衡位置的位移.令 $\dfrac{mg'}{l}=k$,并考虑到 F 与 x 方向相反的关系,于是上式可写成

$$F = -kx$$

这就是说,在加速运动车厢中的小球做小振幅的振动,也是简谐运动.因此其周期为

$$T = 2\pi\sqrt{\dfrac{m}{k}} = 2\pi\sqrt{\dfrac{m}{\dfrac{mg'}{l}}} = 2\pi\sqrt{\dfrac{l}{\sqrt{a^2+g^2}}}$$

通过对上述几个典型实例的分析,有位同学归纳出一个结论:单摆在不同物理环境下振动时等效重力加速度 g' 的值,等于它相对于

悬点不振动时摆线拉力(F)与摆球质量(m)之比值,即

$$g' = \frac{F}{m}$$

这个结论是否正确？请结合具体问题加以检验.

多普勒效应

大家知道,甲相对于静止的乙以速度 v 运动时,要求计算相遇时间等物理量,可以等效于乙以速度 v 相对静止的甲运动. 一些同学把运动相对性的这个结论应用到声现象的问题中,他们认为观察者向静止声源的运动等效于声源向静止观察者的运动,因此两种情况下观察者接收到声音的频率相同.

这个等效关系是否正确呢？回答是否定的,因为这两种情况的物理过程并不相同. 在研究观察者接收声音频率变化,即多普勒效应时,必须先认清几点:

① 从发出声音到观察者接收声音,涉及三个对象,即声源——介质(空气)——观察者(人耳).

② 发声频率由声源决定,声速基本上由介质的弹性性质决定. 当声源与介质确定后,声音在介质中传播的频率、声速和波长(即 f、v、λ)是一定的.

③ 观察者(人耳)接收到的声音频率决定于每秒通过人耳的"完整波"的个数,它与声源、观察者和介质的运动速度有关,因此与声源的发声频率是两回事.

为简单起见,设介质静止,声源相对介质的速度表示为 v_S,观察者相对介质的速度表示为 v_R,且它们的运动发生在两者的连线上. 声音在介质中的速度为 v.

当声源和观察者相对介质都静止时,每秒通过观察者(人耳)的波数等于声源每秒发出的波数(图 4.40),观察者感觉的频率(f')等于声源的发声频率(f). 即

$$f' = f$$

当声源相对介质静止,观察者以速度 v_R 向着声源运动时,观察者每秒内接收到的完整波数比声源每秒发出的完整波数多,于是观察者感觉到(接收到)的声音频率变大(图 4.41),音调变高. 这种情况等效于声音通过观察者的速度变大(但波长不变),因此观察者每秒内接收的完整波数(即频率)为

$$f' = \frac{v+v_R}{\lambda} = \frac{v+v_R}{vT} = \left(1+\frac{v_R}{v}\right)\frac{1}{T} = \left(1+\frac{v_R}{v}\right)f > f$$

(当观察者远离声源运动时,v_R 取负值,即得 $f' < f$,频率变小,音调变低.)

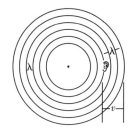
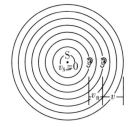

图 4.40 声源和观察者都静止   图 4.41 声源静止,观察者向声源靠近

当观察者相对介质静止,声源以速度 v_S 向观察者运动,则朝着观察者一侧的波面被压缩(图 4.42),观察者每秒内接收到的波数显然也比声源每秒发出的完整波数多,即接收到的声音频率也增大. 这种情况等效于波长减小(但波速不变)——由于在一个周期 T 内声源向前移动了距离 $v_S T$,相当于波长缩短 $v_S T$,因此观察者每秒接收的完整波数(即频率)为

$$f' = \frac{v}{\lambda'} = \frac{v}{(v-v_S)T} = \frac{v}{v-v_S}f > f$$

(当声源远离观察者时,v_S 取负值,即得 $f' < f$,频率变小,音调变低.)

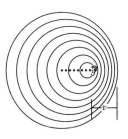

图 4.42　以观察者静止,声源向观察者靠近

(图中以黑圆点代表声源,以人耳代表观察者,圆圈代表波面,两个圆圈之间的距离代表波长)

由此可见,当观察者与声源两者接近时,观察者接收到的频率都增大,即定性结果相同,但是两情况下的定量结果不同,这是由于两者的物理过程不同所产生的.所以在应用等效变换时,同样必须重视对物理过程(或物理内涵)的仔细分析,不能被简单的表面现象或定性结论所蒙蔽.

霍尔效应

提出这个问题之前,大家回顾一下:从初中物理开始,我们都形成了这样一个根深蒂固的等效关系:

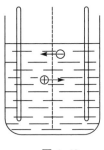

图 4.43

无论是金属导电、电解液导电还是半导体,我们在解释电流现象和电路计算中,都已非常习惯应用这个等效关系了.例如,在如图 4.43 所示电解液中的电流强度,就是在时间 t 内通过某一截面正离子的电量 q_+ 和反向运动的负离子电量 q_- 的共同贡献,即

$$I = \frac{q_+ + q_-}{t}$$

但是,在霍尔效应中,上面的等效关系不再成立了.为什么会"破例"呢?同样得从物理规律上去考察.

如图 4.44 所示,在垂直于磁感应强度 B 的匀强磁场中,分别放置一块 P 型半导体和一块 N 型半导体,并通以纵向电流(I).

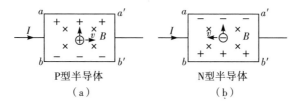

图 4.44

在 P 型半导体中的电流,可以看成是由带正电荷的空穴定向运动形成的.因此,当电流方向如图所示从左向右时,空穴也从左向右运动.由于洛伦兹力的作用,空穴会产生横向偏移,结果使得这块半导体的上侧(a—a')积聚有正电荷,相应的下侧(b—b')积聚了负电荷,从而在横向两侧间形成电势差,即两侧电势高低的关系是

$$\varphi_{a-a'} > \varphi_{b-b'}$$

在 N 型半导体中,电流是由带负电荷的电子定向运动形成的.当通以同样方向的电流时,电子所受的洛伦兹力方向不变,横向偏移的结果是使得这块半导体的上侧(a—a')积聚负电荷,相应的下侧(b—b')积聚正电荷,两侧电势高低的关系是

$$\varphi_{b-b'} > \varphi_{a-a'}$$

这就是说,在霍尔效应中,正电荷的运动与等量负电荷的反向运动已不再等效.在半导体技术中,正是利用了霍尔效应的这个不等效关系,可以方便地检测半导体材料究竟是空穴导电(P 型半导体),还是电子导电(N 型半导体).

通过霍尔效应,更应该坚定这样的认识:无论怎样的等效关系,只有经受起物理规律的检验,才是可靠的、合理的.

霍尔效应在科学研究和生产实践中有着广泛的应用,也是物理学习中一个非常重要的知识点,这里正、负电荷反向运动的不等效关系值得进一步加以体会.

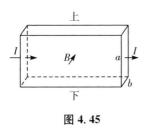

图 4.45

例题 6(2013 重庆) 如图 4.45 所示,一段长方体形导电材料,左右两端面的边长都为 a 和 b,内有带电量为 q 的某种自由运动电荷.导电材料置于方向垂直于其前表面向里的匀强磁场中,磁感应强度大小为 B.当通过从左到右的稳恒电流 I 时,测得导电材料上、下表面之间的电压为 U,且上表面的电势比下表面的低.由此可得该导电材料单位体积内自由运动电荷数及自由运动电荷的正负分别为( ).

A. $\dfrac{IB}{|q|aU}$,负 B. $\dfrac{IB}{|q|aU}$,正

C. $\dfrac{IB}{|q|bU}$,负 D. $\dfrac{IB}{|q|bU}$,正

分析与解答 画出正视图(图 4.46),根据上表面电势比下表面低的条件,可知自由运动的电荷一定带负电荷——其定向移动的方向从右至左,受到的洛伦兹力向上.

通以恒定电流后,带负电的运动电荷向上偏移,使上下两侧间形成电势差,即建立了电场(称为霍尔电场).这个电场将阻碍自由运动的电荷偏移,但开始时洛伦兹力大于霍尔电场力,电荷继续偏移,最后达到动态平衡时,上下两侧形成稳定的电势差 U(称为霍尔电势).

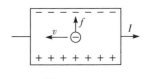

图 4.46

设电荷定向移动的速度为 v,由电流强度与电荷的微观运动速度的关系知

4 运用等效变换的基本原则

$$I = nqv \cdot S = nqv \cdot ab \qquad ①$$

设稳定时的霍尔电场强度为 E，根据场强与电势差的关系和稳定时电荷受力平衡条件，有

$$qE = q \cdot \frac{U}{a} = qvB \qquad ②$$

从式②得 $v = \dfrac{U}{aB}$，代入式①，即得单位体积内自由运动的电荷数

$$n = \frac{I}{q \cdot ab \cdot v} = \frac{IB}{qbU}$$

所以，C 正确.

说明 霍尔效应是运动电荷受到洛伦兹力作用产生的，达到稳定电势差时实际上处于动态平衡状态. 由解答结果表达式可知，电势差的大小为

$$U = \frac{IB}{nqb}$$

当磁感应强度 B 和电流强度 I 恒定时（q、n 可看成恒定），霍尔电势差的大小并非与上下两侧的间距有关，而是与导体板的厚度 b 有关，这是很让人意想不到的结果，却是千真万确的事实.

5 等效方法在中学物理学习中的指导作用

前面对等效方法在科学认识中的作用作了介绍,其中最辉煌的成就,当然莫过于爱因斯坦以此为前提所创建的广义相对论了.

在中学物理学习中,等效方法在指导我们学习和运用物理知识方面,同样有着极为重要的作用.概括起来,主要体现在以下四个方面.

深化认识

等效方法是认识上的一次飞跃,不能把它简单地、狭隘地理解为仅是一种解题技巧.通过等效变换,往往能帮助我们拨开表面现象的迷雾,透过错综复杂的次要因素,直达问题的本质,从而使我们对所研究对象的物理实质看得更深、更透.下面,以中学物理常用的仪器为例加以说明.

我们知道,许多机械和仪器的实际结构一般都是很复杂的,但从总体作用来说,往往都可作简单的等效代换.这样,就容易从基本原理上,也就是从整个机械或仪器的物理实质上去把握它的功能,进而再进行细部分析,洞察各部分的奥秘.

托盘天平

图 5.1(a) 所示的是实验室常用的托盘天平,使用简单、方便,我

们在初中物理学习中就已经认识了.托盘天平的基本原理可以等效为一个等臂杠杆,如图 5.1(b) 所示,因此平衡时可以用砝码的质量数表示被称物体质量的多少.

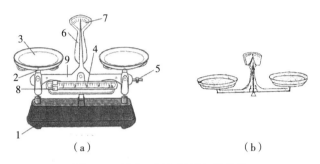

图 5.1　托盘天平与等臂杠杆等效

1.底座；2.托盘架；3.托盘；4.标尺；5.平衡螺母；6.指针；7.分度盘；8.游码；9.横梁

不过你是否想过这样的问题:为什么物体(或砝码)放在盘中的任何地方,都不会影响称量结果呢?这里的奥秘就在于它有着一套巧妙的复式杠杆(罗伯威尔结构).显然,在学习托盘天平时,完全不必关注这套结构,只需利用与其等效的简单杠杆原理,从物理实质上去认识它的原理,掌握其使用方法.将一个有着复杂结构的仪器,等效为简单的模型,这就是等效方法的作用.

托盘天平的复式杠杆及其作用

如图 5.2 所示,托盘架下 AC、BD 为连杆,CE、DE' 为拉杆,E 和 E' 端的孔都安装在同一根固定的转轴 O' 上,$OACO'$ 和 $OBDO'$ 构成了两个完整的平行四边形结构,这种结构称为罗伯威尔结构.它的重要作用是能够自动抵消被称物体和砝码不在天平托盘中央时带来的影响.

如图 5.3 所示,当被称物体(质量为 m)偏离称盘中央 H 位于 P 时,$PHAC$ 相当于一个曲臂杠杆,A 为支点.物 m 对盘的压力有使连杆 AC 向逆时针方向转动的趋势,于是拉杆 CE 对固定轴 O' 产生一个向右的压力,同样 EC 对 C 产生一个向左的推力 F.这个推力对 C 的作用将阻止 AC 的逆时针转动.由杠杆平衡条件,有

$$F \cdot \overline{CA} = mg \cdot \overline{PA}$$

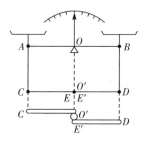

图 5.2　托盘天平的复式杠杆

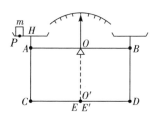

图 5.3　被称物体偏离中心的情况

对横梁来说,重物 m 的压力有使横梁逆时针方向转动的趋势,其力臂为 $PO = PA + AO$.连杆的 C 端所受向左的推力 F 有使横梁向顺时针方向转动的趋势,其力臂为 CA.所以,左盘中放上被称物体后对横梁的力矩为

$$M = mg \cdot PO - F \cdot CA = mg(PA + AO) - F \cdot CA = mg \cdot AO$$

显然,其结果与被称物体放在秤盘中央时对横梁的效果相同.因此,被称物体和砝码位置不在秤盘中央时也不会影响称量结果.

电流表　电压表

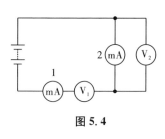

图 5.4

先来考虑这样一个问题:如图 5.4 所示,电路中有两个相同的电流表和两个相同的电压表.两个电流表的示数分别为 $I_1 = 100$ mA、$I_2 = 99$ mA,电压表 1 的示数 $U_1 = 10$ V,则电压表 2 的示数 U_2 为多大?

一些同学看到这个题目不知所措.因为从初中物理开始,"电流表要串联,电压表要并联"的使用规则已背得滚瓜烂熟,如今图中的

5 等效方法在中学物理学习中的指导作用

电流表和电压表都是既有串联,又有并联,它们的指示值究竟表示什么意思呢?

为什么这些同学会感到"迷茫"呢?原因是他们对这两种电表的物理实质缺乏足够的认识.我们知道,电流表和电压表都是用一块小量程磁电式电流表加了分流电阻和分压电阻组成的,它们的基本电路如图 5.5 和图 5.6 所示.

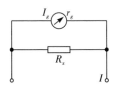
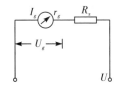

图 5.5 电流表的电路　　图 5.6 电压表的电路

设原来小量程电流表的满偏电流为 I_g,表内线圈电阻为 r_g,接入分流电阻 R_x 后改装为量程 I 的电流表,接入分压电阻 R_x 后改装为量程 U 的电压表,改装后的总电阻(即电流表的内电阻和电压表的内电阻)分别为

$$R_A = R_x \mathbin{/\mkern-6mu/} r_g = \frac{R_x r_g}{R_x + r} = \frac{I_g r_g}{I} \ll r_g$$

$$R_V = R_x + r_g = \frac{U}{I_g} \gg r_g$$

如果改装后电表的量程越大,则电流表的内电阻 R_A 就越小,电压表的内电阻 R_V 就越大.所以,在这个意义可以形成下列的等效关系:

电流表 ——等效于——→ 能显示电流的小电阻

电压表 ——等效于——→ 能显示电压的大电阻

在许多涉及电表的问题中,如果能够从这个等效意义的物理实质上去认识电流表和电压表,就不至于被表面现象所蒙蔽了.上面这

个问题,根据这样的等效关系很容易解答.(参考答案:$U_2=0.1$ V)

例题 有两个电压表 A 和 B,量程已知,内阻不知等于多少;另有一干电池,它的内阻不能忽略,但不知等于多少.只用这两只电压表、电键和一些连接用的导线,通过测量计算出这个电池的电动势(已知电动势不超过电压表的量程,干电池不允许拆开):

(1) 画出你测量时所用的电路图;

(2) 以测得的量作为已知量,导出计算电动势的公式.

分析与解答 (1) 测量电路如图 5.7 和图 5.8 所示.

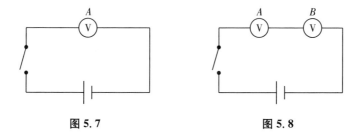

图 5.7 图 5.8

(2) 先按图 5.7 用任意一个电压表(如 V_A)与电源连接,记下示数 U_A;再按图 5.8 将两电压表与电源串联,记下每个电压表的示数 U_A'、U_B.

设电压表(V_A)的内阻为 R_A,电源电动势为 E、内阻为 r,对两电路由闭合电路欧姆定律得

$$E = U_A + \frac{U_A}{R_A}r \qquad ①$$

$$E = U_A' + U_B + \frac{U_A'}{R_A}r \qquad ②$$

在这两个独立方程中,却包含着三个未知量 E、r、R_A,因此在常规情况下是无法求解的.但是,仔细考察后可以发现,这两个方程中都包含着 (r/R_A) 这个因子.如果把 (r/R_A) 作为一个新的未知量 Z,于是就转化成二元 $(E、Z)$ 一次方程组.因此方程①、②可写成

$$Z = \frac{E - U_A}{U_A} = \frac{E}{U_A} - 1 \qquad ③$$

$$Z = \frac{E - U'_A - U_B}{U'_A} = \frac{E - U_B}{U'_A} - 1 \qquad ④$$

联立③、④两式,得电池的电动势

$$E = \frac{U_A U_B}{U_A - U'_A}$$

说明 这是早期的一个高考题,测量中首次出现把电压表串联使用.由于它跟许多同学的习惯思维不同,当年曾给许多同学造成困难.本题除了从等效的意义上认识电压表外,还有两个特点:① 可以有多种解法,如先把两表分别接到电源两端,再把两表串联(或并联)后接到电源两端等,并且用不同方法测得电动势的表达式也不同,有兴趣的读者可以自行练习比较. ② 列出的独立方程只有两个,却包含三个未知数,需要引入参量求解.因此,本题可谓"经典",极具指导意义,值得好好体会.

多用表电阻挡

多用表是电学测量和电子技术中常用的仪表.它能够测量交、直流电压、电流和电阻等.观看一张实际多用表的电路原理图相当复杂,除了在测量交流电压和电流时需要加入整流元件外,难点主要反映在电阻的测量上.

由于电阻测量的范围大($0 \sim \infty$),面板的分度非常有限,为了减小测量不同范围内电阻的读数误差,应使指针的偏转尽可能位于中央附近,实际多用表的电阻挡常常需要分成几种不同的量程,如 $R \times 1\ \Omega$、$R \times 10\ \Omega$、$R \times 100\ \Omega$、$R \times 1\ \mathrm{k}\Omega$、$R \times 10\ \mathrm{k}\Omega$ 等.使用时,通过转换开关,选择合理的倍率,于是就形成了转换开关、测量线路相互关联的巧妙结构,并且各个产品又都有不同的设计方法,所以打开多用表的后盖,会看到很复杂的电路结构.

多用表电阻挡倍率转换的原理——倍率转换实质上就是设法改变两表笔短路时的满偏电流(称为工作电流).

设表内电池工作电压恒定为 E,标准挡($R\times 1\ \Omega$)的中值电阻 R_{T1},则其工作电流

$$I_{T1}=\frac{E}{R_{T1}}$$

当倍率扩大 10 倍为 $R\times 10\ \Omega$ 挡时,指针居中的中值电阻 $R_{T2}=10R_{T1}$,两表笔短路时的电流

$$I_{T2}=\frac{E}{R_{T2}}=\frac{E}{10R_{T1}}=\frac{1}{10}I_{T1}$$

即 $R\times 10\ \Omega$ 挡的工作电流为标准挡的 1/10. 其他倍率挡同理. 因此,一般情况下,当倍率比标准挡扩大 n 倍时,工作电流就相应减小为标准挡的 I/n,电路灵敏度提高 n 倍.

图 5.9 中电表的满偏电流 $I_g=40\ \mu A$、内阻 $r_g=2000\ \Omega$,设计有四个直流电流挡. 若以 50 mA 为电阻标准挡的工作电流,则倍率为 $R\times 10\ \Omega$、$R\times 100\ \Omega$、$R\times 1\ k\Omega$ 挡的工作电流应分别选用 5 mA、500 μA 和 50 μA,从而构成有四个挡位的欧姆表. 旋转开关时,可以实现不同测量要求和量程的联动,非常方便.

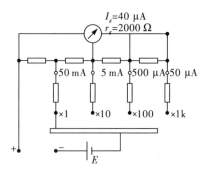

图 5.9 不同量程的工作电流不同

但是,从电阻测量的基本原理来说,多用表的电阻档可以等效为

表头(小量程电流表)与一个电池、一个可变电阻器简单的串联电路,如图 5.10 所示.

当红、黑两表短路时,调节可变电阻 R_0(称为调零电阻)使指针满偏. 设电表的满偏电流为 I_g,由闭合电路欧姆定律知

$$I_g = \frac{E}{r + r_g + R_0} = \frac{E}{R_中}$$

式中,$R_中 = r + r_g + R_0$ 称为综合内阻(又叫中值电阻).

当两表笔间接有电阻 R_x 时,通过表头的电流为

$$I_x = \frac{E}{r + r_g + R_0 + R_x} = \frac{E}{R_中 + R_x}$$

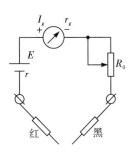

图 5.10 多用表原理图

由于通过电表的电流随被测电阻 R_x 而变化(但不是线性函数),两者间有着一一对应的关系,因此可以根据电流的大小(即指针的偏转多少)测量未知电阻. 建立了这样的一个等效变换关系,就很容易掌握多用表电阻测量的原理了.

多用表的应用很灵活,不同表型对电阻挡的设计往往有所不同. 但是,无论怎样变化,都可以把它等效为电池与电阻的串联电路. 下面是一个构思很新颖的问题,好好体会有助于深化对多用表等效电路的理解.

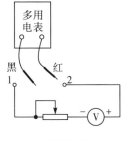

图 5.11

例题(2013 全国新课标) 某学生实验小组利用如图 5.11 所示的电路,测量多用电表内电池的电动势和电阻"×1 k"挡内部电路的总电阻. 使用的器材有:

多用电表;

电压表(量程 5 V、内阻十几千欧);

滑动变阻器(最大阻值 5 kΩ);

导线若干.

回答下列问题:

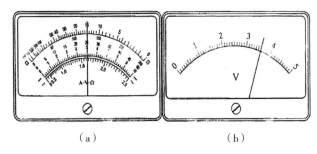

(a)   (b)

图 5.12

(1)将滑动变阻器的滑片调到适当位置,使多用电表的示数如图 5.12(a)所示,这时电压表的示数如图 5.12(b)所示.多用电表和电压表的读数分别为 _____ kΩ 和 _____ V.

(2)调节滑动变阻器的滑片,使其接入电路的阻值为零,此时多用电表和电压表的读数分别为 12.0 kΩ 和 4.00 V.从测量数据可知,电压表的内阻为 _____ kΩ.

(3)多用电表电阻挡内部电路可等效为由一个无内阻的电池、一个理想电流表和一个电阻串联而成的电路,如图 5.13 所示.根据前面的实验数据计算可得,此多用电表内电池的电动势为 _____ V,电阻"×1 k"挡内部电路的总电阻为 _____ kΩ.

分析与解答 (1)多用电表欧姆挡的测量值等于表面指针的示数乘以倍率,即电阻的测量值为

$$15.0 \times 1 \text{ k}\Omega = 15.0 \text{ k}\Omega$$

电压表满偏为 5 V,最小分度为 0.1 V,测量时应该估读到最小分度值下一位,指针正对刻度线时需加"0",得读数为 3.60 V.

(2)调节滑动变阻器的滑片,使其接入电路的阻值为零,多用表

的读数即为电压表的内阻,即 $R_V = 12.0\ \text{K}\Omega$.

(3) 设多用表内电池的电动势为 E,置于"$R \times 1\ \text{k}$"挡时内部电路的总电阻为 r. 根据图 5.13 对多用表所作的等效变换,(1)、(2) 两次测量的示意图如图 5.14(a)、(b) 所示. 设滑动变阻器电阻为 R,电压表的电阻为 R_V,由两次测量值可知,$R = 3.0\ \text{k}\Omega$,$R_V = 12.0\ \text{k}\Omega$,电压测量值分别为 $U_1 = 3.60\ \text{V}$,$U_2 = 4.00\ \text{V}$,根据闭合电路欧姆定律有

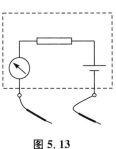

图 5.13

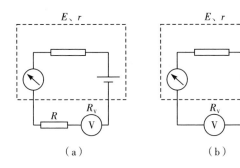

图 5.14

$$E = U_1 + \frac{U_1}{R_V}(R + r)$$

即

$$E = 3.60 + \frac{3.60}{12.0 \times 10^3}(3.0 \times 10^3 + r) \qquad ①$$

$$E = U_2 + \frac{U_2}{R_V} r$$

即

$$E = 4.00 + \frac{4.00}{12.0 \times 10^3} r \qquad ②$$

联立①、②两式,得

$$E = 9.00 \text{ V}, \quad r = 15.0 \text{ k}\Omega$$

说明 本题取自该试题的三个部分,要求利用多用表去测量电压表的电阻,并从等效的角度算出多用表内电池的电动势和总内阻,试题构思超越了常规的使用,显得非常巧妙.一些同学对题中的测量,摸不着头绪,其干扰因素就在于接入了电压表.实际上,这里又包含着一个等效关系——电压表可以等效于一个能显示自身电压的大电阻,其示数就是本身电阻 R_V 上的电压.有了这样的认识,就很容易根据图 5.14 列式计算了.

照相机

照相机是大家很熟悉的光学仪器.初中物理学习中已经知道,其成像光路如图 5.15 所示——从位于镜头 2 倍焦距外的物体上反射的光,经镜头折射后,在镜后 2 倍焦距与 1 倍焦距间的底片上,形成倒立、缩小的实像.

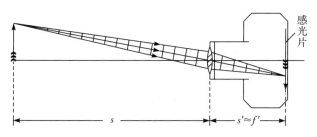

图 5.15 照相机的成像原理光路图

在这里,将照相机的镜头等效于一个凸透镜,就是已经把握了它基本的物理实质.

实际上,从很普通的照相机直到极为高级的各类照相机,其光学镜头都是由好几个不同的透镜(凸的、凹的、平凸、凹凸等)胶合而成的.目的是为了消除因棱镜效应产生的色差、各部分放大率不同产生的像差等因素,提高成像质量.所以,照相机(及其他光学仪器)的设计,需要仔细考虑从物体上所反射的光经过各个透镜所产生的作用,是一项非常复杂、艰辛的工作.但从镜头的总体作用来说,它都可以等效为凸透镜.这样,我们就可以抓住它的物理本质,便于认识它的原理了.

目前摄影爱好者普遍使用的照相机是"单反机".它的摄影曝光光路和取景光路共用一个镜头,从外界景物的光通过照相机内的一块平面反光镜将两个光路分开,故称为"单镜头反光摄影机"(简称"单反机").其特点是从取景框看到的与摄得的像完全一致.它的取景光路和成像光路如图 5.16 所示.

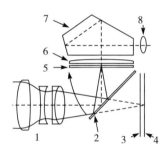

图 5.16 单反机的取景光路和成像光路

1.镜头;2.反光镜(按快门时被收起);3、4.CCD;5.取景屏;6.凸透镜;7.五棱镜;8.取景框接目镜

实际上照相机除镜头由多个透镜胶合外,取景光路也很巧妙.下面这个例题可以帮助我们从独特的匠心设计领略到基础知识在高端仪器中的应用.

例题(2013　江苏)　图 5.17 为单反照相机取景器的示意图,$ABCDE$ 为五棱镜的一个截面,$AB \perp BC$.光线垂直 AB 射入,分别在 CD 和 EA 上发生反射,且两次反射的入射角相等,最后光线垂直 BC 射出.若两次反射都为全反射,则该五棱镜折射率的最小值是多少?(计算结果可用三角函数表示)

分析与解答　根据题意画出五棱镜中的光路如图 5.18 所示.由几何知识知,光线在 CD 面和 AE 面上的入射角均为 $\alpha = 22.5°$.

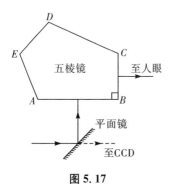
图 5.17

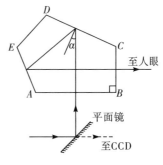
图 5.18 单反机中五棱镜的光路

根据全反射临界角条件,得折射率的最小值为

$$n = \frac{1}{\sin 22.5°}$$

说明 五棱镜(又称五角棱镜)是中学物理中不多见的光学元件.它最主要特点是,从一直角边(如 AB)入射的光,无论入射角多大,经过反射后的出射光线与入射光线的夹角一定等于 $90°$.

5.2 活化思维

在学习中,当思维陷于僵化、停滞的时候,由等效方法引燃的智慧火花,常会给你带来希望的曙光,从而顺利地突破困难.或者,由等效方法唤起的灵感,引导你构筑出一条别致的思路,从而巧妙地化难为易.下面这些问题,通过与常规方法的比较,可以使你非常深刻地体会到等效方法在活化思维方面的作用.

例题 1 六块长度均为 $l=1\text{ m}$ 的相同均质木板,叠在一起伸出桌面外,要求最下面的一块不离开桌面,各板又尽量往外伸出,那么最上面的一块离开桌边的距离是多少?

常规解法 设六块木板从上而下的编号依次为 1、2、3、4、5、6,上面一块伸出下面一块(包括桌面)的距离分别为 x_1、x_2、x_3、x_4、x_5、

x_6,如图 5.19 所示. 每块板的重力为 G.

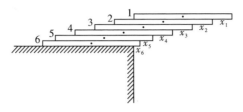

图 5.19

第 1 号板伸出最远时,它的重心正好位于第 2 号板的棱边上方,故 $x_1 = \dfrac{1}{2}$ m.

把第 1、2 两号板看成一个整体,其重力为 $2G$. 伸出最大距离时它们的公共重心应位于第 3 号板的棱边上方,故 $x_2 = \dfrac{1}{4}$ m.

第 3 号板伸出下方为 x_3,用第 4 号板的棱边为轴,由力矩平衡条件

$$2G \cdot x_3 = G\left(\dfrac{l}{2} - x_3\right) \quad \Rightarrow \quad x_3 = \dfrac{1}{6}l = \dfrac{1}{6} \text{ m}$$

接着,把第 1、2、3 号板作为一个整体,其公共重心落在第 4 号板的棱边,由力矩平衡条件

$$3G \cdot x_4 = G\left(\dfrac{l}{2} - x_4\right) \quad \Rightarrow \quad x_4 = \dfrac{1}{8}l = \dfrac{1}{8} \text{ m}$$

同理,对第 5 号板、第 6 号板可分别由力矩平衡条件得 x_5 与 x_6,即

$$4G \cdot x_5 = G\left(\dfrac{l}{2} - x_5\right) \quad \Rightarrow \quad x_5 = \dfrac{1}{10}l = \dfrac{1}{10} \text{ m}$$

$$5G \cdot x_6 = G\left(\dfrac{l}{2} - x_6\right) \quad \Rightarrow \quad x_6 = \dfrac{1}{12}l = \dfrac{1}{12} \text{ m}$$

所以,最上面的第 1 号伸出桌面的最大距离为

$$x = x_1 + x_2 + x_3 + x_4 + x_5 + x_6$$
$$= \left(\dfrac{1}{2} + \dfrac{1}{4} + \dfrac{1}{6} + \dfrac{1}{8} + \dfrac{1}{10} + \dfrac{1}{12}\right) \text{ m} = 1.225 \text{ m}$$

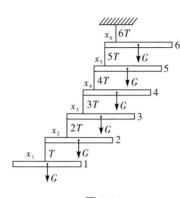

图 5.20

等效变换解法　如果我们用悬线代替棱边,用悬挂代替叠放,把原来六块板倒着排列,最上面吊起的为第 6 号板,往下依次是 5、4、3、2、1 号板,如图 5.20 所示.显然,原题的效果保持不变.

作了这样一个变换,就变成了一个较简单的杠杆平衡问题.由下而上各悬线中的张力依次为 T、$2T$、$3T$、$4T$、$5T$、$6T$,于是,一下子就可算出 x_1、x_2、x_3、x_4、x_5、x_6 的值,同样得

$$x = 1.225 \text{ m}$$

比较两种解法,可以看到,采用了整体等效方法后可以避开并合质量的麻烦,显得更为方便.

当然,这样一条等效变换的思路,只有对物理原理透彻理解,在等效方法的运用已比较熟练时,才能脱颖而出.同学们欣赏后,一定也会津津乐道的.

例题 2　从离开地面高 $h = 20$ m 处由静止下落一个小球,与地面碰撞后弹起的高度 $h_1 = \dfrac{3}{4}h$.然后又下落与地面相碰后再弹起.若每次弹起的高度都为本次下落高度的 $\dfrac{3}{4}$,如此反复直至静止,试求小球通过的总路程是多少?空气阻力不计.

常规解法　小球运动的示意图如图 5.21 所示.图中各段距离分别为

$$h_1 = \frac{3}{4}h$$

$$h_2 = \frac{3}{4}h_1 = \left(\frac{3}{4}\right)^2 h$$

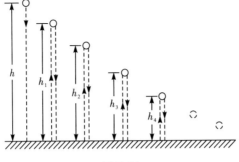

图 5.21

$$h_3 = \frac{3}{4}h_2 = \left(\frac{3}{4}\right)^3 h$$

……

$$h_n = \left(\frac{3}{4}\right)^n h$$

从第一次反弹的高度 h_1 开始的各次反弹高度($h_1, h_2, h_3, \cdots, h_n$)组成一无穷递减等比数列,其公比 $q = \frac{3}{4}$.由数列求和公式知,每次单程的总和为

$$s' = \frac{a_1}{1-q} = \frac{\frac{3}{4}h}{1-\frac{3}{4}} = 3h$$

所以,小球从开始下落到静止通过的总路程为

$$s = h + 2s' = 20 \text{ m} + 2 \times 3 \times 20 \text{ m} = 140 \text{ m}$$

等效变换解法 由于每次下落后的反弹高度恒为下落时的 $\frac{3}{4}$,因此可以把原来的物理过程进行变换:

原来小球运动中不受阻力,与地面相碰有能量损失	等效于	小球运动中受到恒定阻力 f,与地面相碰时无能量损失

对其中任意一次的下落—反弹过程,小球重力势能的减少都等

于下落—反弹过程中克服阻力的功,即

$$\frac{1}{4}mgh_i = fh_i + f \cdot \frac{3}{4}h_i = \left(1 + \frac{3}{4}\right)fh_i$$

得

$$f = \frac{1}{7}mg$$

小球从开始下落到静止,小球重力势能的减小应等于整个路程中克服重力的功,即

$$mgh = fs = \frac{1}{7}mgs$$

得

$$s = 7h = 140 \text{ m}$$

采用这样一个过程等效法,就把原来"纯运动学"中有关路程的数列求和问题转化为一个功能转换问题,计算上方便不少,而且不易因疏忽了上跳的这段路程误算为 $s = h + s'$. 下面是一个类似的问题,你能否采用等效变换的方法,比较快捷地解答?试试吧!

练习题

一个质量为 m 的物体,从离开倾角为 α 的斜面底部 x_0 处、以初速度 v_0 运动,物体与斜面间的动摩擦因数为 μ. 物体滑到底部时与垂直斜面的弹性墙发生碰撞,不损失机械能地反弹,以后又下滑、反弹,如此往返直至静止(图5.22).试求物体从开始运动到静止所通过的总路程.

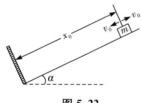

图 5.22

参考答案:$s = \dfrac{v_0^2 + 2gx_0\sin\alpha}{2\mu g\cos\alpha}$

提示:根据其初始条件(总机械能)和最终效果(静止于斜面底部)对原来的物理过程进行变换——用一个水平单向运动等效替代原来斜面上的往返运动(图5.23),

即可得解.

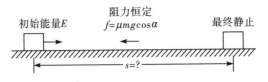

图 5.23

例题 3(2003 辽宁综合) 如图 5.24 所示,一质量为 M 的楔形木块放在水平桌面上,它的顶角为 $90°$,两底角为 α 和 β. a、b 为两个位于斜面上质量均为 m 的小木块,已知所有接触面均是光滑

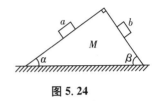

图 5.24

的,现发现 a、b 沿斜面下滑,而楔形木块保持不动,那么这时楔形木块对水平桌面的压力等于( ).

A. $Mg + mg$

B. $Mg + 2mg$

C. $Mg + mg(\sin \alpha + \sin \beta)$

D. $Mg + mg(\cos \alpha + \cos \beta)$

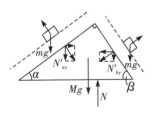

图 5.25

常规解法 隔离 a、b 和 M,画出相关受力图如图 5.25 所示.两木块下滑时对楔形木块侧面的压力分别为

$$N_{ay} = mg\cos \alpha, \quad N_{by} = mg\cos \beta$$

它们的竖直分量分别为

$$N'_{ay} = N_{ay}\cos \alpha = mg\cos^2 \alpha$$
$$N'_{by} = N_{by}\cos \beta = mg\cos^2 \beta$$

由楔形木块在竖直方向的力平衡条件知,水平桌面的支持力

$$N = Mg + N'_{ay} + N'_{by} = Mg + mg(\cos^2 \alpha + \cos^2 \beta)$$
$$= Mg + mg(\sin^2 \beta + \cos^2 \beta) = Mg + mg$$

根据牛顿第三定律得楔形木块对水平桌面的压力为 $Mg+mg$，A 正确.

等效变换解法 木块 a 沿侧面加速下滑，其加速度的竖直分量为

$$a_y = g\sin\alpha \cdot \sin\alpha = g\sin^2\alpha$$

如图 5.26 所示. 引入等效重力加速度

$$g' = g - a_y = g - g\sin^2\alpha = g\cos^2\alpha$$

因此，木块 a 下滑时对楔形木块的向下压力为

$$F_{ay} = mg' = mg\cos^2\alpha$$

同理，木块 b 下滑时对楔形木块的向下压力为

$$F_{by} = mg\cos^2\beta$$

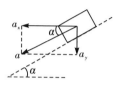

图 5.26

所以桌面支持力为

$$N = Mg + F_{ay} + F_{by} = Mg + mg(\cos^2\alpha + \cos^2\beta) = Mg + mg$$

所以，A 正确.

例题 4 体育课上进行推铅球训练. 假设一位同学推出铅球时离开地面的高度为 h、铅球的初速度为 v_0，那么铅球可能达到的最大射程是多少？

常规解法 这是一个求最佳抛射角的极值问题，通常取抛出点为坐标原点，沿水平方向、竖直方向建立直角坐标系（图 5.27）. 设抛射角为 θ（即初速度方向与 x 轴正方向之间的夹角），运动时间为 t，则

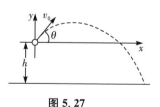

图 5.27

$$x = v_0\cos\theta \cdot t \qquad ①$$

$$y = -h = v_0\sin\theta \cdot t - \frac{1}{2}gt^2 \qquad ②$$

由式①得 $t = \dfrac{x}{v_0 \cos \theta}$，代入式②，则

$$-h = \tan \theta \cdot x - \dfrac{gx^2}{2v_0^2 \cos^2 \theta}$$

整理后得

$$gx^2 \tan^2 \theta - 2v_0^2 x \tan \theta + (gx^2 - 2v_0^2 h) = 0$$

解方程得

$$\tan \theta = \dfrac{2v_0^2 x \pm \sqrt{4v_0^4 x^2 - 4gx^2(gx^2 - 2v_0^2 h)}}{2gx^2}$$

要求 $\tan \theta$ 有实数解，其判别式必须满足条件

$$\Delta = 4v_0^4 x^2 - 4gx^2(gx^2 - 2v_0^2 h) \geqslant 0$$

即

$$x \leqslant \sqrt{\dfrac{(2gh + v_0^2)v_0^2}{g^2}} = \dfrac{v_0}{g}\sqrt{2gh + v_0^2}$$

所以，最大射程为

$$X = \dfrac{v_0}{g}\sqrt{2gh + v_o^2}$$

等效变换解法 把铅球原来在地面坐标系中的运动，等效成两个运动：一个是铅球沿初速度方向的匀速直线运动；另一个是地面以加速度 $a = g$ 向上的匀加速直线运动. 经时间 t 后，铅球始终位于半径为 $v_0 t$ 的圆周上，地面则位于平行于 x 轴的直线上(图 5.28). 它们的轨迹方程分别为

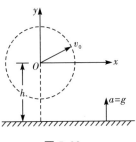

图 5.28

$$x^2 + y^2 = (v_0 t)^2 \qquad ③$$

$$y = \dfrac{1}{2}gt^2 - h \qquad ④$$

这两个运动方程的交点就是铅球的落点. 由式④得 t^2，代入式③，再

经配方后得

$$x^2 = -y^2 + \frac{2v_0^2 y}{g} + \frac{2v_0^2 h}{g} = -\left[y - \left(\frac{v_0^2}{g}\right)\right]^2 + \left(\frac{v_0^2}{g}\right)^2 + \frac{2v_0^2 h}{g}$$

或

$$x = \sqrt{-\left(y - \frac{v_0^2}{g}\right)^2 + \frac{v_0^4}{g^2} + \frac{2v_0^2 h}{g}}$$

可见,当 $y - \dfrac{v_0^2}{g} = 0$ 时,有最大射程,其值为

$$X = \frac{v_0}{g}\sqrt{v_0^2 + 2gh}$$

说明 本题经等效变换后,不仅数学运算比较简单,更是对活跃思维有很大的启发.虽然平时都认识到参考系的选择是任意的,但是却很少想过让地面"动起来".这样的变换,可使我们进一步体会到"坐火车到北京"与"北京来到了我的面前"在处理物理问题上是等价的.

例题 5 在电场强度为 E 的水平匀强电场中,以初速度 v_0 竖直向上射出一个质量为 m、带电量为 $+q$ 的小球(图 5.29),试求小球在运动过程中的最小速度和达到最小速度的时间.

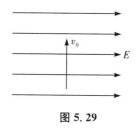

图 5.29

常规解法 小球射出后,水平方向在恒定的电场力作用下做初速度为零的匀加速运动;竖直方向在重力作用下做匀减速运动.取水平和竖直方向建立平面坐标系 Oxy,经时间 t 后,小球的速度分量分别为

$$v_x = at = \frac{qE}{m}t, \quad v_y = v_0 - gt$$

其合速度为

$$v = \sqrt{v_x^2 + v_y^2} = \sqrt{(at)^2 + (v_0 - gt)^2}$$

对上式配方后得

$$v = \sqrt{v_0^2 - \left(\frac{v_0 g}{\sqrt{g^2+a^2}}\right)^2 + \left(t\sqrt{g^2+a^2} - \frac{v_0 g}{\sqrt{g^2+a^2}}\right)^2}$$

当满足条件

$$t\sqrt{g^2+a^2} - \frac{v_0 g}{\sqrt{g^2+a^2}} = 0$$

时,即经历时间

$$t = \frac{v_0 g}{g^2+a^2} = \frac{v_0 g}{g^2 + \left(\frac{qE}{m}\right)^2} = \frac{v_0 m^2 g}{(mg)^2 + (qE)^2}$$

小球的速度有最小值,其值为

$$v_{\min} = \sqrt{v_0^2 - \left(\frac{v_0 g}{\sqrt{g^2+a^2}}\right)^2} = \frac{v_0 qE}{\sqrt{(mg)^2 + (qE)^2}}$$

等效变换 把小球所受的电场力和重力合成为一个等效重力,如图 5.30 所示,则

$$g' = \sqrt{g^2 + a^2}$$

或

$$mg' = \sqrt{(mg)^2 + (qE)^2}$$

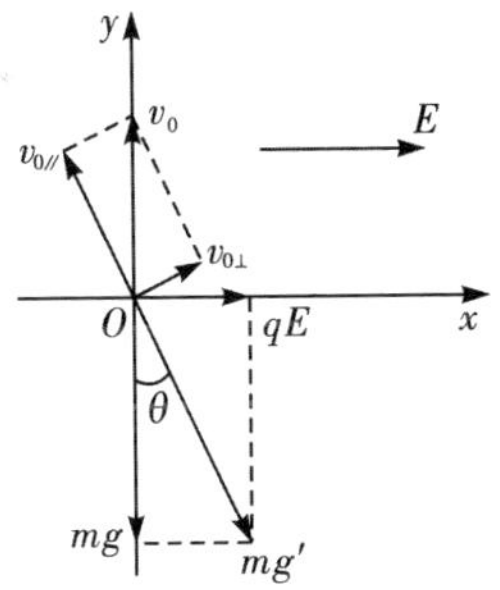

设等效重力场方向与重力方向间夹角为 θ. 将初速度 v_0 分解为沿着 g' 和垂直 g' 的两个分量,即

$$v_{0/\!/} = v_0 \cos\theta, \quad v_{0\perp} = v_0 \sin\theta$$

则当沿 $-g'$ 方向的分速度 $v_{/\!/} = 0$ 时,小球速度有最小值. 其值为

$$v_{\min} = v_{0\perp} = v_0 \sin\theta = \frac{v_0 qE}{\sqrt{(mg)^2 + (qE)^2}}$$

图 5.30

经历的时间就是小球以 $v_{0/\!/}$ 在等效重力场 g' 中"竖直上抛"到最高点的时间,即

$$t = \frac{v_{0/\!/}}{g'} = \frac{v_0\cos\theta}{\sqrt{g^2+a^2}} = \frac{v_0 g}{g^2+a^2} = \frac{v_0 m^2 g}{(mg)^2+(qE)^2}$$

说明 引入等效重力后,不仅可以避开配方求极值这一相当繁复的数学计算,而且小球的速度取最小值及其所经历时间的物理情景更为清晰,完全是从物理意义上获得结果的.

例题 6 在水平的光滑绝缘桌面上,放置一个半径为 R 的导线环,并通以恒定电流 I.穿过导线环垂直桌面向下有一个匀强磁场,磁感应强度为 B,如图 5.31 所示.试求导线环各截面间的张力.

常规解法 把圆环分成许多小段,任取其中的一小段 ab 作为研究对象,它所对的圆心角为 $\Delta\theta$,如图 5.32 所示.它在水平面内,受到两端导线对它的张力 T 和安培力 F 的作用,平衡时满足条件

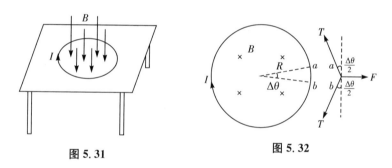

图 5.31　　　　　　　　图 5.32

$$2T\sin\frac{\Delta\theta}{2} = F$$

式中

$$F = BI\Delta l = BIR\Delta\theta$$

由于弧 ab 很小,因此有近似关系 $\sin\dfrac{\Delta\theta}{2} \approx \dfrac{\Delta\theta}{2}$,将它与安培力一起代入平衡方程,即得

$$T = BIR$$

等效变换 把原来的圆环分成两半,取其中的一半作为研究对

象,两端截面所受张为均为 T,整个半环受到的安培力为 F,如图 5.33 所示.

因为半环受到的安培力,等效于作用在长度为直径($2R$)的导线上的力,即

$$F = BI \cdot 2R$$

于是,立即可得张力

$$T = \frac{1}{2}F = BIR$$

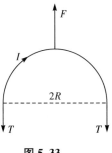

图 5.33

这里,由于采用了分割和以曲代直的两种等效方法后,就把原来采用微元法需要涉及极限概念和近似计算解决的问题,变得十分轻松了.

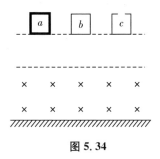

图 5.34

例题 7 如图 5.34 所示,用同样的金属材料制成三个大小相同的线圈 a、b、c,其中线圈 a 较粗,b、c 两个线圈较细,且 a、b 是闭合的,c 是开口的. 它们从同样高度处自由落下,途中经过一个匀强磁场区域后着地. 那么它们运动时间的关系是( ).

A. $t_B = t_{ab} \gg t_{cb} > t_c$

C. $t_b > t_a > t_c$ D. $t_a = t_b > t_c$

E. $t_a = t_b < t_c$

常规解法 a、b 两线圈进入磁场后,因切割磁感线会产生感应电流,受到向上的磁场力阻碍其下落,加速度小于 g. 线圈 c 不受磁场力,以恒定的加速度 g 做自由落体运动. 因此,线圈 c 落得最快,B、C、D 有可能正确.

接下来的关键是比较线圈 a、b 下落的快慢. 设线圈的总长度为 L,每边长为 l,导线的横截面积为 S,导线材料的电阻率为 ρ、密度为

D. 线圈进入磁场时的速度为 v，线圈切割磁感应线产生的感应电流为

$$I = \frac{E}{R} = \frac{Blv}{\rho \frac{L}{S}} = \frac{BlSv}{\rho L}$$

线圈受到向上的安培力为

$$F_B = BIl = \frac{B^2 l^2 Sv}{\rho L}$$

线圈进入磁场后做匀减速运动时的加速度为

$$a = \frac{mg - F_B}{m} = g - \frac{B^2 l^2 Sv}{\rho L \cdot DLS} = g - \frac{B^2 l^2 v}{D\rho L^2} = g - kv$$

式中，$k = \frac{B^2 l^2}{D\rho L^2}$，对两线圈是一个恒量。由此可见，线圈进入磁场后的加速度仅与下落速度有关。由于 a、b 两线圈从等高处下落，进入磁场的速度相同，因此它们在磁场中的加速度也相同，表示应该同时落地。所以，正确的是 D.

等效变换 把粗线圈 a 分割成与 b 同样粗细的若干个细线圈，a 的每个细线圈与线圈 b 的下落情况相同，它们必然同时下落。于是，立即可选出正确答案 D.

在这里，用了一次组合分割等效方法，把原来的计算过程全部抛开了，等效方法展尽了风采。

对下面的练习题，请先提出你的常规解法，然后再思考一下：能否运用等效思维提出更简捷的方法。

练习题

用同种材料制成两个大小相同的矩形导线框 A、B，A 框导线的横截面是 B 框的 2 倍。让它们从同一高度开始自由下落，当下

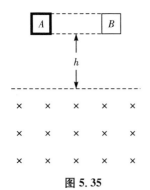

图 5.35

落高 h 后进入同一匀强磁场(图 5.35).当线框完全进入磁场区域的过程中,两框产生的热量之比为多少?

参考答案: $Q_A = 2Q_B$.

5.3 化解疑难

在物理学习中,大家都有过这样的体会:当被难题所困,仿佛已陷于绝境,非常苦恼郁闷的时候,突然领悟到了某个"关节点",顿然显得阳光灿烂了.许多时候,等效方法往往会在这样的领悟中发挥很大的作用.

例题 1 从倾角 $\alpha = 30°$ 的斜面顶端,以初速度 $v_0 = 10 \text{ m/s}$ 水平抛出一个小球(图 5.36),若斜面足够长,试问:从抛出开始经多少时间,小球与斜面间的距离最大?这个最大距离是多少?取 $g = 10 \text{ m/s}^2$.

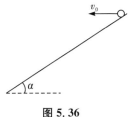

图 5.36

分析与解答 小球抛出后沿抛物线运动,它与斜面间的最大距离就是抛物线顶点到斜面的距离.如果常规地把平抛运动看成水平方向的匀速直线运动和竖直方向的自由落体运动的合成,显然比较麻烦.为此,需要另辟蹊径,可以把重力加速度 g 和初速度 v_0 都沿着垂直斜面和平行斜面分解(图 5.37),即

$$g' = g\cos\alpha, \quad g'' = g\sin\alpha$$
$$v_0' = v_0\sin\alpha, \quad v_0'' = v_0\cos\alpha$$

于是,原来在重力场中的平抛运动,等效于在 g' 力场中以初速度 v_0' 的"竖直"上抛运动和 g'' 力场中以 v_0'' 为初速度的匀加速直线运动.可见,在 g' 力场里小球上抛的最高点(即轨道的最高点)与斜面的距离最大.因此所需时间和最大距离分别为

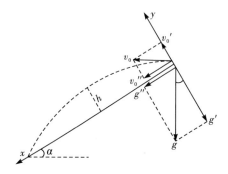

图 5.37

$$t = \frac{v_0'}{g'} = \frac{v_0 \sin\alpha}{g\cos\alpha} = \frac{v_0}{g}\tan\alpha = \frac{10}{10} \times \frac{\sqrt{3}}{3} \text{ s} = 0.58 \text{ s}$$

$$h = \frac{v_0'^2}{2g'} = \frac{(v_0\sin\alpha)^2}{2g\cos\alpha} = \frac{v_0^2}{2g} \cdot \tan\alpha \cdot \sin\alpha$$

$$= \frac{10 \times 10}{2 \times 10} \times \frac{\sqrt{3}}{3} \times \frac{1}{2} \text{ m} = 1.44 \text{ m}$$

说明 运动的分解可以有不同的方法,采用题中分解方法,计算小球离开斜面的最大距离非常方便.如果依然采用常规的方法:将平抛运动等效为水平方向的匀速直线运动和自由落体运动的合成,由

$$x = v_0 t, \quad y = \frac{1}{2}gt^2$$

再结合几何关系,找出经过时间 t,小球离开斜面的表达式,然后根据函数极值求解,显然复杂得多.

那么,采用题中的分解方法,如何计算小球在斜面上的射程?有兴趣的读者可以自行研究、并与常规方法比较,有助于进一步认识这种等效变换方法的特点.

例题 2 两块大小相同的导体板 A、B,分别带有 $Q_A = +3 \times 10^{-8}$ C 的正电荷与 $Q_B = -9 \times 10^{-8}$ C 的负电荷.现使它们互相正对着

靠近组成一个电容量 $C=3\times 10^{-10}$ F 的平行板电容器 (图 5.38),试求其两极板之间的电势差.

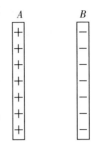

图 5.38

分析与解答 我们知道,平行板电容器两板间的电势差具有这样的特点:当电容器的两板带有等量异号电荷 Q 时,两板间的电势差为 $U=\dfrac{Q}{C}$;当电容器两板带有等量同号电荷时,两板间的电势差为零.

根据这个特点,可对两板的电量作等效处理——把每板原来的带电量分成两部分,即

$$Q_A: Q_{A1}=6\times 10^{-8}\text{ C}, \qquad Q_{A2}=-3\times 10^{-8}\text{ C}$$
$$Q_B: Q_{B1}=-6\times 10^{-8}\text{ C}, \qquad Q_{B2}=-3\times 10^{-8}\text{ C}$$

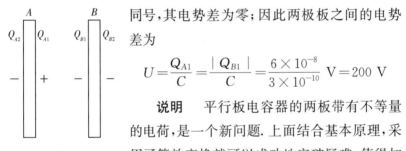

图 5.39

如图 5.39 所示. 由于极板外侧两部分电荷等量同号,其电势差为零;因此两极板之间的电势差为

$$U=\dfrac{Q_{A1}}{C}=\dfrac{|Q_{B1}|}{C}=\dfrac{6\times 10^{-8}}{3\times 10^{-10}}\text{ V}=200\text{ V}$$

说明 平行板电容器的两板带有不等量的电荷,是一个新问题. 上面结合基本原理,采用了等效变换就可以成功地突破疑难,值得加以体会.

也许有同学怀疑,这样"人为"的等效变换得到的结果是否可靠?实际上,它完全符合物理规律. 理论上可以证明,带电量不等的两导体板组成电容器后,电荷重新分布的结果必然是:两板内侧带等量异号电荷,其电量等于两板电量之差的一半;两板外侧带等量同号电荷,其电量等于两板电量之和的一半. 即

$$Q_1=\dfrac{Q_A-Q_B}{2}, \qquad Q_2=\dfrac{Q_A+Q_B}{2}$$

并且,电容器两板之间的电势差仍然由内侧电荷所决定*.

例题 3　如图 5.40 所示,在一块圆形的均匀薄电阻片上开一圆孔,然后按照图中两种方式沿着圆的直径接到同样的恒压电源上,那么在同一时间内两者的发热量 Q_1、Q_2 的大小关系是(　　).

A. $Q_1 > Q_2$　　　　　　B. $Q_1 = Q_2$
C. $Q_1 < Q_2$　　　　　　D. 条件不足,无法判断

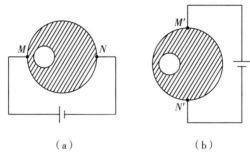

（a）　　　　　　（b）

图 5.40

分析与解答　由焦耳定律可知,电阻上产生的热量为

$$Q = I^2 Rt = \frac{U^2}{R} t$$

当电压和时间相同时,热量的多少取决于电阻的大小.

那么,如何比较这两块不规则电阻片的电阻大小呢？为此,可以设想沿着接入电路的直径 MN 和 $M'N'$ 把电阻片分成两部分,则图(a)中等效于两个相同电阻的并联,图(b)中等效于大小不同的两个电阻的并联.由于图(b)中阻值较小的这半片的电阻值,小于图(a)中每半片的电阻值,并联的结果图(b)中的电阻值一定小于图(a)中的电阻值,可见,图(b)中的电阻片产生的热量多.C 正确.

说明　本题表面上很难判断,采用组合等效方法,将每一块都看成两片电阻的并联,就迎刃而解了.

---

* 参见陈兆立,王溢然.两带电导体板的电荷分布.物理教学,2001(10).

例题 4 用图 5.41 所示的电路测定未知电阻 R_x 的值,图中电源电动势未知,电源内电阻与电流表的内阻可忽略不计,R 为电阻箱.

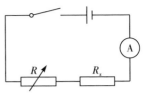

图 5.41

(1) 若要测得 R_x 的值,R 至少取几个不同的数值.

(2) 若电流表每个分度表示的电流值未知,但指针偏转角度与通过的电流成正比,则在用此电路测 R_x 时,R 至少需取 _____ 个不同的数值.

(3) 若电源内阻不可忽略,能否应用此电路测量 R_x? 答:_____.

分析与解答 (1) 这是常见的利用闭合电路欧姆定律的测量问题. 当取两个不同的外电阻 R_1 和 R_2 时,由

$$E = I(R_1 + R_x)$$
$$E = I(R_2 + R_x)$$

联立两式即得被测电阻

$$R_x = \frac{I_1 R_1 - I_2 R_2}{I_2 - I_1}$$

因此 R 至少取两个不同的数值.

(2) 因 R_x 是个确定值,可以将它看成内电阻,则原题就等效于用一个电流表和电阻箱测量电源内阻的问题,所以电阻箱 R 至少取 2 个不同的数值.

(3) 当电源内阻为 r,同理也可以将 $(r+R_x)$ 作为等效内阻. 电阻箱 R 取两个不同的数值时,虽然可以测出等效内阻 $(r+R_x)$,但由于电源内阻 r 未知,所以仍然无法确定 R_x 的值.

说明 本题是 1998 年高考题,其 (2)、(3) 两问特有新意,对熟知的用闭合电路欧姆定律测量电阻的实验作了变化,一些同学在判断

时很感棘手.利用等效思想,转化为用一个电流表和电阻箱测量电源内阻的问题,立即可突破困难,作出判断.

如果不采用等效内阻的方法,通过计算判断,显得比较麻烦.过程如下：

(2)将指针偏角 φ 与电流的正比关系表示为 $I=k\varphi$,根据闭合电路欧姆定律有

$$E=k\varphi_1(R_1+R_x),\quad E=k\varphi_2(R_2+R_x)$$

联立得

$$R_x=\frac{\varphi_1 R_1-\varphi_2 R_2}{\varphi_2-\varphi_1}$$

或者,也可以设每个分度的电流值为 I_0,则偏角 $\varphi_1=n_1 I_0$,$\varphi_2=n_2 I_0$,上式变化为

$$R_x=\frac{n_1 R_1-n_2 R_2}{n_2-n_1}$$

所以,只需取电阻箱的两个值,就可以测量了.

(3)假设对电阻箱取三个不同的值,由闭合电路欧姆定律有

$$E=I_1(r+R_x+R_1)$$
$$E=I_2(r+R_x+R_2)$$
$$E=I_3(r+R_x+R_3)$$

由于 $(r+R_x)$ 为定值,可令 $r'=r+R_x$,联立三式,得

$$r_1'=\frac{I_1 R_1-I_2 R_2}{I_2-I_1},\quad r_2'=\frac{I_2 R_2-I_3 R_3}{I_3-I_2},\quad r_3'=\frac{I_1 R_1-I_3 R_3}{I_3-I_2}$$

可见,只能得到 $(r+R_x)$ 的值,由于电源内阻 r 的值未知,依然无法确定 R_x 的值.

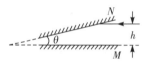

图 5.42

例题 5 如图 5.42 所示,平面镜 M 水平放置,N 倾斜放置并与 M 间形成夹角 $\theta=15°$. 一束离开平面镜 M 的距离为 h 的光,从右向左沿水平方向射至平面镜 N,那么这

束光在两平面镜之间来回反射逗留的时间有多长？已知光速为 c.

分析与解答　为了计算光束在两镜之间的时间，必须先确定光在两镜间反射线的分布规律．如图 5.43 所示，画出光束从 P 射至 a 后的几条光线：

$$Pa \to ab \to bc \to cd \to \cdots$$

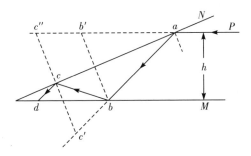

图 5.43

由这样的依次反射去计算时间，显然是十分困难的，必须另辟蹊径．

根据光的反射定律，光线 ab 与 N 镜之间的夹角，一定等于 Pa 与 N 之间的夹角．因此，延长 Pa，取 $ab'=ab$，原来沿 $P\to a\to b$ 折线运动的光等效于沿直线 $P\to a\to b'$ 的运动．同理，从 b 反射到 c，等效于沿 ab 延长到 bc'，又可以等效于沿 $a\to b'\to c''$ 的运动．

依此类推，光束在 NM 两镜间的来回反射，等效于在如图 5.44 所示 N、M' 两镜间沿直线的运动．在 N、M' 两镜间的直线 aa' 的长度为

$$aa' = \frac{2h}{\tan\theta} = \frac{2h}{\tan 15°}$$

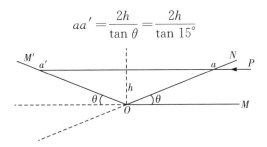

图 5.44

所以光束在两镜间来回反射逗留的时间为

$$t = \frac{aa'}{c} = \frac{2h}{c\tan 15°}$$

说明 本题中将光沿折线的传播等效为沿直线传播的方法——相当于将一系列沿折线的运动等效为直线运动,突破了似乎无法求解的困难,显得非常巧妙.

5.4 指导实验

用等效思想方法指导实验,曾经在能的转化和守恒定律的发现过程中,给予焦耳极大的启发.

1837 年,焦耳研究提高电动机(当时称为磁电机)的功效时注意到了电机和电路的发热现象,促使他对电池产生的电热效应进行定量的研究,从而在 1840 年首先发现了电流热效应定律. 焦耳认为,在电池中燃烧一定量的化学燃料,则在电路中(包括电池本身)就会发出相应的热,和这些燃料在氧气中点火直接燃烧所得到的热应该一样多. 这个意思可表示为

电流热效应定律的发现,使焦耳充分认识到热、化学作用和电流作用之间的等价性,坚定了他对各种能量相互转化的信念. 后来,他矢志不移地做了数百次不同的实验,终于完成了热功当量的测定.

等效思想方法对中学物理实验同样有着重要的指导意义,无论是从实验现象的研究、物理量的测量到物理规律的探索,还是从实验仪器、实验原理、研究对象到实验方法等方面,都常常会渗透着等效思想方法的光辉. 下面,具体地把它归纳为解释实验现象、等效替代测量、转换研究对象以及分析实验误差等几方面,对等效思想方法在实验中的应用作一介绍.

(1) 解释实验现象

用等效方法解释实验现象,常常会显得比较简便、直观,便于理解和接受,下面这两个问题中能使你得到很好的体会.

水中的球

如图 5.45 所示是一个很典型的实验现象. 在托盘秤上盛水的杯中,分别悬挂一个铁球和漂浮着一个木球. 当剪断细线,在铁球下沉过程中(未碰杯底)和木球上浮过程中(未浮出水面),托盘秤的示数如何变化?

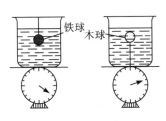

图 5.45

剪断细线后两球在水中的运动过程中,在重力和浮力的作用下分别向下和向上做加速运动,同时相当于有一个等大小的水球做反方向的加速运动. 因此,如果通过建立物理模型、列式进行计算论证,那是相当麻烦的. 比较简便的解释,就是利用等效方法.

铁球下沉时,必然导致同体积的水去填补铁球原来所占据的空间. 从杯中的水和铁球这个整体上说,系统重心位置下降了,等效于系统向下做加速运动,相当于部分失重. 因此,铁球下沉时托盘秤的示数会减小.

木球上浮时,同样会有等体积的水去填补木球原来的空间. 根据题中条件,木球的密度小于水的密度,从整体上说,木球和水的系统重心位置也下降了,因此,木球上浮时托盘秤的示数也会减小.

离心分离器

如图 5.46 所示的离心分离器,充满液体的试管中有 a、b 两个固体颗粒,它们的密度 ρ_a、ρ_b 与液体密度 ρ_0 的关系是 $\rho_a < \rho_0 < \rho_b$. 当试管绕轴快速旋转时,发现颗粒 a 向内运动,颗粒 b 向外运动,这是什么道理?

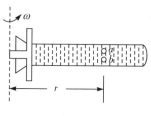

图 5.46

在固体颗粒所在位置取与颗粒同样体积的一块液体,试管旋转时,由周围其他液体的合力提供它做圆周运动所需要的向心力,即

$$F_n = ma_n = m\omega^2 r$$

如果以试管为参考系,等效于有一个沿着半径方向的"重力场"g',这个液块在重力 mg' 和周围液体共同形成的压力(浮力)f 作用下处于平衡状态,就像站在图 5.47 中地平线 MN 上进行分析一样.

现在,把这个液块换成原来的固体颗粒. 由于其体积和位置不变,周围液体对它们产生的压力(浮力)f 不变. 颗粒 a 的密度小于液体的密度,则其等效重力 $m_a g' < f$,因此颗粒 a"上浮"——向转

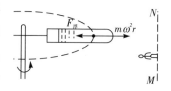

图 5.47

轴靠近;同理,颗粒 b 的密度大于液体的密度,则其等效重力 $m_a g' > f$,自然就"下沉"——远离转轴向管底运动.

圆环的热膨胀

图 5.48(a) 表示一个均匀的薄圆环,当加热后有关圆环半径的变化,初学者中往往会有不同的看法:有的认为受热膨胀后,圆孔内径变小;有的认为变大;也有人认为两种可能都存在. 众说纷纭,莫衷

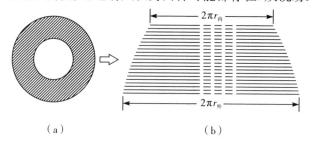

(a)   (b)

图 5.48

5 等效方法在中学物理学习中的指导作用

一是.

利用等效方法,就很容易说明这个问题.把圆环分割成许许多多细丝,并把它们拉直后依次排列起来,如图 5.48(b) 所示.温度升高后,每一条细丝都会增长,由这些细丝围成的圆环,其内径和外径都必然增大.

(2) 等效替代测量

说起等效替代(或变换)测量,自然地会想起一个脍炙人口的故事——曹冲称象.三国时期(公元220～260年)的枭雄曹操的儿子曹冲,为了称出邻邦进贡的一头大象的体重,他命人先把象牵在小船内,待船平稳后,在船舷刻出吃水深度的记号.然后牵出大象,把石块装入船内,直到小船的吃水深度达到刚才的记号处为止.分别称出这些石块的重量后相加,就可知道这头大象的体重了.

曹冲采用的方法就是等效替代(或等效变换),这也是我们现在物理实验中常用的一个方法.例如,用密绕在铅笔上若干圈细金属丝的宽度,替代对金属丝直径的测量;用一个硬币滚动若干圈的直线轨迹,替代对硬币周长的测量等,都是一种简单的等效替代测量方法.

下面,以中学物理中几个很有典型意义的问题为例,具体地认识一下等效替代(或变换)测量的应用.

用复称法测量质量

用天平测量物体的质量,实质上就是用砝码的质量对被称物体质量的一种等效替代.复称法更是将这种等效替代应用到了极致.

大家知道,使用托盘天平时,要求放在水平的桌面上.由于它的结构简单,没有调节水平的装置,常常会因难以观察的倾斜造成两臂长度不等,引起测量的系统误差.

设托盘天平的底板与水平面成某一角度 φ,则其刀口三角形底边也与水平面成倾角 φ,如图 5.49 所示,对应的左右两臂的臂长分

别为

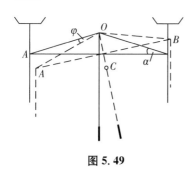

图 5.49

$$l_1 = l\cos(\alpha+\varphi), \quad l_2 = l\cos(\alpha-\varphi)$$

式中，α 为刀口三角形的底角，$l = AO\cos\alpha = BO\cos\alpha$ 为原来的臂长，可见 $l_1 \neq l_2$。

为了消除这种系统误差，一个简单的办法就是复称法．设被测物体的质量为 m，它放在左盘时为使天平平衡，右盘需加砝码的质量为 m_1，由力矩平衡方程

$$mgl_1 = m_1gl_2 + Mgh\sin\varphi \qquad ①$$

式中，M 是横梁（包括指针）的质量，h 是其重心 C 至中央刀口 O 的距离．

当被测物体放在右盘时为使天平平衡，左盘需加砝码的质量为 m_2，同理有

$$mgl_2 = m_2gl_1 - Mgh\sin\varphi \qquad ②$$

一般情况下，底板的倾斜度都不大，①、② 两式中 $Mgh\sin\varphi$ 这一项可略去，于是由两式相乘得被测物体的质量

$$m = \sqrt{m_1 m_2}$$

用替代法测量电阻

用伏安法测量电阻时，无论电流表内接还是外接，都会产生系统误差．为了减小这个误差，可以用电阻箱作为"标准电阻"替代原来的待测电阻．实验电路如图 5.50 所示．具体实验步骤如下：

① 先在 a、b 两端点接入被测电阻 R_x，合上电键 S，调节滑动变阻器，记下电流表和电压表的示数．

② 用电阻箱取代 R_x 接入 a、b 两端间，保持滑动变阻器的位置不变，调节电阻箱，使电流表和电压表的示数与接入 R_x 时相同．

③ 读出电阻箱指示的电阻值,它就等于被测 R_x 的阻值.

显然,采用了这样的替代测量,完全可以排除电表内阻的影响了.

还可以用更简单的替代方法:只需利用电阻箱和一个灵敏电流表,组成如图 5.51 所示电路. 先将电阻箱 R_0 调至某个比较小的电阻值(设为 R_1),使电流表准确指在某刻度上;然后取走被测电阻,调节电阻箱的值(设为 R_2)使电流表仍然指在原来的刻度上. 由

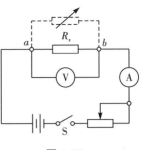

图 5.50

$$R_1 + R_x = R_2 \Rightarrow R_x = R_2 - R_1$$

这种方法无需应用欧姆定律,等效替代的结果一目了然.

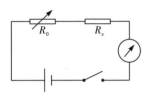

图 5.51

用替代法测凹透镜焦距

在凹透镜焦距的测量中,其中的一个方法就是等效替代法. 实验步骤如下:

① 将凹透镜、凸透镜、光屏从左到右依次竖立在光具座上,并调成共轴(中心位置一致).

② 用平行光照射凹透镜,调节两透镜和光屏的位置,使平行光通过两透镜后会聚于光屏上 S' 处(图 5.52),量出两透镜之间的距离 d.

③ 取走凹透镜,保持凸透镜和光屏的位置不变,将点光源 S 放在凸透镜的主轴上,调节点光源 S 的位置,使点光源 S 通过凸透镜后也成像于 S',量出点光源与凸透镜之间的距离 L.

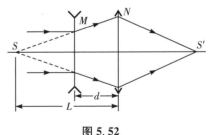

图 5.52

④ 算出凹透镜的焦距

$$f = L - d$$

这个方法的原理是：当平行光经凹透镜发散后和点光源 S 发出的光经凸透镜会聚后都成像于 S'，表示两者等效，因此点光源 S 在主轴上的位置恰好与凹透镜的焦点重合. 所以，这种方法称为等效替代法.

(3) 转换研究对象

在物理实验中，通常电学量的测量比较容易，也比较精确. 为此，人们常常将非电学量转换成电学量. 随着传感器技术的发展，这方面的应用更为普遍. 例如，通过传感器可以将力学量（如物体的位移、速度、相互间的压力和液体的流量）、热学量（如气体的温度、压强）、光学量（如光强、光的功率）等都转化为电学量. 如果说前面介绍的"等效替代测量"仅是狭义的用某种具体物体的替代，那么，转换研究对象则具有更普遍的意义了. 可以这么说，物理实验中的一切测量，都是对研究对象的一种等效变换——根据物理原理，用量具、量仪的指示值代替待测对象的真实值. 仅此一点，已足以说明等效思想方法的重要意义了.

下面，选择几个比较典型的转换研究对象的物理测量，体会一下等效变换方法在实验中的应用.

等势线的描绘

在中学物理实验中，为了画出静电场的等势线，采用了等效转换方法——根据恒定电流的电场分布和静电场中的电荷都不随时间变化的特点，用导电纸上形成的恒定电流场替代静电场，描绘出电场中一个平面上的等势线.

实验装置如图 5.53 所示. 实验时，先在两个电极 A、B 的连线上取一些点作为基准点（图 5.54），然后将一个探针与某一个基准点接触,移动另一个探针,当移到使灵敏电流表中的指示为零时,即找到了跟该基准点等势的某个点. 采用同样的方法,找出跟基准点等电势的一系列点,连接成光滑的曲线即为等势线.

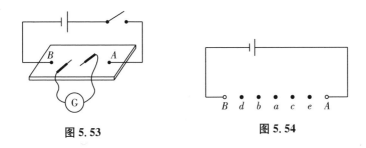

图 5.53　　　　　　　　　图 5.54

实验中如果没有灵敏电流表,也可以采用电压测量法——即用电压表测量导电纸上与某电极间电势差相同的点,就是等电势点,连接起来后同样得到等势线. 显然,采用电压测量法,又一次应用了等效变换.

滑线电桥

滑线电桥(又称惠斯登电桥)用长度的测量等效替代了电阻的测量,可以避免因接入电表所引起的误差,因此是比较精确测量电阻的方法.

滑线电桥的结构示意图如图 5.55 所示,AC 是固定的电阻丝(附有标尺),G 是量程很小的电流表,作为平衡指示. 根据待测电阻 R_x 的估计值(可用多用表进行粗测),适当选择电阻箱 R_0 的值,反复调节滑动头,直至某位置时按下触头 D 电流表指针不再偏转,表示电桥平衡.

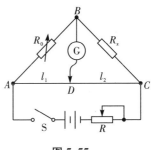

图 5.55

由

$$\frac{R_0}{R_x} = \frac{R_{AD}}{R_{DC}} = \frac{l_1}{l_2}$$

得被测电阻值为

$$R_x = \frac{l_2}{l_1} R_0$$

因此就可以用长度的测量,得到被测电阻值.

测量基本电荷

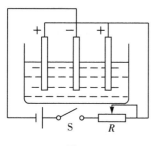

图 5.56

电子电量的测量,曾是物理学史上一个重大课题.在中学物理学习中也能进行测量吗? 回答是肯定的.

实验装置如图 5.56 所示.先用天平仔细称出经过打光清洁的铜片质量 m_1,然后将铜片放在盛有硫酸铜溶液的电解槽内,接通电路,调节可变电阻器 R,读出电流 I.经过一段时间 t 后断开电路,取出电极并烘干,再称出铜片的质量 m_2.利用这些宏观量作等效替代,就可以完成对微观量 e 的测量.

根据法拉第电解定律,阴极上析出物质的质量与通过电解液的电量成正比,即

$$m = kq$$

式中,k 称为电化当量.当 $q=1$ C 时,$m=k$,即析出物质的质量数与电化当量的数值相等.由电解原理知,当物质的化合价为 n 时,通过 1 C 电量时到达阴极的离子数为 $\frac{1}{ne}$(e 为基本电荷电量),析出物质的质量数为 $\frac{1}{ne} \cdot \frac{M}{N}$($M$ 为物质的摩尔质量数,N 为阿伏伽德罗常数),即

$$k = \frac{1}{ne} \cdot \frac{M}{N} \quad \Rightarrow \quad m = kq = kIt = \frac{M}{neN} It$$

所以电子电量(即基本电荷)为

$$e = \frac{MIt}{nNm}$$

对于确定的电解液,n、M 均已知,N 为常数,因此只需在实验中测出电流 I、通电时间 t 和析出物质的质量 m,就可以得到电子电量.

调试热敏电阻

热敏电阻器(简称热敏电阻)是电阻值对温度极为敏感的一种半导体电阻器.它最基本的特性是其阻值随温度的变化有极为显著的变化,以及伏安曲线呈非线性.因此常被用于对温度的自动控制.

热敏电阻应用时,为了检验其电阻与温度的对应关系,实验室常常用电阻箱作等效替代进行调试.例如,某仓库需要安装一个由热敏电阻控制的报警系统,当要求热敏电阻的温度达到或超过 60 ℃ 时,系统报警.为了进行调试,采用如图 5.57 所示电路.

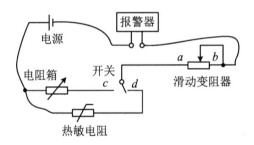

图 5.57

假设该热敏电阻的阻值随温度的升高而减小,在 60 ℃ 时阻值为 650.0 Ω.调节时,需要把电阻箱的电阻值调至 650.0 Ω,然后通过"单刀双掷开关"在 c、d 之间进行切换,分别接入电阻箱和热敏电阻器,从而对报警器的工作电流进行调试*.

---

* 该电路图取自 2016 年全国高考物理 Ⅱ 卷实验题.近年来,在高考实验题中采用等效替代方法,以及有关热敏电阻的应用常有反映.例如 2010 年全国 Ⅱ 卷试题、2010 年陕西试题、2017 年江苏试题、2018 年全国 Ⅰ 卷试题等,请自行查阅体会.

探究直线电流磁场

在一根直导线中通以恒定电流 I,离开直导线为 r 处的磁感应强度多大呢?利用微积分方法可以得出严格的结论,这就是毕奥-萨伐尔-拉普拉斯定律.用公式可表示为

$$B \propto \frac{I}{r} \quad \text{或} \quad B = k\frac{I}{r}$$

式中,$k = 2.0 \times 10^{-7}$ T·m/A,是一个比例常数.

在中学物理中,能否对通电直导线的磁场进行定量的探究呢?回答也是肯定的.我们只需借助地磁场,通过等效替代,就可以很巧妙地完成对直线电流磁场的探究.

实验装置如图 5.58(a) 所示.在直导线 ab 的同一竖直平面内相距 r 处放一枚小磁针.直导线中不通电时,小磁针静止时 N 极指北.直导线中通以电流 I 时,由于直导线周围产生磁场,小磁针将指向地磁场(B_e)和电流磁场(B_I)的合磁场(B)的方向,如图 5.58(b) 所示.由此,可得到电流磁场的磁感应强度

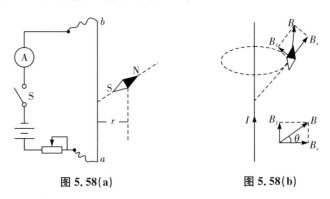

图 5.58(a)　　　　图 5.58(b)

$$B_I = B_e \tan \theta$$

由于地磁场(水平分量)B_e 是一个确定值,因此,对电流磁场的测量最后等效转化为对小磁针偏角的测量.

实验中,先固定距离 r 改变电流 I,然后再固定电流 I 改变距离

r,分别得到两组测量值,综合起来,就可以得到磁感应强度与电流 I、距离 r 的关系了. 对直线磁场的探究竟然可以转化为对磁针角度的测量,充分显示出了转换研究对象、进行等效变换的魅力.

说明 本实验中利用了地磁场的水平场强. 这究竟是怎么一回事? 请参阅下面对地磁场的简单介绍.

由地球产生的磁场称为地磁场. 地磁场的两极与地理两极并不重合. 地磁南极在地理北极附近(约北纬 76°,西经 101°);地磁北极在地理南极附近(约南纬 66°,东经 140°). 因此水平放置自由转动的磁针,静止时 N 极并不指向正北方,而是在北半球略偏西,而且会微微下倾. 地面上某处的地磁场强度可分

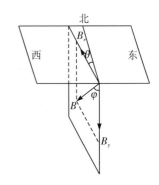

图 5.59 地磁场及其三要素

为水平分量 B_e、竖直分量 B_y. 水平分量与正北方向间夹角 θ 称为磁偏角,地磁场强度与竖起方向间夹角 φ 称为磁倾角. 通常把地磁场强度的水平分量、磁偏角和磁倾角合称为地磁三要素.

研究弹性碰撞

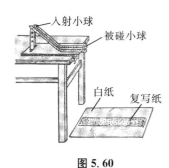

图 5.60

研究弹性碰撞的实验装置如图 5.60 所示. 一个质量较大的小球从斜槽上滚下,让它跟放在斜槽末端的另一个质量较小的球发生弹性正碰. 碰后两球都做平抛运动. 由于它们都从同样的高度抛出,运动时间相同,因此,当取运动时间为计时单位后,就可以用它们的水平位移表示速度. 如图 5.61 所示,OP 表示入

射球碰前的水平位移，OM 和 $O'N$ 分别表示入射球和静止球碰后的水平位移，则它们对应的速度分别为

$$v_1 = OP, \quad v_1' = OM, \quad v_2' = O'N$$

设入射球质量为 m_1，静止球质量为 m_2，根据弹性碰撞中动量守恒、动能守恒，有

$$m_1 v_1 = m_1 v_1' + m_2 v_2' \quad ①$$

$$\frac{1}{2} m_1 v_1^2 = \frac{1}{2} m_1 v_1'^2 + \frac{1}{2} m_2 v_2'^2 \quad ②$$

即

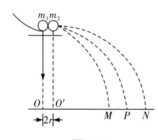

图 5.61

$$m_1 \cdot OP = m_1 \cdot OM + m_2 \cdot O'N \quad ③$$
$$m_1 \cdot OP^2 = m_1 \cdot OM^2 + m_2 \cdot O'N^2 \quad ④$$

对式 ④ 作变换为

$$m_1(OP + OM)(OP - OM) = m_2 \cdot O'N^2$$

代入式 ③ 结果得

$$OP + OM = O'N$$

这就是说，实验中只需要测量三段距离，就可以根据上述关系检验两球碰撞中否满足动量守恒、动能守恒——这里，使我们充分享受了等效变换所带来的简便和快乐.

(4) 分析实验误差

用等效方法分析实验误差，在中学物理中最典型的是用等效电源分析电动势和内电阻测量的误差.

欧姆定律方法

如图 5.62 所示，是用电压表和电流表测量电源电动势和内阻的内接法电路图. 由于电压表的分流作用，电流表的示数小于通过电池的电流，因而带来系统误差. 下面，采用两种方法计算这个实验的系统误

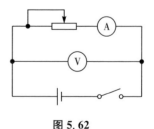

图 5.62

差,直观地作一比较.

设当滑动变阻器取两个不同值时,对应的电流表和电压表的示数分别为 I_1、U_1 和 I_2、U_2.

若不计电压表内电阻,由闭合电路欧姆定律知
$$E=U_1+I_1r, \quad E=U_2+I_2r$$
联立两式,得电池电动势和内电阻的测量值分别为
$$E=\frac{U_1I_2-U_2I_1}{I_2-I_1}, \quad r=\frac{U_1-U_2}{I_2-I_1}$$

当考虑电压表的分流作用后,则电池电动势和内电阻的真实表达式应该为
$$E_0=U_1+\left(I_1+\frac{U_1}{R_V}\right)r_0, \quad E_0=U_2+\left(I_2+\frac{U_2}{R_V}\right)r_0$$

联立两式,得
$$r_0=\frac{U_1-U_2}{I_2-I_1}\left(1+\frac{r_0}{R_V}\right)=r\left(1+\frac{r_0}{R_V}\right)>r \quad ①$$

$$E_0=\frac{U_1I_2-U_2I_1}{I_2-I_1}\left(1+\frac{r_0}{R_V}\right)=E\left(1+\frac{r_0}{R_V}\right)>E \quad ②$$

所以,实验值都比真实值小.其相对误差分别为
$$\eta_r=\left|\frac{r_0-r}{r_0}\right|=\frac{r\left(1+\frac{r_0}{R_V}\right)-r}{r\left(1+\frac{r_0}{R_V}\right)}=\frac{r_0}{R_V+r_0} \quad ③$$

$$\eta_E=\left|\frac{E_0-E}{E_0}\right|=\frac{E\left(1+\frac{r_0}{R_V}\right)-E}{E\left(1+\frac{r_0}{R_V}\right)}=\frac{r_0}{R_V+r_0}=\eta_r \quad ④$$

等效电源方法

如图 5.63 所示,把虚线框中部分等效为一个电源.根据戴维宁定理,这个等效电源的电动势(E')和内电阻(r')分别为

$$E' = \frac{R_V}{r_0 + R_V} E_0, \quad r' = r_0 /\!/ R_V = \frac{r_0 R_V}{r_0 + R_V}$$

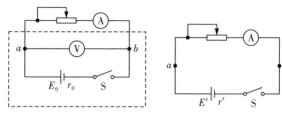

图 5.63

实验中测出的电动势和内电阻,实际上就是这个等效电源的电动势和内电阻,即测量值分别为

$$E_{测} = E' = \frac{R_V}{r_0 + R_V} E_0, \quad r_{测} = r' = \frac{r_0 R_V}{r_0 + R_V}$$

或写成

$$E_0 = \left(1 + \frac{r_0}{R_V}\right) E_{测}, \quad r_0 = \left(1 + \frac{r_0}{R_V}\right) r_{测}$$

这就是上面用闭合电路欧姆定律算出的 ①、② 两式的结果. 可见,采用等效电源方法显得更为简便.

例题(2010 广东) 某同学利用电压表和电阻箱测定干电池的电动势和内阻,使用的器材还包括定值电阻($R_0 = 5\ \Omega$)一个,开关两个,导线若干,实验原理图如图 5.64 所示. 电阻箱取值为 $R = 20\ \Omega$.

(1) 若闭合开关 S_1、断开 S_2,测得电压表示数是 1.49 V;当两个开关都闭合时,电压表示数是 1.16 V,则干电池的内阻 $r =$ _____(计算结果保留两位有效数字).

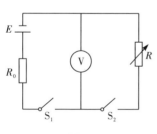

图 5.64

(2) 由于所用电压表不是理想电表,所测得的电动势比实际值偏_____(填"大"或"小").

分析与解答 (1) 闭合 S_1、断开 S_2

时,由于电压表内阻很大,可以认为电池电动势为
$$E=U_1$$

S_1 和 S_2 都闭合时,把定值电阻 R_0 和电池内电阻 r 合并为一个等效内电阻,即 $r'=r+R_0$,由分压比
$$\frac{U_2}{R}=\frac{E-U_2}{r'}=\frac{E-U_2}{r+R_0}$$

联立两式,得内阻
$$r=\left(\frac{U_1}{U_2}-1\right)R-R_0=\left(\frac{1.49}{1.16}-1\right)20\ \Omega-5\ \Omega=0.69\ \Omega$$

(2) 为了判断测量值与真实值的偏差,可以采用等效电源法——把原来的电池、定值电阻和电压表看成一个新的电源(称为等效电压源).根据戴维宁定理,这个新电源的电动势(等效电动势)等于当外电路断开时(S_2 断开)在两个输出端测得的电压,即
$$E_{等效}=\frac{R_V}{r_0+R_0+R_V}E<E$$

表示用这种方法测得的电动势比真实值小.

说明 根据戴维宁定理同样可知,这个新电源的内电阻(等效内阻)就是从两个输出端看进去的电阻,即
$$r_{等效}=(r+R_0)\ //\ R_V<r+R_0$$

可见其测量值也比真实值小.

若采用闭合电路欧姆定律计算:不计电压表的电阻影响时(内阻以 $r_{测}$ 表示),有
$$r_{测}+R_0=\frac{U_1-U_2}{U_2}R \qquad ①$$

设电压表的电阻为 R_V,考虑电压表的电阻影响时(内阻以 $r_{真}$ 表示),有

$$\frac{U_1}{R_V} = \frac{E-U_1}{R_0+r_{真}}$$

$$\frac{U_2}{R_V /\!/ R} = \frac{E-U_2}{R_0+r_{真}}$$

两式相减并整理,得

$$r_{真}+R_0 = \frac{U_1-U_2}{\dfrac{U_2}{R_V /\!/ R} - \dfrac{U_1}{R_V}} \qquad ②$$

①、②两式相比,得

$$\frac{r_{测}+R_0}{r_{真}+R_0} = \frac{R}{U_2}\left(\frac{U_2}{R_V /\!/ R} - \frac{U_1}{R_V}\right) = 1 + \frac{R}{R_V} \cdot \frac{U_2-U_1}{U_1} < 1 \quad (U_1 > U_2)$$

则

$$r_{测} < r_{真} \quad (测量值偏小)$$

两者相比较,采用等效电源的方法简便得多.

6 等效方法在中学物理解题中的应用

前面的第3章,对等效方法的呈现形式作了大体的归类,侧重于对总体特性和常见情景等方面的介绍,并且在结合分类的同时研究了等效方法的一些应用.

由于等效方法在研究和解决中学物理问题中的应用非常普遍,也非常灵活和巧妙. 在学习中,只有通过对具体问题不同情境多方面的应用,才能比较深刻地领会和得心应手地驾驭这种方法. 因此,下面再以中学物理解题中较为常用和典型的几种具体的等效变换为核心,并以小专题形式集中举例说明,希望更有助于深化对等效变换的认识,熟悉它在各种不同情境下的应用.

6.1 等效劲度系数

前面已经证明,几根弹簧并联和串联后的等效劲度系数分别为

$$k_{并} = k_1 + k_2 + \cdots + k_n = \sum k_i$$

$$\frac{1}{k_{串}} = \frac{1}{k_1} + \frac{1}{k_2} + \cdots + \frac{1}{k_n} = \sum \frac{1}{k_i}$$

在实际应用中,几根弹簧并联后的特点主要表现在每根弹簧的形变量(伸长量或压缩量)相同,几根弹簧串联后的特点则表现在每根弹簧的弹力大小相同. 这种并联和串联所形成的等效变换关系,往

往体现在有关弹力与形变的关系(适用于弹力与形变量成正比的各种弹性材料)和简谐运动的一些问题中.

例题1(2009 广东) 某缓冲装置可抽象成图6.1所示的模型.图中K_1、K_2为原长相等、劲度系数不同的轻质弹簧.下列表述正确的是( ).

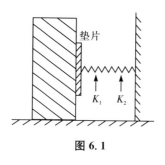

图 6.1

A. 缓冲效果与弹簧的劲度系数无关

B. 垫片向右移动时,两弹簧产生的弹力大小相等

C. 垫片向右移动时,两弹簧的长度保持相等

D. 垫片向右移动时,两弹簧的弹性势能发生变化

分析与解答 "缓冲"就是使运动物体延长停止的时间("软着陆"),装置中的缓冲效果是依靠了弹簧中产生的弹力形成的,显然与劲度系数有关.两弹簧可以等效于一根弹簧,A错.

两弹簧形成串联关系,垫片右移压缩弹簧时,根据串联弹簧的特性知,它们的弹力大小始终相等,因劲度系数不同其形变量不同,B正确,C错.

弹簧的弹性势能与相对原长的形变量有关,当两弹簧的劲度系数不同时,垫片右移,两弹簧的形变量不断变化,其弹性势能也随之变化,D正确.

例题2 健身用的拉力器,通常由五根弹簧并联构成.若每根弹簧原长$l_0 = 0.5$ m,把它拉至长$l_1 = 1.0$ m时需要的拉力是$F_1 = 100$ N,则五根弹簧都装上后把它们拉至$L_2 = 1.7$ m时的拉力为多大?假设弹簧始终在弹性限度内.

分析与解答 平衡时,弹簧的弹力(f)等于它受到的拉力(F).因此每根弹簧的劲度系数为

$$k_1 = \frac{f_1}{x_1} = \frac{F_1}{l_1 - l_0} = 200 \text{ N/m}$$

五根弹簧并联后,等效于一根弹簧(图 6.2),其等效劲度系数为

$$k_{并} = 5k_1 = 1000 \text{ N/m}$$

根据胡克定律得伸长到 l_2 时需要的拉力为

$$F_2 = f_2 = k_{并}(l_2 - l_0) = 1200 \text{ N}$$

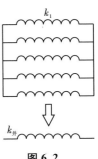

图 6.2

例题 3 一根钢梁长 $l = 12$ m,截面积 $S = 64$ cm^2,被固定在两堵墙之间. 为了判定它由于温度变化引起钢梁对墙产生的推力或拉力,用长 $l_0 = 1$ m、截面积 $S_0 = 1$ mm^2 的同样材料钢丝做试验. 实验结果表明,这根钢丝受到拉力 $F_0 = 220$ N 时能伸长 $\Delta x_0 = 1$ mm. 试问,当这根钢梁因温度变化可能的最大伸缩量为 $\Delta x = 12$ mm 时,对墙的作用力多大? 假设钢梁的伸缩量与弹力之间的关系同样服从胡克定律.

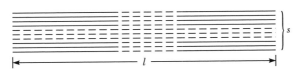

图 6.3

分析与解答 假设钢梁能自由伸缩,为了计算最大伸缩量 $\Delta x = 12$ mm 时钢梁中的弹力,必须知道钢梁的劲度系数. 为此,先设想把钢梁分割成许许多多截面积等于 S_0 的细钢丝(图 6.3),共计为 $n = \frac{S}{S_0} = 6400$(根),每根细钢丝又可以看成是由长 $l_0 = 1$ m 的短钢丝串联起来的. 由实验知,每根长 l_0、截面积 S_0 的短钢丝的劲度系数为

$$k_0 = \frac{f_0}{\Delta x_0} = \frac{F_0}{\Delta x_0} = \frac{220}{1 \times 10^{-3}} \text{ N/m} = 2.2 \times 10^5 \text{ N/m}$$

根据弹簧串、并联后的等效劲度系数表达式,这根钢梁的劲度系

数应该为

$$K = \frac{S}{S_0} \cdot \frac{1}{\frac{l}{l_0}} k_0 = 6400 \times \frac{1}{12} \times 2.2 \times 10^5 \text{ N/m} = 1.17 \times 10^8 \text{ N/m}$$

这根钢梁自由伸缩 $\Delta x = 12$ mm 时产生的弹力为

$$f = k \Delta x = 1.17 \times 10^8 \times 12 \times 10^{-3} \text{ N} = 1.4 \times 10^6 \text{ N}$$

由于钢梁被固定不能自由伸缩,相当于墙应该用力使它在伸长(或缩短)时把它压缩(或拉伸)到原长.同样,钢梁会对墙产生推力或拉力.这种因温度变化产生的力称为热应力.根据上面的计算可知,这根钢梁因温度变化引起对墙的最大作用力为

$$F = f = 1.4 \times 10^6 \text{ N}$$

说明 本题要求钢梁形变产生的力,似乎无法计算.对它采用组合等效变换后,就可以根据对样品试验得到的数据,"串串并并"推算出整个钢梁的劲度系数,从而算出钢梁的热应力.这种"样品"试验的方法很有实际意义,注意体会.

例题 4 在光滑水平面上的两挡板间,用两根劲度系数分别为 k_1、k_2 的轻弹簧系着一个质量为 m 的小球(图 6.4).小球静止时,两弹簧都处于自然长度.现把小球向一边(如左边)推过一小段距离 x 后轻轻释放,试求小球的振动周期.

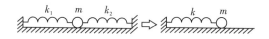

图 6.4

分析与解答 小球移位后,一根弹簧被压缩,另一根弹簧被拉伸,作用在小球上的回复力大小

$$F = k_1 x + k_2 x = (k_1 + k_2) x$$

因此,原来的两根弹簧可等效于劲度系数 $k = k_1 + k_2$ 的一根弹簧,如图 6.4 所示.由简谐运动周期公式得小球的振动周期为

$$T = 2\pi\sqrt{\frac{m}{k}} = 2\pi\sqrt{\frac{m}{k_1 + k_2}}$$

例题 5 将三根劲度系数分别为 k_1、k_2、k_3 的轻弹簧按图 6.5(a) 连接起来,悬挂一个质量为 m 的小球,使其在竖直方向做小振幅的振动,试求小球的振动周期.

分析与解答 劲度系数为 k_2、k_3 的两根轻弹簧并联,可等效为一根弹簧,$k_并 = k_2 + k_3$,如图 6.5(b) 所示. 它与劲度系数 k_1 的弹簧串联后,最后可等效为一根弹簧,如图 6.5(c) 所示. 这一根弹簧的劲度系数为

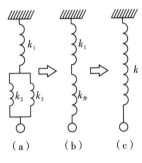

图 6.5

$$k = \frac{k_1 k_并}{k_1 + k_并} = \frac{k_1(k_2 + k_3)}{k_1 + k_2 + k_3}$$

所以小球做简谐运动的周期为

$$T = 2\pi\sqrt{\frac{m}{k}} = 2\pi\sqrt{\frac{k_1 + k_2 + k_3}{k_1(k_2 + k_3)}m}$$

例题 6 长为 L 的轻质硬杆,一端固定在理想的铰链上,另一端搁在劲度系数为 k 的轻弹簧上,呈水平状态. 若在硬杆上加一质量为 m 的重物(图 6.6),试确定硬杆在竖直方向做小振幅振动的周期与重物在杆上的位置之间的关系.

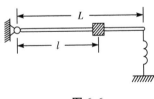

图 6.6

分析与解答 设重物在竖直方向的位移为 x,弹簧对应的压缩量为 x_1,如图 6.7 所示. 根据几何知识有

$$\frac{L}{l} = \frac{x_1}{x} \Rightarrow x_1 = \frac{L}{l}x$$

弹簧中产生的弹力为

$$F_1 = kx_1 = \frac{kL}{l}x$$

由硬杆对铰链的力矩平衡,有

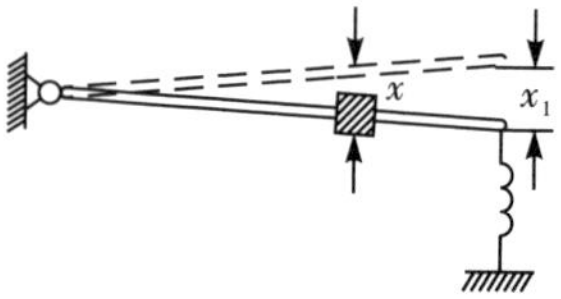

$$mgl = F_1 L = \frac{kL^2}{l}x$$

或

$$mg = k\left(\frac{L}{l}\right)^2 x = k'x$$

图 6.7

式中,$k' = k\left(\frac{L}{l}\right)^2$. 这就是说,放上重物后,等效于使整个系统受到一个回复力 $F' = k'x$. 这里的 k' 起着劲度系数的作用,也可称为等效劲度系数. 所以,这个系统的振动周期为

$$T = 2\pi\sqrt{\frac{m}{k'}} = \frac{2\pi l}{L}\sqrt{\frac{m}{k}}$$

它显示了振动周期 T 与 l 成正比的关系.

 等效质量

分散与集中

说起等效质量,同学们并不陌生. 平时我们用集中于质心的质量代替整个物体分散分布的质量,就属于等效质量的一种含义. 可见,质心的概念就是建立在等效质量基础上的. 如果更宽泛些,在研究力学问题中常用的整体法,也含有等效质量的意义.

在分析、研究物理问题时,通过对系统内物体质量作这样分散与集中的相互等效变换,不仅常常会带来许多方便,有时还可以使原来无法解决的问题呈现一线光明.

例题 1 如图 6.8 所示,均匀木板 AB 长 $l = 1$ m,质量为 M,一端用铰链铰接于竖直墙,另一端用水平绳子拉着,木板与竖直墙之间的夹角 $\theta = 60°$. 在木板上从紧靠墙起排列三个质量均为 m 的相同的均

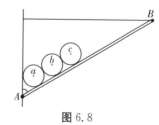

图 6.8

质球 a、b、c,球半径 $R = 10$ cm. 不计各接触处的摩擦,试求水平绳子的拉力.

分析与解答 每个球对板的压力都会对木板产生顺时针方向的转动效果. 为了简便,在 b 球中心引入等效质量 $m' = 3m$. 设墙对 a 球的作用力为 N_1,它通过球心水平向右;板对三个球的等效支持力为 N_2,作用在三球心连线上距 b 球为 x 处(图 6.9). 对三个球

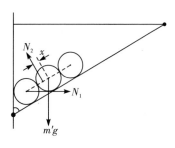

图 6.9

的整体,由水平和竖直两方向的力平衡条件、绕等效质量中心的力矩平衡条件得方程

$$N_1 - N_2 \cos\theta = 0 \qquad ①$$
$$N_2 \sin\theta - 3mg = 0 \qquad ②$$
$$N_1 \cdot 2R\cos\theta - N_2 \cdot x = 0 \qquad ③$$

由式②得 N_2,代入式①,再代入式③,依次可得

$$N_2 = 2\sqrt{3}\,mg, \quad N_1 = \sqrt{3}\,mg, \quad x = \frac{R}{2}$$

再以木板为研究对象,其受力如图 6.10 所示,得力矩平衡方程

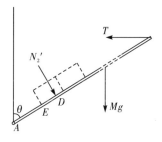

图 6.10

$$N_2' \cdot \overline{AD} + Mg \cdot \frac{l}{2}\sin\theta = T \cdot l\cos\theta \qquad ④$$

式中 $N_2 = N_2'$ 作用于 D 处. 由几何关系

$$\overline{AD} = \overline{AE} + \overline{ED} = R\tan\theta + (2R - x) = \left(\frac{3}{2} + \sqrt{3}\right)R$$

代入式④,即得拉力

$$T = \frac{1}{5}(6 + 8\sqrt{3})mg$$

说明　必须注意的是,引入等效质量后,三个球的等效重力作用于 b 球中心,墙对三个球整体的作用力位置不变,板对三个球整体支持力的位置需通过其力矩平衡条件求出,并非都作用于等效质量的中心.

例题 2　如图 6.11 所示,在光滑水平面上从左向右沿直线等距离排列着一系列小球 $D_1, D_2, \cdots, D_N$,其质量依次为 $2^{n-1}m_0 (n=1, 2, \cdots)$.另有一个质量为 m_0 的小球以初速度 v_0 沿该直线向小球 D_1 入射,发生一系列正碰后即粘在一起.试求该系统末动能的大小.

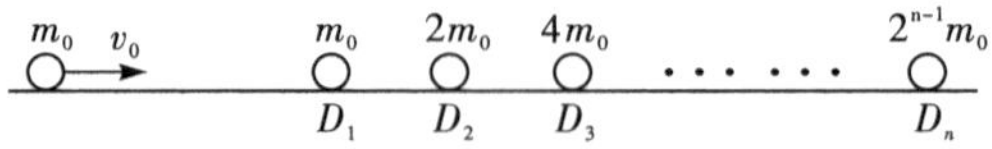

图 6.11

分析与解答　这个系统的总质量为

$$M = m_0 + m_0 + 2m_0 + 4m_0 + \cdots + 2^{n-1}m_0 = 2^n m_0$$

设系统质心的速度为 v_C,它的运动可以等效于整个系统的运动.根据动量守恒定律,由

$$m_0 v_0 = 2^n m_0 v_C \quad \Rightarrow \quad v_C = \frac{1}{2^n} v_0$$

所以,系统的末动能为

$$E_k = \frac{1}{2} M v_C^2 = \frac{1}{2} \cdot 2^n m_0 \left(\frac{v_0}{2^n}\right)^2 = \frac{1}{2^n} \cdot \frac{1}{2} m_0 v_0^2 = \frac{1}{2^n} E_{k0}$$

即等于入射小球初动能的 $\frac{1}{2^n}$.

说明　本题的另一种解法是先通过几次碰撞的分析,找出碰后速度的规律,然后根据数学归纳法得出最终结果.但这样解答运算量大,数学要求高,远不如采用等效质量(总质量),以质心的运动作等效代换方便.

例题3 经过用天文望远镜长期观测，人们在宇宙中已经发现了许多双星系统，通过对它们的研究，使我们对宇宙中物质的存在形式和分布情况有了较深刻的认识．双星系统由两个星体构成，其中每个星体的线度都小于两星体之间的距离．一般双星系统距离其他星体很远，可以作为孤立系统来处理．

现根据对某一双星系统的光度学测量确定：该双星系统中每个星体的质量都是 m，两者相距 L，它们正围绕两者连线的中点做圆周运动（图 6.12）．

(1) 试计算该双星系统的运动周期 $T_{计算}$；

(2) 若实验上观测到的运动周期为 $T_{观测}$，且 $T_{观测}:T_{计算}=1:\sqrt{N}\,(N>1)$．为了解释 $T_{观测}$ 与 $T_{计算}$ 的不同，目前有一种流行的理论，认为在宇宙中可能存在一种望远镜观测不到的暗物质．作为一种简化模型，我们假定在以这两个星体连线为直径的球体内分布着这种暗物质．若不考虑其他暗物质的影响，请根据这一模型和上述观测结果确定该星体间这种暗物质的密度．

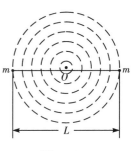

图 6.12

分析与解答 (1) 双星系统依靠彼此间的万有引力，使每颗星绕它们连线的中心做角速度相同的圆周运动．设运动的速率为 v，由

$$G\frac{m^2}{L^2}=m\frac{v^2}{\frac{L}{2}} \quad \Rightarrow \quad v=\sqrt{\frac{Gm}{2L}} \qquad ①$$

所以

$$T_{计算}=\frac{2\pi\cdot\frac{L}{2}}{v}=\frac{\pi L}{\sqrt{\frac{Gm}{2L}}}=\pi L\sqrt{\frac{2L}{Gm}} \qquad ②$$

(2) 由于暗物质均匀分布在双星之间,可以将它们集中起来等效成位于中心的质点,即形成等效三星系统. 设暗物质的质量为 m',它同样会对双星产生引力. 由

$$G\frac{m^2}{L^2}+G\frac{mm'}{\left(\frac{L}{2}\right)^2}=m\frac{v_{观测}^2}{\frac{L}{2}} \Rightarrow v_{观测}=\sqrt{\frac{G(m+4m')}{2L}} \quad ③$$

当圆周的周长一定时,运动周期与线速度成反比,即

$$\frac{T_{观测}}{T_{计算}}=\frac{v}{v_{观测}}=\frac{1}{\sqrt{N}} \Rightarrow v=\frac{1}{\sqrt{N}}v_{观测} \quad ④$$

将式①、③代入式④,由

$$\sqrt{\frac{Gm}{2L}}=\frac{1}{\sqrt{N}}\cdot\sqrt{\frac{G(m+4m')}{2L}} \Rightarrow m'=\frac{N-1}{4}m$$

设所求暗物质的密度为 ρ,则有

$$\frac{N-1}{4}m=\frac{4}{3}\pi\rho\left(\frac{L}{2}\right)^3 \Rightarrow \rho=\frac{3(N-1)m}{2\pi L^3}$$

说明 本题联系了天文学的新现象,很有意义. 暗物质是指宇宙中的不可见物质. 它们不会发出可见光或其他电磁波,无法用天文望远镜观测,但它们能够产生万有引力,对可见的物质产生引力作用. 天文学家推测,暗物质占了宇宙中质量的绝大部分. 因此,探测和研究暗物质很可能导致物理学新的革命. 多年前,李政道在上海复旦大学演讲时曾说过,当代在宇宙科学里有两大问题:一个是类星体,一个是暗物质. 根据 2014 年 9 月来自阿尔法磁谱仪的最新报告,有可能证实暗物质的存在.

本题求解的关键是要应用等效方法,将均匀分布的暗物质对双星的作用等效成位于中心的相同质量质点的作用. 此外,还应该注意分清各个距离:计算双星间的引力时,距离为 L;计算等效暗物质对每颗星的引力以及它们绕中心的运动半径时,均为 $L/2$.

6 等效方法在中学物理解题中的应用

运动与静止

等效质量的另一种含义,反映在运动系统中,可以将运动物体的质量等效为静止物体的质量.我们先通过一个熟悉的问题说明它的含义.

如图 6.13(a) 所示,在定滑轮两边用细绳系着质量分别为 m_1、m_2 的两个物体(已知 $m_1 > m_2$),不计滑轮和绳子间的摩擦时,由牛顿第二定律知

$$m_1 g - T = m_1 a$$
$$T - m_2 g = m_2 a$$

联立两式,得绳中张力

$$T = \frac{2 m_1 m_2}{m_1 + m_2}$$

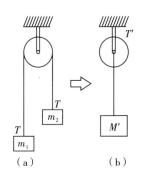

图 6.13

如果从滑轮本身考虑,由于它处于相对静止状态,因此就相当于在滑轮中心悬挂一个质量为 $M' = \dfrac{2T}{g} = \dfrac{4 m_1 m_2}{m_1 + m_2}$ 的物体,如图 6.13(b) 所示.所以,对滑轮(或悬绳)而言,原来的运动系统就等效于一个平衡系统了.这个平衡系统中的物体的质量 M',就称为原来两个物体的等效质量(或有效质量).

利用等效质量的概念,可以作为研究物理问题的一种辅助手段,有时也能对研究某些较复杂的问题提供方便.

例题 1 如图 6.14(a) 所示的滑轮悬绳不是固定在天花板上,而是被拉着以加速度 a 向上运动,则拉力 F 和滑轮两侧绳中的张力分别多大?

分析与解答 根据上面所得到的等效

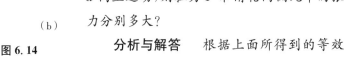

图 6.14

质量的概念,将滑轮两边的物体用等效质量代替,如图 6.14(b)所示,即得

$$F = M'(g+a) = \frac{4m_1m_2}{m_1+m_2}(g+a)$$

由于滑轮质量不计,因此两边绳子中的张力为

$$T = \frac{1}{2}F = \frac{2m_1m_2}{m_1+m_2}(g+a)$$

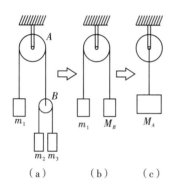

图 6.15

例题 2 如图 6.15(a)所示的滑轮系统,已知 $m_1 > m_2 + m_3$,$m_2 > m_3$,则悬挂滑轮 A 的绳子中张力多大?

分析与解答 根据上面介绍的等效质量,采用二次等效法:先把图 6.15(a)等效成图 6.15(b),再把图 6.15(b)等效成图 6.15(c).于是,立即可知悬挂滑轮 A 的绳子中的张力为

$$T_A = M_A g = \frac{4m_1 M_B}{m_1 + M_B}g = \frac{4m_1 \cdot \dfrac{4m_2m_3}{m_2+m_3}}{m_1 + \dfrac{4m_2m_3}{m_2+m_3}}g$$

$$= \frac{16m_1m_2m_3}{m_1m_2+m_1m_3+4m_2m_3}g$$

例题 3 如图 6.16 所示的装置中,$m_1 = m_2 + m_3$,杠杆保持水平平衡.如果把 m_3 移到 m_1 下面,杠杆能否继续保持平衡?m_3 移动前后悬挂滑轮的细绳中的张力变化了多少?

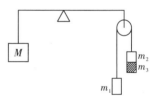

图 6.16

分析与解答 m_3 移到 m_1 下面后,滑轮的左边部分($m_1 + m_3$)加速下落,右边部分 m_2 加速上升.对整个滑

轮系统来说,公共重心位置加速下降,等效于失重状态.因此悬挂滑轮的细绳中张力减小,杠杆不能继续保持平衡,将做逆时针方向的转动.

m_3 未移动时,设悬挂滑轮的细绳中张力为 T_0,如图 6.17(a) 所示,则

$$T_0 = (m_1 + m_2 + m_3)g = 2(m_2 + m_3)g$$

m_3 移到 m_1 下面后,设悬挂滑轮的细绳中张力为 T_0',它等效于滑轮下方悬挂一个质量为 $M' = \dfrac{4(m_1 + m_3)m_2}{m_1 + m_2 + m_3}$ 的物体,如图 6.17(b) 所示.因此,此时悬挂滑轮的细绳中的张力为

$$T_0' = M'g = \frac{4(m_1 + m_3)m_2}{m_1 + m_2 + m_3}g = \frac{2(m_2^2 + 2m_2 m_3)}{m_2 + m_3}g$$

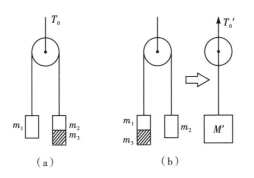

图 6.17

移动 m_3 前后细绳中的张力之差为

$$\Delta T = T_0 - T_0' = \frac{2m_3^2}{m_2 + m_3}g$$

由计算出的 $\Delta T = T_0 - T_0' \geqslant 0$,可见 m_3 移至 m_1 下面后,杠杆右端悬绳中张力减小,所以杠杆将做逆时针方向的转动,这与上面的定性判断是一致的.

6.3 等效摆长

等效摆长的含义

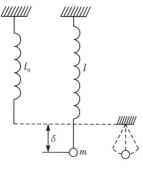

图 6.18

等效摆长本来是与单摆的振动相比较而引入的一个概念. 如图 6.18 所示, 在一根竖直悬挂的轻弹簧上悬挂一个质量为 m 的小球后, 弹簧从原长 l_0 伸长到 l, 平衡时满足条件

$$mg = k(l - l_0) = k\delta$$

因此, 小球做简谐运动的周期

$$T = 2\pi\sqrt{\frac{m}{k}} = 2\pi\sqrt{\frac{\delta}{g}}$$

这就是说, 一个静力伸长为 δ 的弹簧振子的振动周期与一个摆长为 δ 的单摆的振动周期相同. δ 就称为等效摆长.

在中学物理问题中, 等效摆长有着更为宽泛的含义 —— 凡是与单摆的振动相等效的运动, 都可以引入等效摆长的概念. 在不同的问题中, 根据与单摆振动的比较, 等效摆长有不同的表达式. 例如: 图 6.19(a) 所示的圆锥摆, 其等效摆长和振动周期分别为

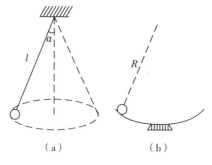

图 6.19

$$l' = l\cos\alpha, \quad T = 2\pi\sqrt{\frac{l\cos\alpha}{g}}$$

图 6.19(b) 中,一个小球沿半径很大的光滑碟子的圆弧形底部来回运动.其等效摆长和振动周期分别为

$$l' = R, \quad T = 2\pi\sqrt{\frac{R}{g}}$$

等效摆长的确定

许多实际问题中,等效摆长都比较隐蔽.确定等效摆长的关键,是根据摆的振动平面找出振动中心.并且,还应该注意,即使是同样的装置,相应于不同的振动中心可以有不同的等效摆长.

如图 6.20 所示,用三根细线连接后悬挂一个小球组成单摆.其中,线长 $ac=bc=l$,与天花板的夹角均为 θ,线长 $CD=2l$.

当小球在纸面内做小角度的左右振动时,振动圆弧的中心为 C 点,等效摆长和振动周期分别为

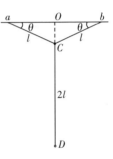

图 6.20

$$l' = 2l, \quad T_1 = 2\pi\sqrt{\frac{2l}{g}}$$

当小球在垂直于纸面的平面内,往前后做小角度振动时,振动圆弧的中心为 O 点,等效摆长和振动周期分别为

$$l'' = 2l + l\sin\theta, \quad T_2 = 2\pi\sqrt{\frac{2l + l\sin\theta}{g}}$$

(如果考虑到匀质摆球的大小,设其直径为 d,则等效摆长中还应加 $\frac{d}{2}$).

研究有关简谐运动(或类似于简谐运动)的具体问题时,找出等效摆长后,就可以直接根据单摆的周期公式算出它们的振动周期或

根据其他物理原理求出相应的物理量.

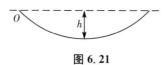

图 6.21

例题 1(2013 上海) 如图 6.21 所示,在半径为 2.5 m 的光滑圆环上切下一小段圆弧,放置于竖直平面内.两端点距最低点高度差 h 为 1 cm.将小环置于圆弧端点并从静止释放,小环运动到最低点所需的最短时间为 _____ s,在最低点处的加速度为 _____ m/s² (取 $g = 10$ m/s²).

分析与解答 小环下滑时在重力和环的弹力作用下做变加速运动,运动时间无法直接用公式计算.考虑到 $h \ll R$,可把环从边缘到最低点的运动等效为单摆的运动,其等效摆长等于半径 R.所以最短时间为

$$t_{\min} = \frac{1}{4}T = \frac{1}{4} \times 2\pi\sqrt{\frac{R}{g}} = \frac{\pi}{2}\sqrt{\frac{2.5}{10}} \text{ s} = \frac{\pi}{4} \text{ s}$$

设小环运动到最低点时的速度为 v,由机械能守恒

$$mgh = \frac{1}{2}mv^2 \Rightarrow v^2 = 2gh$$

小环在最低点的加速度为

$$a = \frac{v^2}{R} = \frac{2gh}{R} = \frac{2 \times 10 \times 0.01}{2.5} \text{ m/s}^2 = 0.08 \text{ m/s}^2$$

例题 2* 如图 6.22 所示,两段不可伸长细绳的一端分别系于两竖直杆上的 A、B 两点,另一端与质量为 m 的小球 D 相连.已知 A、B 两点的高度差 h,$\angle CAB = \angle BAD = 37°$,$\angle ADB = 90°$.重力加速度为 g.现使小球发生微小摆动,则小球摆动的周期为( ).

A. $\pi\sqrt{\dfrac{17h}{3g}}$ B. $\dfrac{\pi}{2}\sqrt{\dfrac{85h}{3g}}$ C. $\pi\sqrt{\dfrac{h}{g}}$ D. $2\pi\sqrt{\dfrac{h}{g}}$

分析与解答 由题设条件知,图 6.22 中 $\triangle CAB \cong \triangle DAB$,有

---

* 本题取自 2011 年卓越联盟自主招生试题.

$\overline{BD} = \overline{BC} = h$. 过 D 点作 AB 的垂线交 AB 于 E, $\theta = \angle BDE = \angle BAD = 37°$. 将摆球在平衡位置时的重力分解为沿着 ED 的 G_1 和垂直 ED 的 G_2(图 6.23), 则等效重力加速度为

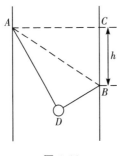

图 6.22

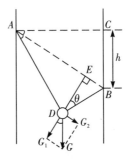

图 6.23

$$g' = \frac{G_1}{m} = \frac{mg\cos 37°}{m} = g\cos 37°$$

小球发生微小振动时的等效摆长 l' 就是 $\overline{DE}$, 其长度为

$$l' = \overline{BD}\cos\theta = h\cos 37°$$

则小球振动的周期为

$$T = 2\pi\sqrt{\frac{l'}{g'}} = 2\pi\sqrt{\frac{h}{g}}$$

所以, D 正确.

说明 求解本题的关键——应该认识到小球是在绕着通过 AB 两结点的轴而振动, 相当于一个倾斜的单摆. 因此其摆长等于小球至 AB 连线的垂直距离, 即 DE, 对小球重力分解后得到的 G_2 对振动不起作用.

练习题

如图 6.24 所示是一种记录地震装置的水平摆, 摆球固定在边长为 l、质量可忽略不计的等边三角形的顶点 A. 它的对边 BC 与竖直线成不大的夹角 α, 摆球可绕固定轴 BC 摆动. 求摆球发生微小振动时

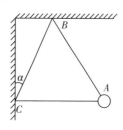

图 6.24

的周期.

参考答案：$T = 2\pi\sqrt{\dfrac{\sqrt{3}\,l}{2g\sin\alpha}}$.

提示：A 至 BC 的垂线(AO)为等效摆长，把重力沿 AO 和垂直 AO 分解，得等效重力加速度 $g' = g\sin\alpha$.

例题 3 两根光滑的细杆组成夹角为 α 的竖立人字形架，一根长为 l 的细线套在架子上，并在线上悬挂一个重球，如图 6.25 所示.试求重球在人字架平面内做小振幅振动的周期.

分析与解答 由于细杆光滑，因此每根杆两侧细线与杆之间的夹角必定相等，才能保证杆两侧细线中张力的合力垂直于细杆（图 6.26).否则，细线无法处于稳定状态.

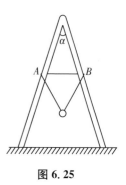

图 6.25

假设重球摆动后，某时刻在人字架平面内从原来的平衡位置运动到某位置 C. 作出 C 点相对于两杆的对称点 C'、C''，则 $AC = AC'$、$BC = BC''$，且 AC' 与 BC'' 跟细杆间的夹角分别等于 AC 与 BC 跟细杆间的夹角，所示连接 $C'C''$ 的直线将通过 AB（图 6.27），则

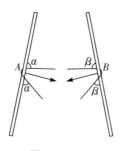

图 6.26

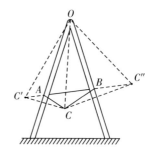

图 6.27

$$OC = OC' = OC'', \quad \angle C'OC'' = 2\alpha$$

这就是说,当重球在竖直平面内摆动时,△$C'OC''$ 在架子平面内只改变位置,但保持原形不变,意味着 OC 长与球的位置无关.

设 $OC=OC'=OC''=R$.则由球移到架子左边杆的极端情况知,
$$\sin\alpha = \frac{\frac{l}{2}}{R},$$
得
$$R = \frac{1}{2\sin\alpha}$$

这就是重球在摆动中的等效摆长,也就是说,重球的运动与长为 R 的单摆的运动等效. 所以,它的振动周期为
$$T = 2\pi\sqrt{\frac{R}{g}} = 2\pi\sqrt{\frac{l}{2g\sin\alpha}}$$

例题 4 一根长 $2l$ 的细线 CD,其 D 端拴着一个质量为 M 的小球,另一端 C 用两根长均为 l 的细线悬挂在天花板上相距 l 的 A、B 两点(图 6.28). 在跟 ABC 同一竖直平面内飞来一颗质量为 m、水平速度 v_0 的子弹,从左方很快击中小球并留在小球内与它一起运动,恰好能使 CD 线摆到与竖直方向成夹角 $\alpha = 60°$ 的地方. 试求:

(1) 此时 AC 线中的张力;

(2) 子弹的入射速度应该多大;

(3) 刚开始摆动时 CD 线中的张力.

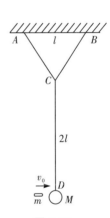

图 6.28

分析与解答 把子弹与小球作为一个系统,击中过程中水平方向不受外力,系统的动量守恒. 由
$$mv_0 = (m+M)v$$
得一起摆动的速度为
$$v = \frac{m}{m+M}v_0$$

(1) 刚开始摆动时,以 C 为摆动中心,等效摆长为 $2l$. 当 CD 线摆过 $30°$ 后(图6.29),由于 BC 线的松弛,小球改为以 A 点为中心振动,此时的等效摆长为 $3l$. 由题意知,小球恰好处于最高位置,因此 AC 线中的张力为

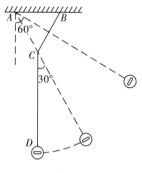

图 6.29

$$T = (m+M)g\cos60° = \frac{1}{2}(m+M)g$$

(2) 小球达到的最大高度为

$$h = 2l + l\sin60° - 3l\cos60° = \frac{1+\sqrt{3}}{2}l$$

由于小球摆动过程中,仅有重力做功,机械能守恒. 有

$$\frac{1}{2}(m+M)v^2 = (m+M)gh$$

即

$$\frac{1}{2}(m+M)\left(\frac{m}{m+M}v_0\right)^2 = (m+M)g \cdot \frac{1+\sqrt{3}}{2}l$$

得

$$v_0 = \frac{m+M}{m}\sqrt{(1+\sqrt{3})gl}$$

(3) 刚开始摆动时,由圆运动的瞬时特性知

$$T - (m+M)g = (m+M)\frac{v^2}{2l}$$

得 CD 线的张力

$$T = (m+M)g + \frac{m+M}{2l}\left(\frac{m}{m+M}v_0\right)^2 = \frac{3+\sqrt{3}}{2}(m+M)g$$

说明 本题并不要求计算振动周期,而是通过变更振动中心,相应地变更等效摆长. 如果没有认清这一点,解答就会产生错误.

6.4 参考圆

前面已经说过,一个简谐运动等效于一个匀速圆周运动在其直径上投影点的运动.这个圆周就称为参考圆.

研究物体做简谐运动时,需要解决的主要问题可以归纳如下:

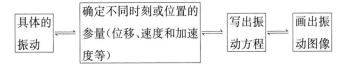

利用参考圆具有直观、形象的特点,可以比较方便地实现从具体的振动与有关参量、振动方程、振动图像之间的转换.

例题1(2012 北京) 一个弹簧振子沿 x 轴做简谐运动,取平衡位置 O 为 x 轴坐标原点.从某时刻开始计时,经过四分之一的周期,振子具有沿 x 轴正方向的最大加速度.能正确反映振子位移 x 与时间 t 关系的图像是( ).

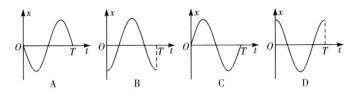

图 6.30

分析与解答 如图 6.31 所示画出参考圆.振子具有沿 x 轴正方向的最大加速度,一定处于负向最大位移处.根据题意,它从开始计时经 $T/4$ 到达该处,因此对应的振动图像一定是 A.

例题2(2014 浙江) 一位游客在千岛湖边欲乘游船,当日风浪很大,游船上下浮动.可把游艇浮动简化成竖直方向的简谐运动,振幅为 20 cm,周期为 3.0 s.当船上升到最高点时,甲板刚好与码头地面平齐.地面与甲板的高度差不超过 10 cm 时,游客能舒服地登

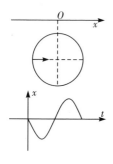

图 6.31

船.在一个周期内,游客能舒服地登船的时间是( ).

B. 0.7 5 0. 5 s

D. 1.5 1. 0 s

分析与解答 如图 6.32 所示画出参考圆,其半径为振幅 $A=20$ cm.根据题意可知,能舒服地登船对应于圆上两参考点 a、b 间的一段时间.由几何知识可知,两参考点对应的半径 Oa 和 Ob 与 x 轴的夹角 $\theta=\dfrac{\pi}{6}$,则一个周期内舒服登船的时间为

$$\Delta t = \frac{\pi - 2\theta}{\omega} = \frac{\pi - \dfrac{\pi}{3}}{\dfrac{2\pi}{T}} = \frac{T}{3} = 1.0 \text{ s}$$

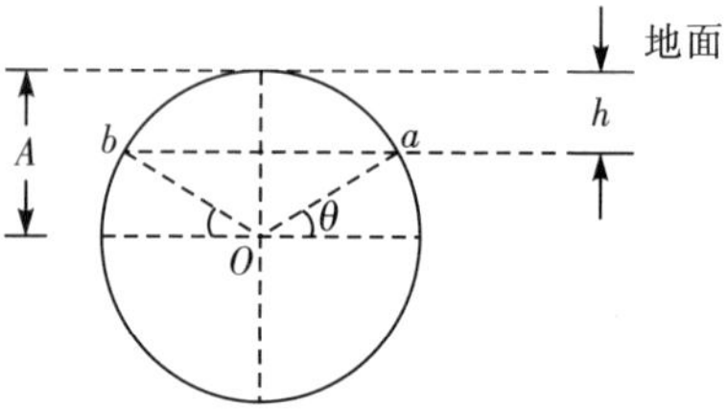

所以,C 正确.

图 6.32

说明 通过例题 1 和例题 2 看出,利用参考圆确定振动物体对应的状态或运动时间等,都显得非常直观,比根据振动方程去确定更为简便.例如对例题 2,读者不妨再列出振动方程进行比较,可以加深对应用参考圆的体会.

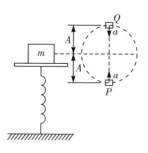

图 6.33

例题 3 在一个振动台上放一台质量 $m=1$ kg 的仪器,当振动台以频率 $f=5$ Hz、振幅 $A=2$ mm 在竖直方向做简谐运动时,仪器对台面的最大压力和最小压力各为多少?取 $g=10$ m/s^2.

分析与解答 画出仪器振动时的参考圆,如图 6.33 所示.仪器在最低位置 P 时的加速度向上,台面对仪器的支持力最大,表

明仪器对台面的压力也最大.仪器在最高位置 Q 时加速度向下(其数值与最低位置相同),台面对仪器的支持力最小,表明仪器对台面的压力也最小.由牛顿第二定律得仪器在最低位置和最高位置时的运动方程分别为

$$N_{\max} - mg = ma, \quad mg - N_{\min} = ma$$

式中

$$a = \omega^2 A = (2\pi f)^2 A = 4\pi^2 f^2 A = 4\pi^2 \times 5^2 \times 2 \times 10^{-3} \text{ m/s}^2$$
$$\approx 1.97 \text{ m/s}^2$$

所以,最大压力和最小压力分别为

$$N_{\max} = mg + ma = (1 \times 10 + 1 \times 1.97) \text{ N} \approx 12 \text{ N}$$
$$N_{\min} = mg - ma = (1 \times 10 - 1 \times 1.97) \text{ N} \approx 8 \text{ N}$$

说明 不要把简谐运动特殊化,振动过程中任何时刻(或任何位置)物体受到的外力与加速度的关系,同样符合牛顿第二定律.

例题 4 在光滑水平直杆上套有一根劲度系数 $k = 10\pi^2$ N/m 的轻弹簧,一端固定,另一端拴着一个质量 $m = 100$ g 的小球.用手拉球使弹簧伸长 4 cm,然后轻轻放手让小球自由振动(图 6.34).试求小球开始运动后经时间 $t = 0.12$ s 时的位置、速度和加速度.

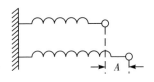

图 6.34

分析与解答 小球振动中的振幅等于初始位移的大小,即 $A = 4$ cm.小球的振动周期为

$$T = 2\pi \sqrt{\frac{m}{k}} = 2\pi \sqrt{\frac{100 \times 10^{-3}}{10\pi^2}} \text{ s} = 0.2 \text{ s}$$

把运动时间 $t = 0.12$ s 代入小球的振动方程,得位移

$$x = A\cos \omega t = A\cos \frac{2\pi}{T} t$$
$$= 4 \times 10^{-2} \cos\left(\frac{2\pi}{0.2} \times 0.12\right) \text{ m} = -3.2 \times 10^{-2} \text{ m}$$

为了确定该时刻的速度和加速度,可画出对应的参考圆.因为经时间 $t=0.12$ s 时小球沿参考圆转过的角度为

$$\theta = \omega t = \frac{2\pi}{T}t = \frac{2\pi}{0.2} \times 0.12 = 1.2\pi$$

即小球位于平衡位置左方,所在位置的半径与 $-x$ 方向间的夹角 $\alpha = 0.2\pi$. 小球沿参考圆运动的线速度 v 和向心加速度 a 在 x 轴上的投影,对应小球的振动速度和加速度,如图 6.35 所示.所以,小球运动的速度(v_x)和加速度(a_x)的大小分别为

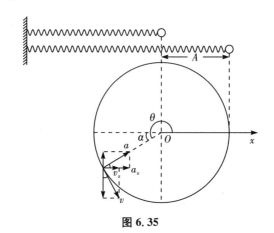

图 6.35

$$v_x = \omega A \sin \alpha = \frac{2\pi}{T} A \sin \alpha$$

$$= \frac{2\pi}{0.2} \times 4 \times 10^{-2} \sin(0.2\pi) \text{ m/s} = 0.74 \text{ m/s}$$

$$a_x = \omega^2 A \cos \alpha = \left(\frac{2\pi}{T}\right)^2 A \cos \alpha$$

$$= \left(\frac{2\pi}{0.2}\right)^2 \times 4 \times 10^{-2} \cos(0.2\pi) \text{ m/s}^2 = 31.55 \text{ m/s}^2$$

这就是说,小球从开始运动后经 $t=0.12$ s 时,位于平衡位置左方 3.2 cm 处,正以速度大小为 0.74 m/s、加速度大小为 31.55 m/s² 向着平衡位置运动.

说明 从参考圆得出简谐运动的速度和加速度的一般表达式为

$$v = -\omega A \sin \omega t, \quad a = -\omega^2 A \cos \omega t$$

根据一般表达式进行计算,结果相同,即

$$v = -\omega A \sin \omega t = -\frac{2\pi}{T} A \sin \frac{2\pi}{T} t$$

$$= -\frac{2\pi}{0.2} \times 4 \times 10^{-2} \sin\left(\frac{2\pi}{0.2} \times 0.12\right) \text{ m/s} = 0.74 \text{ m/s}$$

$$a = -\omega^2 A \cos \omega t = -\left(\frac{2\pi}{T}\right)^2 A \cos \frac{2\pi}{T} t$$

$$= -\left(\frac{2\pi}{0.2}\right)^2 \times 4 \times 10^{-2} \cos\left(\frac{2\pi}{0.2} \times 0.12\right) \text{ m/s}^2 = 31.55 \text{ m/s}^2$$

例题 5 一根弹簧受到 29.4 N 的拉力时伸长 9 cm. 现在弹簧下挂一个质量 $m = 2.5$ kg 的物体,并从平衡位置往下拉 6 cm 后无初速度释放,任其自由振动.

(1) 写出物体的振动方程,并画出振动图像;

(2) 若以物体经平衡位置上方 3 cm 处并正在向上运动的时刻开始计时,写出振动方程并画出振动图像.

分析与解答 弹簧的劲度系数和自由振动的周期分别为

$$k = \frac{F}{\Delta x} = \frac{29.4}{9 \times 10^{-2}} \text{ N/m} = \frac{980}{3} \text{ N/m}$$

$$T = 2\pi \sqrt{\frac{m}{k}} = 2\pi \sqrt{\frac{2.5 \times 3}{980}} \text{ s} \approx 0.55 \text{ s}$$

振动中的平衡位置就是挂上物体后达到静平衡时的位置,振幅等于下拉的距离,即 $A = 6$ cm.

(1) 为了确定振动方程和画出振动图像,以平衡位置为圆心画出参考圆(图 6.36),其半径等于振幅,参考圆的角速度为

$$\omega = \frac{2\pi}{T} = \frac{2\pi}{0.55} \text{ rad/s}$$

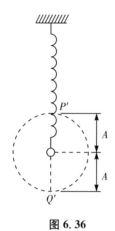

图 6.36

当规定以平衡位置向上为位移的正方向,并以正向最大位移处(对应参考圆中最高点的 P' 点)开始计时,即得振动方程的标准式

$$x = A\cos \omega t$$

题中物体从负向最大位移(对应参考圆中最低点 Q' 点)起振,与标准式的相位差 π,因此振动方程为

$$x = A\cos(\omega t + \pi)$$

$$= 6 \times 10^{-2} \cos\left(\frac{2\pi}{0.55}t + \pi\right) \text{ m}$$

$$= -6 \times 10^{-2} \cos(3.6\pi t) \text{ m}$$

对应的振动图像如图 6.37 所示.

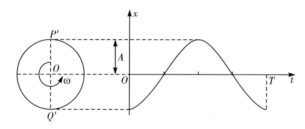

图 6.37

(2) 物体经平衡位置上方 $x_0 = 3$ cm 处且向上运动时,对应于图 6.39 所示参考圆中的 M' 点,它落后于最高点 P' 的相位差设为 φ_0,由图可知

$$\cos \varphi_0 = \frac{x_0}{A} \quad 或 \quad \varphi_0 = \arccos \frac{x_0}{A} = \arccos \frac{1}{2} = \frac{\pi}{3}$$

所以其振动方程为

$$x = A\cos(\omega t - \varphi_0) = 6 \times 10^{-2} \cos\left(\frac{2\pi}{0.55}t - \frac{\pi}{3}\right) \text{ m}$$

$$= 6 \times 10^{-2} \cos(3.6\pi t - \frac{\pi}{3}) \text{ m}$$

对应的振动图像如图 6.38 所示.

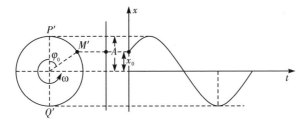

图 6.38

例题 6 试根据图 6.39 中的振动图像,写出物体的振动方程.

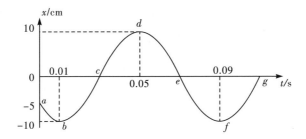

图 6.39

分析与解答 由振动图像可知,物体振动的振幅 $A=10$ cm、周期 $T=0.08$ s,圆频率 $\omega = \dfrac{2\pi}{T} = 25\pi \text{ s}^{-1}$.

为了确定振动的初相位,可画出参考圆,如图 6.40 所示.可见其初相角为

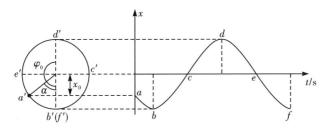

图 6.40

$$\varphi_0 = \pi - \alpha = \pi - \arccos\frac{x_0}{A} = \pi - \arccos\frac{5}{10} = \frac{2\pi}{3}$$

所以振动方程为

$$x = A\cos(\omega t + \varphi_0) = 10\cos\left(25\pi t + \frac{2}{3}\pi\right) \text{ cm}$$

说明 初相位对应于计时开始时物体的振动状态,由图像确定初相位是个难点.利用参考圆直观地显示出计时开始时的状态,就容易确定了,从而也就可以顺利地写出振动方程.

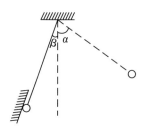

图 6.41

例题 7 一根细的刚性轻杆,下端系一个小球,拉起小球使细杆偏离平衡位置一个小角度 α 后轻轻释放.当细杆摆过平衡位置与竖直方向成 β 角时($\beta < \alpha$),小球与斜墙发生完全弹性碰撞(图 6.41).试求这个小球的振动周期与它自由摆动时的周期之比是多少?小球与墙碰撞的时间不计.

分析与解答 这个小球自由振动时,可以看成一个单摆,在小角度振动时的周期为

$$T = \frac{2\pi}{\omega}$$

当角度 α 很小时,摆的振幅可认为 $A = l\alpha$ (l 为摆长).因此,与摆的自由振动所对应的参考圆的半径 $R = A = l\alpha$,参考点的角速度为 ω.

摆与斜墙发生弹性碰撞,反弹速度与碰前速度大小相同.忽略碰撞时间,在参考圆中相当于从左方某位置刹那间跳到右方某位置.因此,它比自由振动少了沿圆周从左方到右方的一段时间,如图 6.42 所示.

根据图 6.43 中角度 $\gamma = \arccos\dfrac{x}{A} = \arccos\dfrac{\beta}{\alpha}$,参考点做圆运动时从左方位置 b 到右方位置 c 的时间 $\Delta t = \dfrac{2\gamma}{\omega}$.所以这个摆与自由振动

时的周期之比为

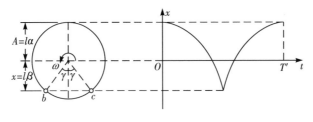

图 6.42

$$\frac{T'}{T} = \frac{T - \Delta t}{T} = 1 - \frac{\frac{2\gamma}{\omega}}{\frac{2\pi}{\omega}} = 1 - \frac{\gamma}{\pi} = 1 - \frac{1}{\pi}\arccos\frac{\beta}{\alpha}$$

说明　小球在竖直线两边做着不对称的运动,如果期望通过直接计算去确定这个问题中的周期之比,是比较困难的. 画出了参考圆,把原来的振动与圆周运动对应起来,物理情境一目了然,就容易理解和求解了.

**等效电容**

根据电容的含义,对等效电容的认识,可以包括两个方面.

(1) 由电容器的连接所形成的等效电容

这是一种显性的等效关系. 前面已经证明,电容器串、并联后的等效电容为

$$C_{并} = \sum_{i=1}^{n} C_i, \quad \frac{1}{C_{串}} = \sum_{i=1}^{n} \frac{1}{C_i}$$

在实际应用中,重要的是正确判断各个电容器之间的连接关系.

例题 1(2012　浙江)　为了测量储罐中不导电液体的高度,将与储罐外壳绝缘的两块平行金属板构成的电容器 C 置于储罐中,电容器可通过开关 S 与线圈 L 或电源相连,如图 6.43 所示. 当开关从 a

拨到 b 时,由 L 与 C 构成的回路中产生了周期 $T=2\pi\sqrt{LC}$ 的振荡电流. 当罐中液面上升时( ).

A. 电容器的电容减小
B. 电容器的电容增大
C. LC 回路的振荡频率减小
D. LC 回路的振荡频率增大

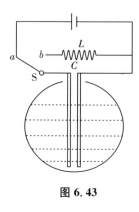

图 6.43

分析与解答 图中 C 实际上由两个电容器并联而成:上部是一个以空气为介质的平行板电容器;下部是一个充满液体介质的平行板电容器. 等效电容为

$$C_\text{总}=C_1+C_2$$

根据平行板电容器的电容公式

$$C=\frac{\varepsilon S}{4\pi kd}$$

当罐中液面上升时,上部电容器 C_1 的正对面积减少,电容量减小;下部电容器 C_2 的正对面积增加,电容量增大. 由于 C_2 中有介质,其结果等效于总电容增大. B 正确.

LC 电路的振荡频率 $f=\dfrac{1}{T}=\dfrac{1}{2\pi\sqrt{LC}}$,当电容量 C 增大时,振荡频率减小,C 正确.

说明 作为简化处理,可以把平行板电容器的上部看成导线,等效于只有一个平行板电容器. 这样就无需涉及电容器并联的概念,得到的结果相同.

例题 2 已知图 6.44 中的电容 $C_2=10\ \mu F$,$C_1=C_3=C_4=4\ \mu F$,求 A、B 间的等效电容.

分析与解答 画出等效电路如图 6.45 所示. 由于 $C_1=C_3=C_4=C_5$,因此电容 C_2 两端的电势差 $U_{ab}=0$,整个电路等效于 a、b 间断路

(或短路),电容 C_2 不起作用.所以 A、B 间的等效电容为

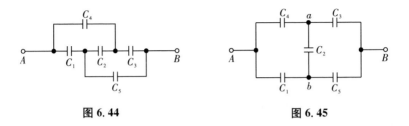

图 6.44　　　　　　　　图 6.45

$$C_{AB} = \frac{C_4 C_3}{C_4 + C_3} + \frac{C_1 C_5}{C_1 + C_5} = \left(\frac{4\times 4}{4+4} + \frac{4\times 4}{4+4}\right) \mu F = 4 \mu F$$

例题 3 一个平行板电容器由 A、B 两板组成,相距为 d,电容量为 C.现把它放在金属盒 KK' 内,金属盒的上下两壁与 A、B 的距离均为 $\frac{d}{2}$(图 6.46),则此时两板引出线 a、b

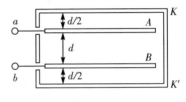

图 6.46

两端间的电容是多少? 若把电容器的一板与盒相连,则 a、b 两端间的电容又是多少?

分析与解答　电容器放入金属盒内后,其 A 板与盒的上侧、B 板与盒的下侧分别构成一个平行板电容器 C'、C''. 由于它们两板之间的距离为 $\frac{d}{2}$,其电容量 $C' = C'' = 2C$. 于是,整个装置可等效成 C' 与 C'' 串联后再与 C 并联的电路,如图 6.47 所示.所以 a、b 间的等效电容为

$$C_{ab} = C + \frac{C' C''}{C' + C''} = C + C = 2C$$

即为原来的 2 倍.

若一个极板(如 A 板)与盒相连,相当于 C' 被短路,整个装置等效于 C 与 C'' 的并联(图 6.48),其等效电容为

$$C'_{ab} = C + C'' = C + 2C = 3C$$

即为原来的3倍.

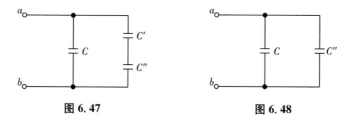

图 6.47　　　　　　　　图 6.48

例题 4　一个平行板电容器的极板面积为 S,间距为 d,中间放有厚度分别为 d_1、d_2、d_3,介电常数分别为 ε_1、ε_2、ε_3 的三种介质,如图 6.49(a)所示,求此电容器的电容量.

分析与解答　原电容器等效于三个平行板电容器的串联,如图 6.49(b)所示.其电容量依次为

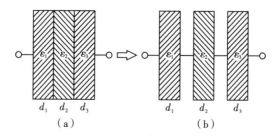

图 6.49

$$C_1 = \frac{\varepsilon_1 S}{4\pi k d_1}, \quad C_2 = \frac{\varepsilon_2 S}{4\pi k d_2}, \quad C_3 = \frac{\varepsilon_3 S}{4\pi k d_3}$$

设等效电容(总电容)为 C,则有

$$\frac{1}{C} = \frac{1}{C_1} + \frac{1}{C_2} + \frac{1}{C_3} = \frac{C_2 C_3 + C_1 C_3 + C_1 C_2}{C_1 C_2 C_3}$$

得

$$C = \frac{C_1 C_2 C_3}{C_2 C_3 + C_1 C_3 + C_1 C_2} = \frac{S}{4\pi k} \cdot \frac{\dfrac{\varepsilon_1}{d_1} \cdot \dfrac{\varepsilon_2}{d_2} \cdot \dfrac{\varepsilon_3}{d_3}}{\dfrac{\varepsilon_2}{d_2} \cdot \dfrac{\varepsilon_3}{d_3} + \dfrac{\varepsilon_1}{d_1} \cdot \dfrac{\varepsilon_3}{d_3} + \dfrac{\varepsilon_1}{d_1} \cdot \dfrac{\varepsilon_2}{d_2}}$$

$$= \frac{S}{4\pi k} \cdot \frac{1}{\dfrac{d_1}{\varepsilon_1} + \dfrac{d_2}{\varepsilon_2} + \dfrac{d_3}{\varepsilon_3}}$$

例题 5 一平行板电容器的极板面积为 S,相距为 d,当其中的 $\dfrac{1}{4}$ 部分充满介电常数为 ε 的介质后(图 6.50),此时电容器的电容量与原来两板间都为空气时的电容量之比为多少？

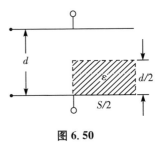

图 6.50

分析与解答 设原来两板间为空气时的电容量为 C_0,即

$$C_0 = \frac{S}{4\pi k d}$$

当板间的 $\dfrac{1}{4}$ 部分充满介电常数为 ε 的介质后,相当于三个电容器的混联,等效电路如图 6.51 所示。每个电容器的电容量分别为

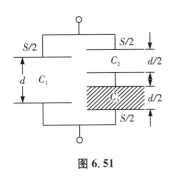

图 6.51

$$C_1 = \frac{S/2}{4\pi k d} = \frac{1}{2} \cdot \frac{S}{4\pi k d} = \frac{C_0}{2}$$

$$C_2 = \frac{S/2}{4\pi k \cdot \dfrac{d}{2}} = \frac{S}{4\pi k d} = C_0$$

$$C_3 = \frac{\varepsilon \cdot \dfrac{S}{2}}{4\pi k \cdot \dfrac{d}{2}} = \frac{\varepsilon S}{4\pi k d} = \varepsilon C_0$$

所以,部分充有介质后的等效电容为

$$C = C_1 + \frac{C_2 C_3}{C_2 + C_3} = \frac{C_0}{2} + \frac{C_0 \varepsilon C_0}{C_0 + \varepsilon C_0} = \frac{1 + 3\varepsilon}{2(1 + \varepsilon)} C_0$$

它与原来两板间为空气时的电容量之比为

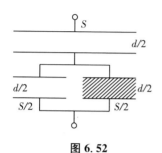

图 6.52

$$\frac{C}{C_0} = \frac{1+3\varepsilon}{2(1+\varepsilon)}$$

说明 有人把充有部分介质后的电容器等效为如图 6.52 的混联电容器,计算结果为

$$\frac{C}{C_0} = \frac{2(1+\varepsilon)}{3+\varepsilon}$$

这是不正确的.因为图 6.52 的混联电容器与图 6.50 的电容器不等效.当充以部分介质后,中心面左、右两半电势不等,两板间的空间形成三个匀强电场区域——左半部分为 E_1 区域,右半部分上层为 E_2 区域.下层为 E_3 区域.图 6.51 中的电容器组,三个区域的电场分布情况不变,因此才能与原电路等效.而画成图 6.52 的电路时,显然已经改变了板间电场的分布,因此与原电路就不再等效.所以,画出等效电路时,任何时候都必须牢记:唯一的准则是彼此效果相同.

(2) 由电容器的含义所形成的等效电容

在物理学上,用电介质隔开的任何两个导体所组成的一个系统,都可以称为电容器.通常情况下,从一个导体发出的全部电场线几乎都终止于另一个导体上,因而两导体带等量异号的电荷.但是,在更一般的情况下,两个导体的带电量不一定等量异号.

电容器的作用是贮存电荷和电能.实际应用中,电容器的结构可以有许多不同的形式,如规则的平行板电容器、圆柱形电容器、球形电容器等.此外,在不同情况下还会遇到形形色色的不规则的分布电容,如导线与金属外壳间,电子元件与导线间,电子线路的两个焊点间,一个开关的两个接触点之间等,都存在着一定的电容.即使是一个孤立的实心或空心导体球,也可以作为一个电容器——与其对应的另一个导体,可以认为是半径无限大、电势为零的球.

根据这个意义,对电容器的理解不应该仅限于常见的平行板电容器,只要符合电容器的物理含义,都可以作为电容器看待,或者说,都构成一个等效电容. 当年英国著名物理学家 W·汤姆孙(开尔文)在铺设大西洋海底电缆时,就遇到这样一个严重的问题 —— 海水是导体,包着绝缘层的海底电缆跟海水组成了一个电容器,对信号的传递会造成影响. 平时我们生活中不经意地把摩擦后的两个物体分开,虽然摩擦得到的电荷量很少,由于形成电容器的电容量极小,因而两者间会产生很高的电势差,甚至会出现"噼噼啪啪"的放电现象*.

对电容器的物理含义具有了比较广泛的认识后,遇到许多实际问题时就容易分析了.

例题 1 如图 6.53 所示是电工常用的测电笔,它有金属笔尖、电阻、氖灯、弹簧和金属帽等组成. 使用时,用手按住金属帽,当笔尖接触火线时,氖灯就会发光. 试画出正确使用时的等效电原理图,并说明原理.

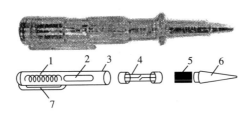

图 6.53 测电笔的结构

1. 弹簧;2. 窗口;3. 笔套;4. 氖管;5. 高电阻;6. 笔尖

分析与解答 用手按住金属帽,当笔尖接触火线时,除了由火线 — 测电笔 — 人体 — 零线形成电流回路外,还由于人体与地面之间存在的电容 C,相当于在测电笔与地面之间并联了一个电容器,因此,完整的等效电路如图 6.54 所示. 其中 R_1 为测电笔的电阻,一般约

---

* 参本丛书《模型》一册对类似这种放电现象的估算.

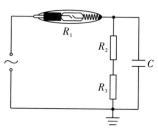

图 6.54

为 $2\ \text{M}\Omega$;R_2 为人体电阻,约在 $10^3 \sim 10^4\ \Omega$ 之间;R_3 为鞋底与地面之间的电阻,它的数值很大. 因此,当电路电压为 220 V 时,若取 $R_3 = 10\ \text{M}\Omega$ 作估算,则电流仅为

$$I = \frac{U}{R_1 + R_2 + R_3} \approx \frac{220}{12.5 \times 10^4}\ \text{A} < 2\ \text{mA}$$

可见通过人体的电流很小,使用测电笔是很安全的*.

说明 测电笔的使用属于初中物理内容,既不用画等效电路,更不用考虑人体电流. 这里结合对电容器意义的了解,在认识上可以更深入一个层次,根据等效电路图,也可以看成由于电容 C 反复的充放电,相当于电流的绝大部分可以经过电容 C 直接回到零线,因此真正通过人体的电流很小.

例题 2 如图 6.55 所示,是一个测定液面高度的传感器,在导线芯的外面涂上一层绝缘物质,放在导电液体中,导线芯和导电液体构成电容器的两极,把这两极接入外电路,当外电路中的电流变化说明电容值增大时,则导电液体的深度 h 的变化为( ).

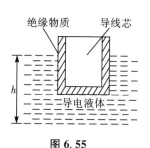

图 6.55

A. 增大   B. 减小
C. 不变   D. 无法确定

分析与解答 导线芯和导电液体构成平行板电容器,根据电容公式

$$C = \frac{\varepsilon S}{4\pi k d}$$

---

* 电工安全操作规定,通过人体的安全电流为 10 mA,在有防止触电保护的情况下,通过人体的允许电流为 30 mA. 通过人体的电流达到 50 mA 就有致命的危险了.

当 ε、d 一定时,电容量的增大只能是由于正对面积 S 的增大所引起的,这里 S 的增大意味着浸入液体中的深度增大,A 正确.

例题3(2010 重庆) 某电容式话筒的原理示意图如图 6.56 所示,E 为电源,R 为电阻,薄片 P 和 Q 为两金属极板,对着话筒说话时,P 振动而 Q 可视为不动,在 P、Q 间距离增大过程中( ).

A. P、Q 构成的电容器的电容增大
B. P 上电荷量保持不变
C. M 点的电势比 N 点的低
D. M 点的电势比 N 点的高

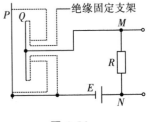

图 6.56

分析与解答 由于 P、Q 两金属板等效于一个平行板电容器,其电容量为

$$C = \frac{\varepsilon S}{4\pi k d}$$

当 P、Q 两板距离增大时,其电容量减少,A 错.

由电路图可知,P、Q 两板间的电压为 $U=E$(电源电压),极板上的带电量

$$Q = CU = CE$$

当 P、Q 两板距离增大时,由于电容量减少,极板上的带电量也减少,B 错.

因为 P 板接电源负极,带有负电荷,Q 板接电源正极,带有正电荷,当 P、Q 两板距离增大,极板上带电量减少时,电容器的放电电流流向为 $Q \to M \to R \to N$,所以 M 点的电势比 N 点的高. 所以 C 错,D 正确.

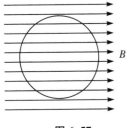

图 6.57

例题4 假想有一水平方向的匀强磁场,磁感应强度 B 很大,有一半径为 R、厚度为 d(d 比 R 小得多)的金属圆盘,在此磁场中竖直下落,盘面始终位于竖直平面内并与

磁场方向平行,如图 6.57 所示. 若要使圆盘在磁场中下落的加速度 a 比没有磁场时减小千分之一(不计空气阻力),试估算所需磁感应强度的数值. 假设金属盘的电阻为零,并设金属盘的密度为 $\rho = 9 \times 10^3$ kg/m^3, 绝对介电常数的数值

$$\varepsilon_0 = 9 \times 10^{-12} \text{ C}^2/(\text{N} \cdot \text{m}^2) *$$

分析与解答 把圆盘看成由两块面积为 $S = \pi R^2$ 的极薄金属片,中间是用长为 d 的许多段导体棒连接起来的. 圆盘下落时,从侧面看,相当于许多长为 d 的导体棒在做切割磁感线的运动,棒中的自由电子在洛伦兹力作用下发生迁移,使板的两侧分别积聚着等量的正负电荷,因此,圆盘下落时就可以等效为一个平行板电容器(图 6.58).

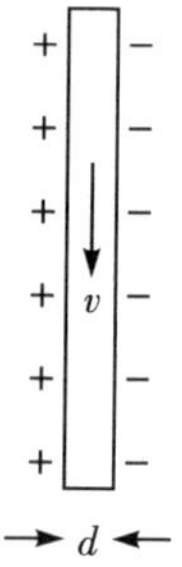

当下落速度为 v 时,圆盘两侧的电压就等于切割磁感线所产生的感应电动势,即

$$U = E = Bdv$$

圆盘的带电量为

$$Q = CU = \frac{\varepsilon_0 S}{d} \cdot Bdv = \varepsilon_0 \pi R^2 Bv$$

当圆盘下落速度变化时,会导致两侧表面电量的变化,形成相应的电流

$$I = \frac{\Delta Q}{\Delta t} = \varepsilon_0 \pi R^2 B \cdot \frac{\Delta v}{\Delta t} = \varepsilon_0 \pi R^2 B \cdot a$$

从而使圆盘受到向上的安培力

$$F_A = BId = \varepsilon_0 \pi R^2 B^2 da$$

图 6.58

---

* 题中给出绝对介电常数,目的是便于计算. 采用绝对介电常数时,平行板电容器的公式相应地表示为 $C = \frac{\varepsilon_0 S}{d}$. 可见,这里的绝对介电常数与目前中学物理教材中的介电常数(相对介电常数)相差系数 $4\pi k$,因此中学物理常见的平行板电容器的公式为 $C = \frac{\varepsilon S}{4\pi kd}$.

根据牛顿第二定律有

$$mg - F_A = ma \quad 即 \quad mg - \varepsilon_0 \pi R^2 B^2 da = ma$$

式中 $m = \rho \cdot \pi R^2 d$，代入上式，得加速度

$$a = \frac{g}{1 + \dfrac{\varepsilon_0 B^2}{\rho}}$$

要求有磁场时的加速度比没有磁场时减小 $\dfrac{1}{1000}$，即要求

$$a = g - \frac{1}{1000}g = \left(1 - \frac{1}{1000}\right)g$$

或

$$\frac{g}{1 + \dfrac{\varepsilon_0 B^2}{\rho}} = \left(1 - \frac{1}{1000}\right)g$$

所以，磁感应强度为

$$B \approx \sqrt{\frac{\rho}{\varepsilon_0} \times 10^{-3}} = \sqrt{\frac{9 \times 10^3}{9 \times 10^{-12}} \times 10^{-3}} \text{ T} = 10^6 \text{ T}$$

6.6 等效电路

中学物理中的电路结构，从功能上说可以分为三部分：电源、负载、测量电表（原则上也属于负载），它们都可以形成一定的等效关系，并且都有着很广泛的实际意义．因此，等效电路的含义很广．下面以负载电阻、电源和电表为核心分为三个小专题，结合具体问题进行说明．

(1) 负载的等效

电路标准化

电路中最常见的负载，主要是纯电阻性的电阻．基本的连接方式

是串联和并联,它们的等效电阻(总电阻)的一般表达式分别为

$$R_{串}=R_1+R_2+\cdots+R_n=\sum R_i$$

$$\frac{1}{R_{并}}=\frac{1}{R_1}+\frac{1}{R_2}+\cdots+\frac{1}{R_n}=\sum \frac{1}{R_i}$$

实际应用中,由于已知电路结构的不规则,等效电阻的计算往往会显得困难. 因此,研究串联和并联电路时确定等效电阻的一个重要环节是电路标准化,也就是首先要正确判断电路中各个元件之间的串、并联关系 —— 如果电路中同一个电流依次通过各电路元件,这些元件就是串联关系;如果电流从某一点开始分流,经不同元件后又汇合在一起,这些元件之间总体上就是并联关系. 然后,把电路中各个元件画成标准的串、并联形式. 有时,某些特殊的电路还需要进行适当的添补或分割,进行一些变换才能找出关系. 电路标准化是分析研究电路、进行电路计算的基本功,也是找到解题入门的一把金钥匙,必须熟练掌握.

例题1 如图 6.59 所示的电路,试画出 A、B 两端点间的标准化电路.

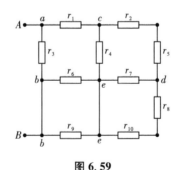

图 6.59

分析与解答 电路标准化的基本步骤:

① 对节点和电阻编号,如图 6.59 中节点为 $a \sim e$,电阻为 $r_1 \sim r_{10}$(短路线两端可标上同一编号).

② 针对所要求的端点,标出电流方向(设从 $A \to B$),先画出直接

连接两端的电阻(r_3).

③ 根据电流流向依次画出各个分支：

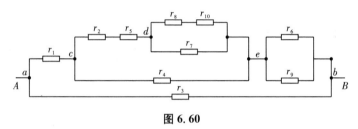

于是得标准化电路图如图 6.60 所示.

图 6.60

说明 电路标准化有不同方法,上面结合解题指出的步骤是比较基本的方法.

例题 2 一个半圆形的薄电阻片,如图 6.61(a)所示夹在两导体板之间时,测得电阻值为 R,则如图(b)夹在两导体板之间时测得的电阻为多少？

分析与解答 半圆薄片是一个不规则导体,为了确定改变连接形式后的电阻,可以采用组合(分割)等效方法进行变换.

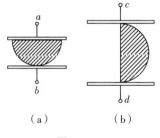

图 6.61

方法 1 在原来的半圆形电阻片上再补形状相同、电阻分别为 R 的一片,形成一个整圆形.此时,a、b 两端测得的电阻为 $2R$——相当于两个电阻为 R 的半圆片串联；因为圆形电阻片夹在两导体板间转过 $90°$ 后的测量值不变,要求在 c、d 两端测得的电阻也应为 $2R$,需要

用电阻为 $4R$ 的两个半圆片并联. 因此,原来图 6.61(b) 测得的电阻应该为 $4R$,如图 6.62 所示.

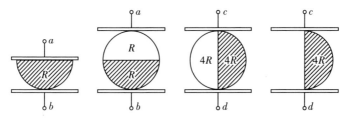

图 6.62

方法 2 把原来的半圆形电阻片分成相同的两半,设每个 1/4 圆片的电阻为 R_0,则图 6.61(a) 中等效于两个电阻的并联,由此得 $R_0 = 2R$. 同理,图 6.61(b) 中等效于两个电阻的串联,因此测得的电阻应该为 $4R$,如图 6.63 所示.

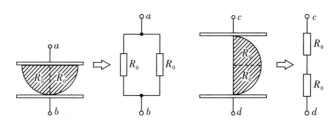

图 6.63

几种典型情况

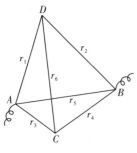

图 6.64

在纯电阻性的电路结构中,有几种情况是比较典型的,如含有桥式电路结构、包含有短路线以及无限网络结构等. 下面,通过对具体问题的分析作进一步的认识.

例题 3 有 6 根电阻值均为 r 的电阻丝,构成如图 6.64 所示的正四面体结构的电路,试求任何两个顶点(如 AB)间的电阻为多少?

分析与解答　设电流从 A 端流入，B 端流出，根据上面介绍的电路标准化方法，得等效电路如图 6.65 所示.

由于 $\dfrac{r_1}{r_2}=\dfrac{r_3}{r_4}$，满足电桥平衡条件，$r_6$ 中没有电流，C、D 间可以认为开路，最后可得等效的电路如图 6.66 所示.所以 A、B 两顶点间的电阻为 $R_{AB}=\dfrac{r}{2}$.

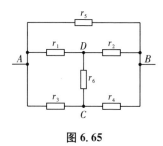

图 6.65

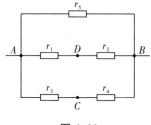

图 6.66

例题 4（2016 新课标 Ⅱ）　阻值相等的四个电阻，电容器 C 及电池 E（内阻可忽略）连接成如图 6.67 所示电路.开关 S 断开且电流稳定时，C 所带的电荷量为 Q_1；闭合开关 S，电流再次稳定后，C 所带的电荷量为 Q_2.Q_1 与 Q_2 的比值为（　　）

A. $\dfrac{2}{5}$　　B. $\dfrac{1}{2}$　　C. $\dfrac{3}{5}$　　D. $\dfrac{2}{3}$

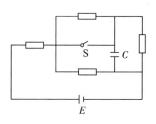

图 6.67

分析与解答　设每个电阻值为 R，开关 S 断开和闭合时的等效电路分别如图 6.68(a)、(b) 所示.

开关 S 断开时，并联部分总电阻和根据分压比得到的电压分别为

$$R_{并}=2R//R=\dfrac{2}{3}R,\quad U_{并}=\dfrac{2}{5}E$$

因此电容器的电压和带电量分别为

$$U_{C1} = \frac{1}{2}U_{并} = \frac{1}{5}E, \quad Q_1 = CU_{C1} = \frac{1}{5}CE$$

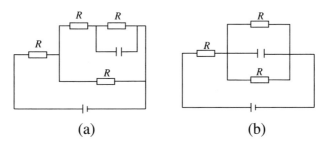

图 6.68

开关 S 闭合时,并联部分总电阻和根据分压比得到的电压分别为

$$R'_{并} = R//R = \frac{1}{2}R, \quad U'_{并} = \frac{1}{3}E$$

因此电容器的电压和带电量分别为

$$U_{C2} = U'_{并} = \frac{1}{3}E, \quad Q_{C2} = CU_{C2} = \frac{1}{3}CE$$

所以 Q_1 与 Q_2 的比值为

$$\frac{Q_1}{Q_2} = \frac{3}{5}$$

正确的是 C.

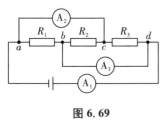

图 6.69

例题 5 如图 6.69 所示的电路中,三个电阻 R_1、R_2、R_3 的电阻值相等,电流表 A_1、A_2、A_3 的电阻均可忽略,则它们的示数(分别为 I_1、I_2、I_3)之比是多少?

分析与解答 电流表的电阻忽略后,接有电流表 A_2、A_3 的两导线都是短路线,a、c 与 b、d 两点的电势分别相等,可见三个电阻是并联关系,通过每个电阻的电流相等.

原电路有 a、b、c、d 四个节点,在 a 与 d 之间共有三条支路,即

第一条支路:$a \to A_2 \to c \to R_3 \to d$

第二条支路:$a \to A_2 \to c \to R_2 \to b \to A_3 \to d$

第三条支路:$a \to R_1 \to b \to A_3 \to d$

画出的等效电路如图 6.70 所示. 因此,电流表 A_2 测量的是流经 R_2、R_3 的电流;电流表 A_3 测量的是流经 R_1、R_2 的电流;电流表 A_1 测量的是电路的总电流. 所以,有

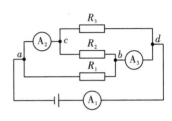

图 6.70

$$I_1 : I_2 : I_3 = 3 : 2 : 2$$

说明 这是很典型的具有短路线结构的问题,只有认识了这个等效电路,插入电表后测量哪部分电流就清楚了.

例题 6(2014 北京大学学科营试题) 无限梯形电阻网络如图 6.71(a)、(b) 所示,试求 A,B 间的等效电阻.

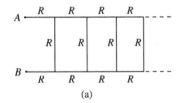
(a)

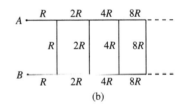
(b)

图 6.71

分析与解答 将原电路(a)从第一节起分解为两部分,设后面部分的等效电阻为 $R_{A'B'}$,则原电路的等效电路如图 6.72 所示.

由于这是一个无限网络,去掉第一节后仍然是无限网络,可以认为其电阻值没有变化,因此有 $R_{A'B'} = R_{AB}$. 于是由

$$R_{AB} = 2R + \frac{R \cdot R_{A'B'}}{R + R_{A'B'}} = 2R + \frac{R \cdot R_{AB}}{R + R_{AB}}$$

即

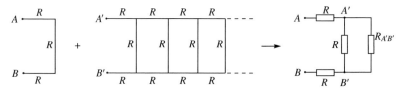

图 6.72

$$R_{AB}^2 - 2RR_{AB} - 2R^2 = 0$$

得

$$R_{AB} = (1+\sqrt{3})R$$

同理,将原电路(b)从第一节起分解为两部分,设后面部分的等效电阻为 $R_{A'B'}$,原电路的等效电路如图 6.73 所示.

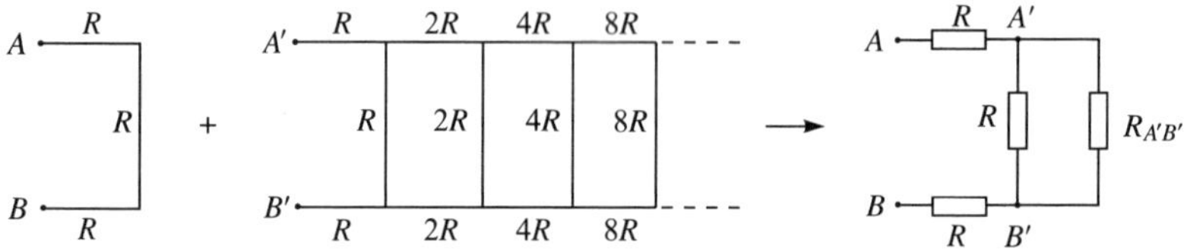

图 6.73

由于去掉第一节后的无限网络相比原网络而言,其电阻从 $2R$ 开始(即相比原网络的电阻大 1 倍),因此有 $R_{A'B'} = 2R_{AB}$. 于是由

$$R_{AB} = 2R + \frac{R \cdot R_{A'B'}}{R + R_{A'B'}} = 2R + \frac{R \cdot 2R_{AB}}{R + 2R_{AB}}$$

得

$$R_{AB} = \frac{5+\sqrt{41}}{4}R$$

练习题

如图 6.74 所示的电路,为了使得 A、B 两端的等效电阻 R_{AB} 与格子数无关,在末端(最右端)接入的电阻 R_x 应该多大?电路的等效电阻 R_{AB} 多大?

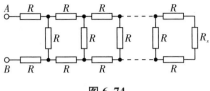

图 6.74

参考答案：$(1+\sqrt{3})R$.

提示：要求接入 R_x 后的总电阻与格子数无关，表示接入 R_x 后最后一格的等效电阻必须等于 R_x，如图 6.75 所示. 由 $R // (2R+R_x) = R_x$ 取合理值得 R_x 值，即可得整个电路的等效电阻.

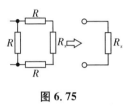

图 6.75

说明 求解无限多网络结构的问题，无法直接应用串并联知识，必须设法转化为有限的网络结构. 这里的要点是：① 认清网络的结构——分清重复单元和固定单元；② 理解"无限"的特点——减少一个或增添一个重复单元，仍然是无限网络，电路性质不变（有时还需要利用对称性）；③ 一般可以从第一节或者从最后一个环节开始，将整个电路进行简化.

非纯电阻性负载

在电路中，有时还可能有日光灯、晶体管等非纯电阻性负载，它们也可以通过等效变换进行计算.

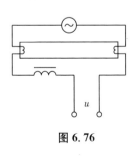

图 6.76

例题 7 如图 6.76 所示日光灯电路，已知灯管电阻为 300 Ω，镇流器的直流电阻为 40 Ω，电感为 1.3 H，已知电源电压有效值 $U = 220$ V，频率 $f = 50$ Hz，试求灯管和镇流器两端的电压.

分析与解答 日光灯的灯管与镇流器串联在电源上，把镇流器

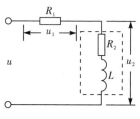

图 6.77

看成由电阻与电感的串联结构,日光灯的等效电路如图 6.77 所示. 电路的总电阻与感抗分别为

$$R = R_1 + R_2 = 300\ \Omega + 40\ \Omega = 340\ \Omega$$

$$X_L = 2\pi f L = 2\pi \times 50 \times 1.3\ \Omega = 408\ \Omega$$

所以,电路的总阻抗为

$$Z = \sqrt{R^2 + X_L^2} = \sqrt{340^2 + 480^2}\ \Omega = 532\ \Omega$$

根据欧姆定律,得电路中的电流强度为

$$I = \frac{U}{Z} = \frac{220}{532}\ \text{A} = 0.414\ \text{A}$$

所以,灯管与镇流器两端的电压分别为

$$U_1 = IR_1 = 0.414 \times 300\ \text{V} = 124.2\ \text{V}$$

$$U_2 = IZ_2 = I\sqrt{R_2^2 + X_L^2} = 0.414\sqrt{40^2 + 408^2}\ \text{V} = 169\ \text{V}$$

说明 在交流电路中,对电流的阻碍作用除了电阻外,还有电感器的感抗和电容器的容抗(它们往往是主要的),统称为阻抗. 由于通过电感器和电容器的电流与通过电阻的电流相位不同,在纯电感和纯电容时,它们分别与通过电阻的电流形成 $\pm 90°$ 的相位差,因此阻抗的一般表达式为

$$Z = \sqrt{R^2 + (X_L - X_C)^2}$$

在交流电路中,电压、电流的有效值和阻抗之间依然符合欧姆定律关系. 这也就是本题计算电流、电压的依据. 理解了日光灯的等效电路及其存在的相位差,对于用交流电压表在灯管和镇流器两端测得的电压之和不等于电源电压(220 V),自然就会明白了.

(2) 电源的等效

电路中的电源,除了电池外,还可能有其他形式. 如通过电磁感应现象发电,磁流体发电,太阳能发电等. 它们都是实实在在的电源,可以给电路（负载）提供电能. 只是这些电源的形式比较"隐蔽",不同于常见的电池,我们就把它们划为"等效电源"了. 无论是利用电池作为电源还是用其他形式的电源,它们都可以跟电路中某些电阻相结合,根据戴维宁定理形成"名副其实"的等效电源.

因此,在应用中首先要认识清楚具体问题中由"谁"作为电源(包括内电阻),接着就可以根据电源两端与负载以及电表的连接,确定负载与电表的接入方式,或画出等效电路图. 这些地方搞清楚后,进一步求解就顺利了.

例题 1 如图 6.78(a) 所示,虚线框内电池的电动势和内电阻以及电阻 R_1、R_2 的电阻均不知. 现在 a、b 两端接入电阻 $R_{x1}=10\ \Omega$ 时,测得通过它的电流 $I_{x1}=1$ A;当改接入电阻 $R_{x2}=18\ \Omega$ 时,测得通过它的电流 $I_{x2}=0.6$ A. 试问,当 R_{x3} 为多少是时通过它的电流 $I_{x3}=0.1$ A?

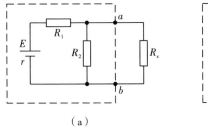
(a)

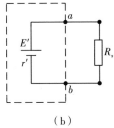
(b)

图 6.78

分析与解答 图 6.78(a) 中的整个虚线框对负载电阻 R_x 来说,起着电源的作用. 把它等效为一个电源,设等效电源的电动势为 E',内电阻为 r',如图 6.78(b) 所示.

由题设条件,根据闭合电路欧姆定律得

$$I_{x1}=\frac{E'}{r'+R_{x1}}, \quad I_{x2}=\frac{E'}{r'+R_{x2}}$$

将两式相比

$$\frac{I_{x1}}{I_{x2}} = \frac{r' + R_{x2}}{r' + R_{x1}}$$

即

$$\frac{1}{0.6} = \frac{r' + 18}{r' + 10} \Rightarrow r' = 2\ \Omega$$

将它代入上面的电流表达式,可求得等效电源的电动势

$$E' = 12\ \text{A}$$

于是由

$$I_{x3} = \frac{E'}{r' + R_{x3}}$$

得

$$R_{x3} = \frac{E'}{I_{x3}} - r' = \left(\frac{12}{0.1} - 2\right)\ \Omega = 118\ \Omega$$

说明 本题中认识到将虚线框内部分作为一个电源,是突破困难的关键.实际上这就是前面所介绍的等效电压源定理(戴维宁定理)在比较简单情况下的应用.

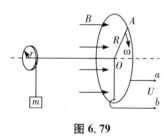

图 6.79

例题 2(2014 浙江) 某同学设计一个发电测速装置,工作原理如图 6.79 所示.一个半径为 $R = 0.1$ m 的圆形金属导轨固定在竖直平面上,一根长为 R 的金属棒 OA,A 端与导轨接触良好,O 端固定在圆心处的转轴上.转轴的左端有一个半径为 $r = \dfrac{R}{3}$ 的圆盘,圆盘和金属棒能随转轴一起转动.圆盘上绕有不可伸长的细线,下端挂着一个质量为 $m = 0.5$ kg 的铝块.在金属导轨区域内存在垂直于导轨平面向右的匀强磁场,磁感应强度 $B = 0.5$ T.a 点与导轨相连,b 点通过电刷与 O 端相连.测量 a、b 两点间的电势差 U 可算得铝块速度.铝块由静止释放,下落 $h = 0.3$ m 时,

测得 $U=0.15$ V.(细线与圆盘间没有滑动,金属棒、导轨、导线及电刷的电阻均不计,重力加速度 $g=10$ m/s².)

(1) 测 U 时,a 点相接的是电压表的"正极"还是"负极"?

(2) 求此时铝块的速度大小;

(3) 求此下落过程中铝块机械能的损失.

分析与解答 (1) 铝块下落时,从左向右看去,带动金属棒在圆形导轨上顺时针方向旋转.金属棒切割磁感线产生感应电动势,其方向从中心 O 指向 A.因此由金属棒作为"电源",外电路中的电流流向为 $A\to a\to$ 电压表 $\to b\to O$,即 a 端应接电压表的"正极"(正接线柱).

(2) 设金属棒 OA 旋转的角速度为 ω,产生的感应电动势为

$$E=BR\bar{v}=BR\cdot\frac{0+\omega R}{2}=\frac{1}{2}B\omega R^2 \qquad ①$$

由于金属棒与导轨等均不计电阻,电压表测量的就是感应电动势的值,即

$$U=E=\frac{1}{2}B\omega R^2 \qquad ②$$

因为绕有铝块的小圆盘与圆形导轨是共轴转动的,因此小圆盘边缘的速度,即铝块的下落速度为

$$v=\omega r \qquad ③$$

将式③和 $r=\dfrac{R}{3}$ 代入式②,得

$$v=\frac{2U}{3BR}=\frac{2\times 0.15}{3\times 0.5\times 0.1}\text{ m/s}=2\text{ m/s}$$

(3) 根据能的转化和守恒,得铝块机械能的损失(即产生的电能)为

$$\Delta E=mgh-\frac{1}{2}mv^2=0.5\times 10\times 0.3\text{ J}-\frac{1}{2}\times 0.5\times 2^2\text{ J}=0.5\text{ J}$$

例题 3(2014 福建) 如图 6.80 所示,某一新型发电装置的发

电管是横截面为矩形的水平管道,管道的长为 L、宽度为 d、高为 h,上下两面是绝缘板,前后两侧面 M、N 是电阻可忽略的导体板,两导体板与开关 S 和定值电阻 R 相连. 整个管道置于磁感应强度大小为 B,方向沿 z 轴正方向的匀强磁场中. 管道内始终充满电阻率为 ρ 的导电液体(有大量的正、负离子),且开关闭合前后,液体在管道进、出口两端压强差的作用下,均以恒定速率 v_0 沿 x 轴正向流动,液体所受的摩擦阻力不变.

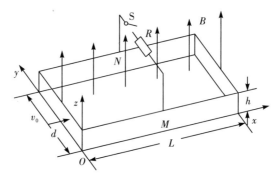

图 6.80

(1) 求开关闭合前,M、N 两板间的电势差大小 U_0;

(2) 求开关闭合前后,管道两端压强差的变化 Δp;

(3) 调整矩形管道的宽和高,但保持其他量和矩形管道的横截面 $S = dh$ 不变,求电阻 R 可获得的最大功率 P_m 及相应的宽高比 d/h 的值.

分析与解答 (1) 设正负粒子的电量(绝对值)均为 q,当它们以速度 v_0 在管道内沿 x 轴运动时,受到洛伦兹力作用会使它们分别向 M、N 两侧偏移,从而在两导体板间建立电场(霍尔电场),因此两极板就等效于电源的两极. 设稳定时两极板间的霍尔电势差为 U_0,由平衡条件

$$qv_0 B = q\frac{U_0}{d} \Rightarrow U_0 = v_0 Bd \qquad ①$$

(2) 由于 M、N 两板形成等效电源的正负两极,霍尔电势差就是等效电源的电动势.设等效电源的内电阻为 r,它就是两极板间所包含的液体的电阻,由电阻定律知

$$r = \rho \frac{d}{Lh} \qquad ②$$

合上开关 S 后,M、N 两板对电阻 R 供电,电流强度为

$$I = \frac{E_0}{R+r} = \frac{U_0}{R+r} \qquad ③$$

通过管道内的电流会受到安培力作用,大小为

$$F = BId \qquad ④$$

其方向指向 x 方向,从而使前后两侧形成压强差.离子流保持一定的速度时,安培力应该与摩擦阻力 f 平衡,即

$$f = F \qquad ⑤$$

设管道两端的压强差为 Δp,要求导电液体保持恒定速度流动,由压强差形成的压力应该恰好平衡摩擦阻力,即满足条件

$$\Delta p \cdot dh = f \qquad ⑥$$

联立式 ①~⑥,得压强差

$$\Delta p = \frac{B^2 L v_0 d}{RLh + \rho d}$$

(3) 根据外电阻获得最大电功率的条件,即要求

$$R = r = \rho \frac{d}{Lh}$$

最大电功率为

$$P_{max} = \frac{E^2}{4r} = \frac{U_0^2}{4r} = \frac{(v_0 Bd)^2}{4\rho \frac{d}{Lh}} = \frac{v_0^2 B^2 LS}{4\rho}$$

说明 本题有两个要点:① 认识到由于霍尔效应使两极板成为

等效电源、管道内液体成为等效内阻;② 要求管道内液体匀速流动,由压强差引起的压力应该平衡摩擦阻力,其大小等于安培力.

(3) 电表的等效

前面说过,电流表等效于一个能显示电流的小电阻,电压表等效于一个能显示电压的大电阻.或者,把电路中的电流表等效于一个理想电流表与小电阻的串联;把电压表等效于理想电压表与大电阻的并联.作了这样的等效变换,对于涉及电表的一些问题往往就比较容易处理了.

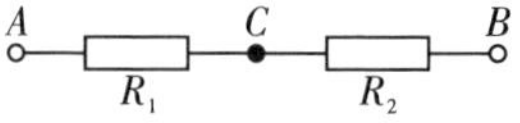

例题 1 电阻 $R_1 = 600\ \Omega$, $R_2 = 400\ \Omega$,串联后接在电压恒为 $U = 90$ V 的电路上(图 6.81).试求:

图 6.81

(1) 用一个内阻 $R_V = 1200\ \Omega$ 的电压表与 R_1 并联,测得的电压是多少?

(2) 用这个电压表与 R_2 并联,测得的电压是多少?

分析与解答 把电压表等效为理想电压表与内电阻 R_V 的并联组合.

(1) 当电压表并联在 R_1 上时,等效电路如图 6.82 所示.AC 部分等效电阻

$$R_{AC} = \frac{R_1 R_V}{R_1 + R_V} = \frac{600 \times 1200}{600 + 1200}\ \Omega = 400\ \Omega$$

由串联分压得电压表的示数为

$$U'_{AC} = \frac{R_{AC}}{R_{AC} + R_2} U = \frac{400}{400 + 400} \times 90\ \text{V}$$
$$= 45\ \text{V}$$

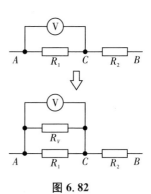

图 6.82

(2) 当电压表并联在 R_2 上时,等效电路如图 6.83 所示.CB 部分等效电阻

$$R_{CB} = \frac{R_2 R_V}{R_2 + R_V} = \frac{400 \times 1200}{400 + 1200}\ \Omega = 300\ \Omega$$

所示,电压表的示数为

$$U'_{CB} = \frac{R_{CB}}{R_1 + R_{CB}} U = \frac{300}{600 + 300} \times 90\ \text{V}$$
$$= 30\ \text{V}$$

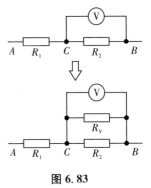

图 6.83

说明 未接电压表时,两电阻上的电压分别为

$$U_1 = \frac{R_1}{R_1 + R_2} U = \frac{3}{5} U = 54\ \text{V} > U'_{AC}$$

$$U_2 = \frac{R_2}{R_2 + R_1} U = \frac{2}{5} U = 36\ \text{V} > U'_{CB}$$

接入电压表测得的电压都偏小.但两次测量值之比却不变,即

$$\frac{U'_{AC}}{U'_{CB}} = \frac{U_1}{U_2} = \frac{3}{2}$$

这就是说,两个电阻串联在恒压电路上,用电压表依次测得两电阻上的电压之比等于其电阻值之比.有兴趣的读者,不妨证明一下这个结论.

例题 2 有一个电压 $U = 600$ V 的恒压直流电源,通过两条电阻不计的输电线与负载电阻 R 连接.由于输电线绝缘材料的限制,使它们与地之间形成一定的绝缘电阻,分别如图 6.84 中 R_1 和 R_2 所示.为了测量这两个绝缘电阻的大小,可在电源旁接入电压表.若把开关 S 扳到触点 1 时,电压表测得的示数为 -300 V;把开关扳到触点 2 时,电压表测得的示数为 $+120$ V.已知电压表的内电阻 $R_V = 200$ kΩ,试求两绝缘电阻 R_1、R_2 的大小.

分析与解答 把电压表等效为电阻 R_V 与理想电压表的组合.由于输电线的电阻不计,因此当开关 S 扳向触点 1 时,原电路等效于电压表内阻 R_V 与 R_1 并联后,再与 R_2 串联,然后接在电源两端,如图

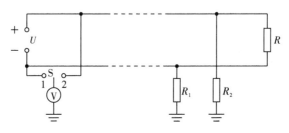

图 6.84

6.85 所示. 于是得关系式

$$(R_V \mathbin{/\mkern-3mu/} R_1) : R_2 = 300 : (600-300) = 1 : 1 \qquad ①$$

同理,当开关 S 扳向触点 2 时,原电路等效于电压表内阻 R_V 与 R_2 并联后,再与 R_1 串联,然后接在电源两端,如图 6.86 所示. 又得关系式

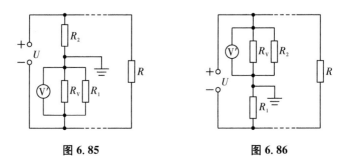

图 6.85　　　　　　　图 6.86

$$(R_V \mathbin{/\mkern-3mu/} R_2) : R_1 = 120 : (600-120) = 1 : 4 \qquad ②$$

联立①、②两式,解得

$$R_1 = 300 \text{ k}\Omega, \quad R_2 = 120 \text{ k}\Omega$$

说明　题中把地作为零电势位置(电势参考位置),比地的电势高为正,比地的电势低为负. 这是实际应用中习惯的做法,但并不影响分压比的关系.

例题 3　如图 6.87 所示的两种电路中,电源相同,各电阻器的阻值相等,各电流表的内阻相等且不可忽略不计,电流表 A_1、A_2、A_3 和

A_4 读出的电流值分别为 I_1、I_2、I_3 和 I_4,下列关系式中正确的是( ).

A. $I_1 = I_3$
B. $I_1 < I_4$
C. $I_2 = 2I_1$
D. $I_2 < I_3 + I_4$

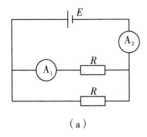
(a)

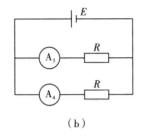
(b)

图 6.87

分析与解答 设电源内阻为 r,把电流表等效为电阻 r_A,两电路可等效成如图 6.88 所示的电路.

在图 6.87(a) 中,两支路不对称,$I_2 \neq 2I_1$,C 错.

在图 6.87 中(a)、(b) 两电路的总外阻分别为

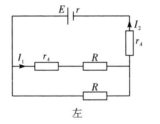
左

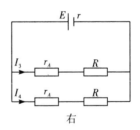
右

图 6.88

$$R_{左} = r_A + [(r_A + R) /\!/ R] = \frac{R^2 + r_A^2 + 3Rr_A}{r_A + 2R}$$

$$R_{右} = \frac{1}{2}(r_A + R) = \frac{(r_A + R)(r_A + 2R)}{2(r_A + 2R)} = \frac{2R^2 + r_A^2 + 3Rr_A}{2(r_A + 2R)}$$

由于 $R_{左} > R_{右}$,两电路总电流的大小关系 $I_{左} < I_{右}$,则

$$I_2 < I_3 + I_4$$

所以,D 正确.

因为 $I_1 < \frac{1}{2}I_左$,$I_3 = I_4 = \frac{1}{2}I_右$,所以 $I_1 < I_3 = I_4$,A 错,B 正确.

说明 本题是 1998 年全国高考题,它不仅包含着电表的等效变换,还可以通过电表位置的变化(相当于电阻的连接变化)造成总电阻大小的变化,并得出一个普遍的结论,堪称经典的范例,依然很有启发性的探究意义.

如图 6.89 所示,设有 n 个支路组成的并联电路,其中第 k 个支路电阻表示为 R_{k1}、R_{k2}. 现把它的一个电阻(如 R_{k2})与整个并联电路串联起来,如图 6.90 所示.

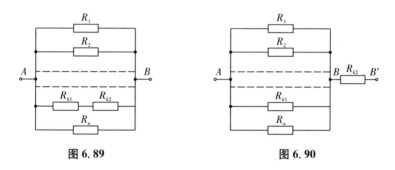

图 6.89　　　　　图 6.90

两种情况下并联部分的总电阻设为 $R_并$、$R'_并$,则

$$\frac{1}{R_并} = \frac{1}{R_1} + \frac{1}{R_2} + \cdots + \frac{1}{R_{k1}+R_{k2}} + \frac{1}{R_n}$$

$$\frac{1}{R'_并} = \frac{1}{R_1} + \frac{1}{R_2} + \cdots + \frac{1}{R_{k1}} + \frac{1}{R_n}$$

两式相减

$$\frac{1}{R'_并} - \frac{1}{R_并} = \frac{1}{R_{k1}} - \frac{1}{R_{k1}+R_{k2}}$$

或

$$\frac{R_并 - R'_并}{R_并 R'_并} = \frac{R_{k2}}{R_{k1}(R_{k1}+R_{k2})}$$

则

$$R_并 - R'_并 = \frac{R_{k2}}{R_{k1}(R_{k1}+R_{k2})} R_并 R'_并$$

由于并联总电阻恒小于其中任何一个电阻,即

$$R_并 < R_{k1}+R_{k2}, \quad R'_并 < R_{k1}$$

所以

$$R_并 - R'_并 < R_{k2}$$

或

$$R_并 < R'_并 + R_{k2}$$

这就是说,如果把并联支路中任何一个支路的一部分电阻取出,移到并联电路外与之串联起来,其总电阻一定大于原来的并联电路的电阻. 这是一个有普遍意义的结论,在电路分析中会很有用.

例题 4 如图 6.91 所示是用电压表和电流表测量电源电动势和内电阻的一种电路. 试分析,这样测得的电源电动势和内电阻产生的相对误差有多大?

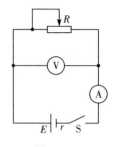

图 6.91

分析与解答 设实验中测量值分别为 $E_测$、$r_测$,真实值分别为 E、r,电压表和电流表的内电阻分别设为 R_V 和 R_A.

把实际的电压表等效成理想电压表(内电阻无限大)与内阻 R_V 的并联;实际的电流表等效成理想电流表(内电阻等于零)与内阻 R_A 的串联. 于是,原电路可以等效为图 6.92 的电路. 再把 R_V 并入 R,把 R_A 并入电源内阻,最后又可等效为图 6.93 的电路. 这样,原来是两个实际电表的测量电路,摇身一变就成为用两个理想电表在一个新的条件下的测量电路. 这个新电池的电动势和内电阻分别为

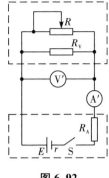

图 6.92　　图 6.93

$$E' = E, \quad r' = r + R_A$$

可见，电动势和内阻的测量值分别为

$$E_测 = E, \quad r_测 = r + R_A > r$$

实验产生的相对误差分别为

$$\eta_E = \left|\frac{E_测 - E}{E}\right| = 0, \quad \eta_r = \left|\frac{r_测 - r}{r}\right| = \frac{R_A}{r}$$

说明　如果根据闭合电路欧姆定律通过计算去确定两者的相对误差，计算过程如下：考虑到电流表内电阻 R_A 的分压作用后，由

$$E = U_1 + I_1(R_A + r), \quad E = U_2 + I_2(R_A + r)$$

联立两式，得

$$r = \frac{U_1 - U_2}{I_2 - I_1} + \frac{I_1 - I_2}{I_2 - I_1}R_A = r_测 - R_A < r_测$$

$$E = \frac{U_1 I_2 - U_2 I_1}{I_2 - I_1} = E_测$$

由此同样可得到相对误差．两者相比，采用等效方法的优势是不言而喻的．

6.7 等效力场

大家知道,物体做加速运动时,可以引入一个等效重力场,把运动问题转化为平衡问题.当物体在同时有重力、电场力、磁场力的复合场中运动时,也可以引入一个等效力场,把复合场中的问题简化为类似于重力场中的运动问题.这两种情况,在中学物理中都有着比较普遍的反映.

(1) 等效重力场

例题 1 一个升降机内部高 $l=2.8$ m,以加速度 $a=1.2$ m/s² 匀加速上升.当上升速度为 $v=2.4$ m/s 时,有一颗螺丝钉从升降机的顶板上松落.试求螺丝钉落到升降机地板上的时间是多少? 取 $g=10$ m/s².

分析与解答 对于升降机内的观察者(以及升降机内一切物体),相当于处在一个新的重力场中(图 6.94).这个重力场强度——等效重力加速度为

$$g' = g + a$$

因此,螺丝钉落到升降机地板上的时间为

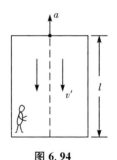

图 6.94

$$t = \sqrt{\frac{2l}{g'}} = \sqrt{\frac{2l}{g+a}} = \sqrt{\frac{2\times 2.8}{10+1.2}}\ \text{s} \approx 0.7\ \text{s}$$

说明 如果从地面参考系考虑,这里就涉及两个研究对象——升降机和螺丝钉,它们分别做着不同的运动,请有兴趣的同学自行列式求解比较.

例题 2 在升降机中固定一个倾角为 θ 的斜面,斜面上放一块质量为 m 的物体.当升降机以加速度 a 匀加速上升时,物体静止在斜面上(图 6.95),那么斜面对物体作用力的大小与方向分别为(   ).

图 6.95

A. $m(g+a)$,竖直向上
B. $m(g+a)\cos\theta$,竖直向上
C. $m(g+a)$,垂直斜面向上
D. $m(g+a)\cos\theta$,竖直向上

分析与解答 以升降机为参考系,引入等效重力加速度

$$g' = g + a$$

根据物体静止在斜面上的条件,立即可知斜面对物体作用力的大小为

$$F = mg' = m(g+a)$$

方向竖起向上(图 6.96). 正确的是 A 选项.

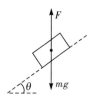

图 6.96

说明 题中所说"斜面对物体的作用力",指的是斜面对物体摩擦力和支持力的合力. 在地面参考系中,由图 6.97 可知

$$N\cos\theta + f\sin\theta - mg = ma$$
$$N\sin\theta - f\cos\theta = 0$$

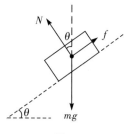

图 6.97

又有

$$F = \sqrt{N^2 + f^2}$$

联立三式即得

$$F = m(g+a)$$

例题 3 三个质量相同、形状也相同的楔形木块放在粗糙的水平面上,另有三个质量相同的小物块从楔形木块的顶端滑下. 由于两者间的摩擦情况不同,第一个物块匀加速下滑,第二个物块匀速下滑,第三个物块以初速度 v_0 匀减速下滑(图 6.98),三个楔形木块均保持静止. 设物块下滑过程中三个木块对地面的压力分别为 N_1、N_2 和 N_3,则其大小关系是( ).

A. $N_1 = N_2 = N_3$ B. $N_1 > N_2 > N_3$
C. $N_1 < N_2 < N_3$ D. $N_1 = N_2 > N_3$

图 6.98

分析与解答 设小物块的质量为 m,楔形木块的质量为 M.根据匀速运动与静止的等效关系,第二个小物块等效于静止在斜面上,楔形木块对平面的压力为

$$N_2 = (m+M)g$$

第一和第三个物块分别具有沿斜面向下和向上的加速度,在竖直方向的分量设为 a_{y1} 和 a_{y3},可分别引入等效重力加速度

$$g_1 = g - a_{y1} < g, \quad g_3 = g + a_{y3} > g$$

相当于部分失重和超重,则楔形木块对平面的压力

$$N_1 < (m+M)g, \quad N_3 > (m+M)g$$

所以对平面压力的大小关系是 $N_1 < N_2 < N_3$,C 正确.

说明 本题若通过列式计算判断是很麻烦的,引入等效重力加速度,从等效于部分失重和超重进行判断就显得很轻松了.

例题 4 一个举重运动员在地面上最多能举起质量 $m = 60$ kg 的物体,在一个匀加速下降的电梯里却最多能举起质量 $m_1 = 80$ kg 的物体,那么他在以同样大小的匀加速上升的电梯里,最多能举起质量 m_2 为多少的物体?取 $g = 10$ m/s².

分析与解答 设电梯的加速度大小为 a,它加速下降或加速上升时的等效重力场强度分别为 $g_1 = g - a$,$g_2 = g + a$.

运动员在不同情况下举起最大质量的物体时,它们的"重力"都相同,即

$$F = mg = m_1 g_1 = m_2 g_2 \quad \text{或} \quad mg = m_1(g-a) = m_2(g+a)$$

得加速度的大小

$$a = \frac{m_1 - m}{m_1} g = \frac{80 - 60}{80} \times 10 \text{ m/s}^2 = 2.5 \text{ m/s}^2$$

所以,运动员在加速向上的电梯里能举起物体的质量为

$$m_2 = \frac{g}{g+a} m = \frac{10}{10+2.5} \times 60 \text{ kg} = 48 \text{ kg}$$

说明 本题的关键是认识到不同情况下举起物体的"重力"相同.人们常说,在月球上会举起更多质量的物体,道理是一样的.

例题 5(2007 上海) 一天,下着倾盆下雨,某人乘坐列车时发现,车厢的双层玻璃内积水了.列车进站过程中,水面的形状如图 6.99 中 _____.

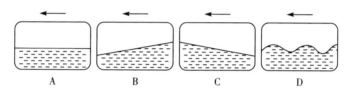

图 6.99

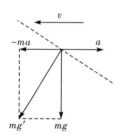

图 6.100

分析与解答 列车进站减速前进,其加速度方向与速度方向相反,即加速度方向水平向右.以车厢为参考系时,可以引入惯性力($-ma$),等效重力加速度为

$$g' = \sqrt{g^2 + a^2}$$

其方向倾斜指向左下方,水面上每个水质点都受到"倾斜重力"的作用,如图 6.100 所示.因为"水平方向"必然与其垂直,所以图中 C 是正确的.

说明 一些同学认为列车减速前进时,水与其他物体一样有"前冲"的趋势,从而作出选择.但是,"前冲"趋势为什么会形成各处倾斜一致的水面呢?显然,这里仅依据牛顿第一定律作出选择解释还欠充分.虽然从得分来说,可以不管"白猫、黑猫",但学习知识却必须脚踏实地.

例题 6(2014 全国新课标Ⅰ) 如图 6.101,用橡皮筋将一小球悬挂在小车的架子上,系统处于平衡状态.现使小车从静止开始向左加速,加速度从零开始逐渐增大到某一值,然后保持此值,小球稳定后偏离竖直方向某一角度(橡皮筋在弹性限度内).与稳定在竖直位置时相比,小球高度( ).

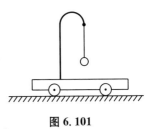

图 6.101

A. 一定升高

B. 一定降低

C. 保持不变

D. 升高或降低由橡皮筋的劲度系数决定

分析与解答 相对小车为参考系,小球在重力、惯性力和弹力作用下处于平衡状态(图 6.102).设悬线向右偏离与竖直方向间的夹角为 θ,等效重力场强度为

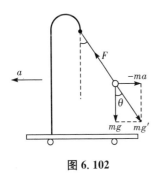

图 6.102

$$g' = \sqrt{g^2 + a^2} \quad \text{或} \quad g' = \frac{g}{\cos\theta}$$

设橡皮筋的原长为 l_0,小车静止和加速运动时,橡皮筋的长度分别为

$$l_1 = l_0 + \frac{mg}{k}$$

$$l_2 = l_0 + \frac{mg'}{k} = l_0 + \frac{mg}{k\cos\theta}$$

小车静止和加速时小球离开悬挂点的竖直高度分别为

$$h_1 = l_1 = l_0 + \frac{mg}{k}$$

$$h_2 = l_2 \cos\theta = l_0 \cos\theta + \frac{mg}{k} < h_1$$

所以,A 正确.

例题 7 在一个倾角为 α 很长的光滑斜面上,一节质量为 m_0 的密闭车厢沿斜面自由下滑.在车厢内从地板上 O 点斜向抛出一个小球,抛出时相对车厢的初速度为 v_0,与地板夹角为 θ(图 6.103).不计一切阻力,试求小球落回车厢地板时相对抛出点的距离.

分析与解答 车厢沿斜面自由下滑的加速度为

$$a = g\sin\alpha$$

引入等效重力加速度(图 6.104)

$$g' = \sqrt{g^2 - (g\sin\alpha)^2} = g\cos\alpha$$

因此在车厢内的射程为

$$x = v_0 \cos\theta \cdot \frac{2v_0 \sin\theta}{g'} = \frac{v_0^2 \sin 2\theta}{g\cos\alpha}$$

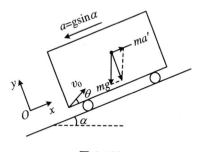

图 6.103

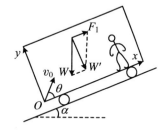

图 6.104

说明 对于在密闭车厢内的观察者,感觉不到地板的倾斜,仍然认为地板是水平的,只是感觉每个物体像着了魔似的都受到一个斜向上的力(大小为 $mg\sin\alpha$),因此受到的重力变为

$$G' = mg' = \sqrt{(mg)^2 - (mg\sin\alpha)^2} = mg\cos\alpha$$

其方向垂直地板向下,如图 6.104 所示.

例题 8 一个封闭、弯曲的玻璃管 ABC 处于竖直平面内,其中充满某种液体,液体中有一木块,它的密度 ρ 为液体密度 ρ_0 的 $\frac{1}{2}$. 木块从 A 端由静止开始运动,运动中木块和管壁间的摩擦因数 $\mu=0.5$(图 6.105). 已知玻璃管两臂平滑连接,顶端 B 附近是一小段圆弧,两臂长 $AB=BC=l=2$ m,与地面间夹角 $\alpha=37°$,取 $g=10$ m/s^2. 求:

(1) 木块到达最高点 B 的速度;

(2) 木块从开始运动到第一次速度为零的时间;

(3) 木块最终静止于何处? 它从开始运动到静止经历的总路程是多少?

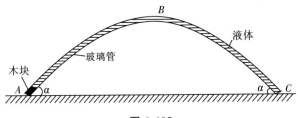

图 6.105

分析与解答 木块运动过程中受到的重力和浮力都是恒力,浮力大小为

$$Q=\rho_0 gV=\rho_0 g\frac{m}{\frac{1}{2}\rho_0}=2mg$$

把木块所受的重力和浮力合成后,可以认为木块处于等效重力加速度 $g'=g$、方向竖直向上的等效重力场中,如图 6.106(a) 所示.

由于木块运动过程中只是压紧管内的上表面,因此,如果把整个装置以 AC 为轴旋转 $180°$,又可等效为在重力场 g' 中沿对接斜面的运动,如图 6.106(b) 所示.

(1) 由动能定理

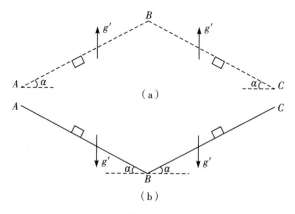

图 6.106

$$mg'\sin\alpha \cdot l - \mu mg'\cos\alpha \cdot l = \frac{1}{2}mv_B^2$$

得木块到达最高点的速度

$$v_B = \sqrt{2g'l(\sin\alpha - \mu\cos\alpha)}$$
$$= \sqrt{2\times 10\times 2(0.6-0.5\times 0.8)} \text{ m/s} = 2\sqrt{2} \text{ m/s}$$

(2) 设木块第一次速度为零时位于 BC 段的 D 处(未画出),从 $A\to B$ 的时间为 t_1,从 $B\to D$ 的时间为 t_2,由动量定理

$$mg'\sin\alpha \cdot t_1 - \mu mg'\cos\alpha \cdot t_1 = mv_B - 0$$
$$-mg'\sin\alpha \cdot t_2 - \mu mg'\cos\alpha \cdot t_2 = 0 - mv_B$$

分别得

$$t_1 = \frac{v_B}{g'(\sin\alpha - \mu\cos\alpha)} = 1.41 \text{ s}$$

$$t_2 = \frac{v_B}{g'(\sin\alpha + \mu\cos\alpha)} = 0.28 \text{ s}$$

所以,木块从开始运动到第一次速度为零的时间为

$$t = t_1 + t_2 = 1.69 \text{ s}$$

(3) 由图 6.100(b) 的运动很容易判断,木块最终必停止于 B 处. 因为木块的初始总能量完全消耗于克服摩擦力所做的功,于是由

$$mg'l\sin\alpha = \mu mg'\cos\alpha \cdot x$$

立即可得木块通过的总路程

$$x = \frac{l\sin\alpha}{\mu\cos\alpha} = \frac{2\times 0.6}{0.5\times 0.8}\ \text{m} = 3\ \text{m}$$

说明 本题通过引入等效力场、将玻璃管倒转这样的两次等效,将原题转化为一个常见的沿对接斜面的运动,就可以轻松求解,充分显示了等效思维的魅力.

例题 9 一艘宇宙飞船在某阶段分成质量比为 1∶2 的两部分,相距为 L,由辅助发动机使它们相对于公共质心旋转.今发现在质量较大的这部分舱内摆钟的振动周期比在地面上慢一半,试求两部分绕公共质心旋转的周期.

分析与解答 设飞船的两部分质量分别为 m_1 和 m_2,且 $\frac{m_1}{m_2} = \frac{1}{2}$.根据摆的振动周期 $\tau = 2\pi\sqrt{\frac{l}{g}}$,结合题中条件可知,质量为 m_2 的这部分舱内所形成的等效重力加速度 $g_2 = \frac{g}{4}$.这个等效重力加速度(等效力场强度)就是由于它们绕公共质心旋转而产生的向心加速度,即

$$g_2 = a_2 = \frac{4\pi^2 r_2}{T^2}$$

式中,T 为旋转周期,r_2 为 m_2 离开公共质心的距离.设另一部分 m_1 离公共质心的距离为 r_1(图 6.107),由

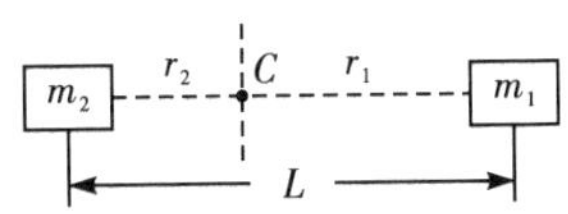

$$r_1 + r_2 = L, \quad \frac{m_1}{m_2} = \frac{r_2}{r_1} = \frac{1}{2}$$

得

$$r_2 = \frac{1}{3}L$$

图 6.107

所以,它绕公共质心旋转的周期为

$$T = 2\pi\sqrt{\frac{r_2}{g_2}} = 2\pi\sqrt{\frac{\frac{1}{3}L}{\frac{1}{4}g}} = 2\pi\sqrt{\frac{4L}{3g}}$$

说明 两部分物体绕公共质心旋转的周期,也可以看成是在等效力场内以质心为悬点、旋转半径为等效摆长的单摆的振动周期.

(2)"类重力场"与等效复合力场

由于匀强电场的大小、方向都一定,相当于一个"类重力场". 当重力和电场力两者的方向不在同一直线上时,可以把匀强电场与重力合成为一个"等效复合力场". 引入"类重力场"和"等效复合力场"后,许多问题就可以跟重力场中的情境相类比,往往比较容易处理.

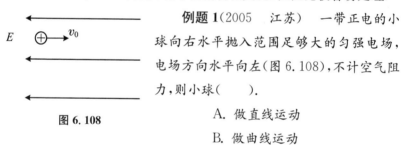

图 6.108

例题 1(2005 江苏) 一带正电的小球向右水平抛入范围足够大的匀强电场,电场方向水平向左(图 6.108),不计空气阻力,则小球( ).

A. 做直线运动

B. 做曲线运动

C. 速率先减小后增大

D. 速率先增大后减小

分析与解答 小球射入电场后,受到重力和电场力的共同作用,其合力 F' 斜向左下方,设其与重力方向间的夹角为 α(图 6.109). 由于重力和电场力都是恒力,可以看成在 F' 有一个恒定的"等效力场"（相当于"等效力场强度"为 $g' = \dfrac{F'}{m}$）. 把小球的入射速度 v_0 分解成与"等效力场"方向垂直和平行的两个分量 v_{0x} 和 v_{0y},然后将整个图形逆时针转过 α(图 6.110). 于是立即可以看到,入射小球在"等效力场"中做类斜抛运动,因此 A 错,B 正确.

6 等效方法在中学物理解题中的应用

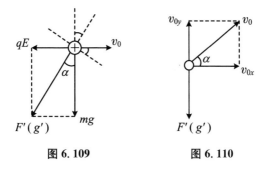

图 6.109　　　　　　　图 6.110

小球在类斜抛运动中,速度的竖直分量 v_{0y} 先变小,到达最高点后再变大,因此小球运动速率也是先减小,后增大,可见 D 错,C 正确.

说明　本题的难点是对速率变化的判断,常见的方法只能根据力对小球做正功还是负功切入. 引入"等效力场"把小球的运动转化成类斜抛运动后,对选项的判断显得非常清晰明了,并且还可以适当扩展一些认识.

根据"等效力场强度"和小球竖直方向的速度分量

$$g' = \frac{F'}{m} = \frac{\sqrt{(qE)^2 + (mg)^2}}{m}$$

$$v_y = v_{0y} - g't = v_0\sin\alpha - g't$$

当 $v_y = 0$ 时,小球速度取最小值,对应的运动时间和小球速度的最小值分别为

$$t = \frac{v_0\sin\alpha}{g'} = \frac{\dfrac{qE}{\sqrt{(qE)^2+(mg)^2}}}{\dfrac{\sqrt{(qE)^2+(mg)^2}}{m}} = \frac{mqE}{(qE)^2+(mg)^2}v_0$$

$$v_{\min} = v_0\cos\alpha = \frac{mg}{\sqrt{(qE)^2+(mg)^2}}v_0$$

显然,如果不从"等效力场"考虑,这些结果就难以得到了.

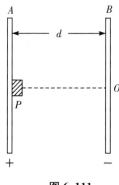

图 6.111

例题 2 如图 6.111 所示,在一个足够大的铅板 A 的右表面上贴有一放射源 P,它可以向各个方向发射出速度 $v=10^7$ m/s 的 β 粒子. 在 A 板右方相距 $d=2$ cm 处放一块平行于 A 的金属板 B. 当 A 板带负电、B 板带正电时,两板间形成匀强电场,场强的大小为 $E=3.64\times 10^4$ N/C. 试求 β 粒子打在 B 板上的范围. 已知 β 粒子的质量 $m=9.1\times 10^{-31} kg$,电量 $e=1.6\times 10^{-19}$ C.

分析与解答 A、B 两板带电后,板间形成的匀强电场水平向左. β 粒子带负电荷,它在电场中受到水平向右的电场力($F=Ee$)作用. 把 A、B 两板向顺时针方向转过 $90°$,恒定的电场可看成等效重力场(图 6.112),等效重力加速度为

$$g' = \frac{Ee}{m}$$

由于放射源 P 可以向各个方向发出 β 粒子,所以打在 B 板上的范围是一个圆,其半径由沿着 A 板发射的粒子决定. 这些粒子在 g' 力场中做平抛运动,运动时间

$$t = \sqrt{\frac{2d}{g'}} = \sqrt{\frac{2dm}{Ee}}$$

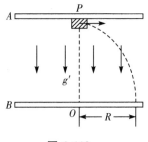

图 6.112

所以粒子在 B 板上分布范围的圆半径为

$$R = vt = v\sqrt{\frac{2dm}{Ee}}$$

$$= 10^7 \sqrt{\frac{2\times 2\times 10^{-2}\times 9.1\times 10^{-31}}{3.64\times 10^4\times 1.6\times 10^{-19}}} \text{ m} = 2.5\times 10^{-2} \text{ m}$$

说明 微观粒子的重力通常甚小于电场力,可以忽略不计. 本

题通过转向——等效,结果自然呈现出来了.

例题 3 如图 6.113 所示,两平行带电板相距 $d=0.1$ m,电势差 $U=10^3$ V.在两板中央 O 点用一根长 $l=0.01$ m 的细丝线悬挂一个质量 $m=0.2$ g、带正电荷 $q=10^{-7}$ C 的小球.现将小球拉到细丝线恰呈水平位置的 A 点后轻轻释放,小球摆到最低点 B 时细丝线突然断裂,而后小球恰能经过 B 正下方的 C 点,则 BC 相距多远? 取 $g=10$ m/s^2.

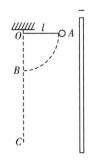

图 6.113

分析与解答 两平行板间场强大小为 $E=\dfrac{U}{d}$,方向水平向右. 由于小球带正电荷,从 A 点释放后细丝线处于张紧状态. 小球从 $A \to B$ 过程中做圆周运动. 由动能定理

$$mgl - q\frac{U}{d}l = \frac{1}{2}mv_B^2$$

得到达 B 的速度

$$v_B = \sqrt{2gl - \frac{2Uql}{dm}} = \sqrt{2\times10\times0.01 - \frac{2\times10^3\times10^{-7}\times0.01}{0.1\times0.2\times10^{-3}}} \text{ m/s}$$
$$= 0.32 \text{ m/s}$$

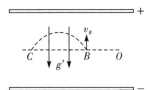

图 6.114

在 B 点细丝线断裂后,小球在重力和电场力两个恒力作用下,在竖直方向和水平方向都做匀变速运动. 为了确定 $B \to C$ 的时间,可将平行顺时针方向旋转 $90°$,在垂直于板面方向,小球在等效力场 $g' = \dfrac{Eq}{m}$

$= \dfrac{Uq}{dm}$ 中做竖直上抛运动,如图 6.114 所示. 因此小球从 $B \to C$ 的运动时间为

$$t = 2\frac{v_B}{g'} = 2\frac{dmv_B}{Uq} = 2 \times \frac{0.1 \times 0.2 \times 10^{-3} \times 0.32}{10^3 \times 10^{-7}} \text{ s} = 0.128 \text{ s}$$

所以，BC 之间的距离为

$$h_{BC} = \frac{1}{2}gt^2 = \frac{1}{2} \times 10 \times (0.128)^2 \text{ m} = 0.08 \text{ m}$$

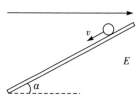

图 6.115

例题 4 倾角 $\alpha = 37°$ 的光滑绝缘斜面，处于水平向右、范围较大的匀强电场中，场强 $E = 10^3$ N/C. 有一个质量 $m = 3 \times 10^{-3}$ kg 的带电小球，以速度 $v = 1$ m/s 沿斜面匀速下滑，如图 6.115 所示. 取 $g = 10$ m/s². 试求：

(1) 小球带何种电荷? 电量多少?

(2) 在小球沿斜面匀速下滑的某时刻撤去斜面，小球此后经时间 $t = 0.2$ s 的位移大小是多少?

分析与解答 (1) 根据小球做匀速运动的条件，它所受的重力和电场力的合力必定与斜面对小球的支持力等值反向，可见小球一定带正电荷. 或者说，小球所受的等效重力 mg' 与支持务 N 等值反向，如图 6.116 所示. 由

$$\frac{Eq}{mg} = \tan \alpha$$

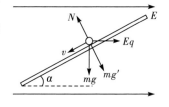

图 6.116

得小球带电量

$$q = \frac{mg\tan\alpha}{E} = \frac{3 \times 10^{-3} \times 10 \times 0.75}{10^3} \text{ C} = 2.25 \times 10^{-5} \text{ C}$$

(2) 撤去斜面，小球仅受等效重力 mg' 作用. 把原图顺时针转过 α 角，立即可以看出，小球在等效重力场 g' 中做平抛运动(图 6.117). 经时间 $t = 0.2$ s 后的水平位移和竖直位移(即沿着斜面和垂直斜面方向的位移)分别为

$$x = vt = 1 \times 0.2 \text{ m} = 0.2 \text{ m}$$

$$y = \frac{1}{2}g't^2 = \frac{1}{2}\sqrt{g^2 + \left(\frac{Eq}{m}\right)^2}\, t^2$$

$$= \frac{1}{2}\sqrt{10^2 + \frac{(10^3 \times 2.25 \times 10^{-5})^2}{(3 \times 10^{-3})^2}} \times 0.2^2 \text{ m}$$

$$= 0.25 \text{ m}$$

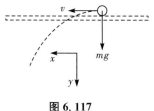

图 6.117

所以,在时间 t 内小球的位移为

$$s = \sqrt{x^2 + y^2} = \sqrt{0.2^2 + 0.25^2} \text{ m} = 0.32 \text{ m}$$

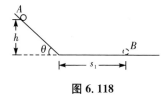

图 6.118

例题 5 如图 6.118 所示,绝缘粗糙斜面和绝缘粗糙水平面平滑连接,将一个质量为 m、带电量为 $+q$ 的小球从斜面顶端 A 静止释放,在水平上滑行一段距离 s_1 后停止. 如果在这个空间加一个竖直向下的匀强电场,仍然将小球从顶端 A 静止释放,它在水平面上运动距离 s_2 后停止. 那么,s_1 与 s_2 的大小关系是(　　).

A. $s_1 = s_2$　　B. $s_1 < s_2$　　C. $s_1 > s_2$　　D. 无法比较

分析与解答 设斜面的倾角为 θ,顶端 A 相对水平面的高度为 h. 没有电场时,对小球从释放到停止运动的全过程应用动能定理,有

$$mgh = \mu mg\cos\theta \cdot \frac{h}{\sin\theta} + \mu mg \cdot s_1 \qquad ①$$

加以电场后,小球除受到重力外还受到竖直向下恒定的电场力. 设电场强度为 E,引入等效重力场强度

$$g' = g + \frac{qE}{m}$$

小球释放后满足同样的能量转化关系,即

$$mg'h = \mu mg'\cos\theta \cdot \frac{h}{\sin\theta} + \mu mg' \cdot s_2 \qquad ②$$

立即可知①、②两式将得到同样的结果,即

$$s_1 = s_2 = \frac{h(1-\mu\cot\theta)}{\mu}$$

所以,A 正确.

说明　实际上,列出方程①后,根据每一项中都含有 g,结合等效重力场概念就可以不必再列式,马上就能作出选择. 下面的问题不妨再练习一下,可以加深体会.

练习题

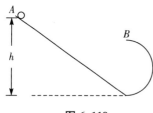

图 6.119

如图 6.119 所示,光滑绝缘斜轨道与光滑绝缘圆轨道连接,一个带正电荷的小球从斜轨道上高 h 的 A 点静止释放,恰好能运动到圆轨道的最高点 B. 如果在这个空间加一个竖直向下的匀强电场,仍然要求小球恰好能运动到最高点 B,设它在斜轨道上释放点的高度为 h',则( ).

A. $h' = h$ 　　　　B. $h' < h$

C. $h' > h$ 　　　　D. 无法比较

参考答案:A.

例题 6　半径为 r 的绝缘光滑圆环固定在竖直平面内,环上套有一质量为 m、带正电的珠子,空间存在水平向右的匀强电场,如图 6.120 所示. 珠子所受电场力是其重力的 $\frac{3}{4}$ 倍. 将珠子从环上最低位置 A 静止释放,则珠子所能获得的最大动能为( ).

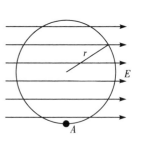

图 6.120

A. $\frac{1}{4}mgr$ 　　B. $\frac{3}{4}mgr$ 　　C. mgr 　　D. $\frac{5}{4}mgr$

分析与解答　由于珠子所受水平方向的电场力是其重力的 $\frac{3}{4}$

倍,相当于水平方向有一个力场,其强度 $g_E = \dfrac{3}{4}g$. 把水平方向的电场与重力场合成为一个等效力场,其强度为

$$g' = \sqrt{g_E^2 + g^2} = \sqrt{\left(\dfrac{3}{4}g\right)^2 + g^2} = \dfrac{5}{4}g$$

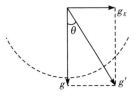

图 6.121

它的方向与竖直线之间的夹角为 θ(图 6.121),则

$$\theta = \arccos\dfrac{g}{g'} = \arccos\dfrac{4}{5}$$

把圆环顺时针旋转 θ 角,使等效力场强度 g' 的方向位于竖直位置. 珠子从圆环的最低点 A 静止释放,在等效力场里,相当于从偏角 θ 处由静止释放的单摆,运动中速度最大的位置,显然就是到达等效力场中最低点的位置. 于是,立即可由能的转化和守恒得

$$E_{km} = mg'r(1 - \cos\theta) = \dfrac{1}{4}mgr$$

所以,A 正确.

说明 引入等效力场并与单摆的运动相类比,立即可以确定动能有最大值的位置,从而根据能的转化和守恒算出最大值. 如果不采用等效力场的方法,就没有这么便捷了.

练习题

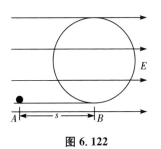

图 6.122

一条水平轨道与半径为 r 的竖直圆轨道连接,轨道所在空间存在着场强为 E、水平向右的匀强电场. 从水平轨道的 A 点释放一个质量为 m、电量为 q 的小球,它从最低点 B 切入圆轨道,为使小球刚好能在圆轨道内做圆周运动,则释放点 A 应离 B 点多远?已知小球受到的电场力等于其重力的 0.75 倍,摩擦不计(图 6.122).

参考答案：$\dfrac{23}{6}r$.

提示：引入等效重力场，等效重力加速度及其与重力间夹角分别为

$$g' = \sqrt{\left(\dfrac{3}{4}g\right)^2 + g^2} = \dfrac{5}{4}g$$

$$\theta = \arctan\dfrac{qE}{mg} = 37°$$

要求小球能沿轨道做圆周运动，必须满足等效重力场中通过最高点（即沿着 g' 方向的轨道顶点）的条件，再结合从释放点至最高点重力做功和电场力做功与动能变化的关系（动能定理），即可得 AB 之间的距离.

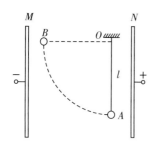

图 6.123

例题 7 在两块竖直带电平行板 M、N 之间，用一根长 $l = 0.1$ m 的细线，悬挂一个带正电荷的小球，在电场力作用下，使小球从悬点正下方的 A 点向 M 板偏转，直到悬线成水平拉直状态. 接着，小球从位置 B 静止下落，至位置 A 时的速度又恰好为零（图 6.123）. 以后小球一直在 A、B 间来回运动. 试求小球运动过程中的最大速度？

分析与解答 由 A、B 两处瞬时速度为零的条件，根据动能定理

$$-mgl + qEl = 0 \Rightarrow mg = qE$$

把两板之间的空间等效成一个重力加速度为 g' 的力场，则 $g' = \sqrt{2}g$，如图 6.124 所示. 小球在 A、B 两位置间的摆动，等效于在重力场 g' 中的摆动，显然，在"最低处" D 的速度最

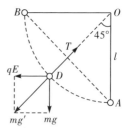

图 6.124

大.最大值为

$$v_{\max} = \sqrt{2g'l(1-\cos 45°)}$$

$$= \sqrt{2\times\sqrt{2}\times 10\times 0.1\cos\left(1-\frac{\sqrt{2}}{2}\right)} \text{ m/s} \approx 0.91 \text{ m/s}$$

说明 这个极值问题,如果采用常规方法列方程、利用数学计算求出极大值,是比较复杂的. 引入等效重力场后,只需认识"物理上"的最低点与最高点之间的能量转换关系,立即可以列式求解. 在这个问题等效处理的基础上,不妨再探究一下更一般的情况.

练习题

如图 6.125 所示,用长 l 的细线悬挂一个质量为 m、带正电荷 q 的小球,置于场强为 E、方向水平向右的匀强电场中. 现将小球拉至悬线水平伸直的位置,并从静止开始释放,则小球能够达到的最大速度是多少?

参考答案:

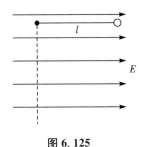

图 6.125

$$v_m = \sqrt{\frac{2l}{m}\left[\sqrt{(mg)^2+(qE)^2}-qE\right]}.$$

提示:引入等效重力场 g',它与 g 的夹角为 α(偏右). 当小球下落到悬线与 g' 方向重合时,其速度有最大值. 由能的转化 $mg'(l-l\sin\alpha) = \frac{1}{2}mv_m^2$ 得.

例题 8(2005 北京理综) 真空中存在可见范围足够大的、水平向右的匀强电场. 在电场中,若将一个质量为 m、带正电的小球由静止释放,运动中小球的速度与竖直方向夹角为 $37°$(取 $\sin 37° = 0.6,\cos 37° = 0.8$). 现将该小球从电场中某点以初速度 v_0 竖直向上抛出. 求运动过程中:

(1) 小球受到的电场力的大小及方向;

(2) 小球从抛出点至最高点的电势能变化量;

(3) 小球的最小动量的大小及方向.

分析与解答 (1) 带电小球静止释放时,一定沿着等效重力场方向(即电场力和重力的合力方向)做初速度为零的匀加速直线运动.因此电场力为

$$qE = mg\tan 37° = \frac{3}{4}mg$$

(2) 小球在竖直方向上做匀减速运动,到达最高点的时间 $t = \dfrac{v_0}{g}$. 这段时间内小球沿水平方向(即电场方向)做匀加速运动通过的距离为

$$d = \frac{1}{2}at^2 = \frac{1}{2}\frac{qE}{m}\left(\frac{v_0}{g}\right)^2 = \frac{3v_0^2}{8g}$$

所以,从抛出到最高点的电势能变化量为

$$\Delta W = qU = qEd = \frac{3}{4}mg \cdot \frac{3v_0^2}{8g} = \frac{9}{32}mv_0^2$$

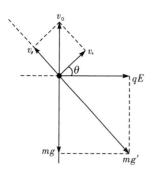

图 6.126

(3) 要求小球的最小动量,实际上就是要求最小速度. 将小球的初速度沿着等效重力场方向和垂直方向分解为 $v_\parallel$ 和 $v_\perp$ 两个分量(图 6.126),即

$$v_\parallel = v_0\cos 37° = \frac{4}{5}v_0$$

$$v_\perp = v_0\sin 37° = \frac{3}{5}v_0$$

当 $v_\parallel = 0$ 时,小球的速度有最小值,即 $v_{\min} = v_\perp$,相应的动量也有最小值,其值为

$$P_{\min} = mv_{\min} = mv_\perp = \frac{3}{5}mv_0$$

其方向与电场方向成 37° 角、斜向上.

说明 本题常规的解法(标准答案)是承接第(2)问的思路,由水平和竖直两方向的运动知

$$v_x = at, \quad v_y = v_0 - gt$$

得

$$v^2 = v_x^2 + v_y^2 = \left(\frac{qE}{m}\right)^2 t^2 + (v_0 - gt)^2$$

将 $qE = \frac{3}{4}mg$ 代入,整理后得

$$\frac{25}{16}g^2 t^2 - 2v_0 gt + (v_0^2 - v^2) = 0$$

或

$$\frac{25}{16}g^2 \left(t - \frac{16v_0}{25g}\right)^2 + \frac{9}{25}v_0^2 - v^2 = 0$$

当 $t = \frac{16v_0}{25g}$ 时,v 有最小值 $v_{\min} = \frac{3}{5}v_0$,则动量最小值 $P_{\min} = \frac{3}{5}mv_0$. 再根据此时小球的分速度

$$v_x = at = \frac{12}{25}v_0, \quad v_y = v_0 - gt = \frac{9}{25}v_0 \quad \Rightarrow \quad \tan\theta = \frac{v_y}{v_x} = \frac{3}{4}$$

所以动量的方向与电场方向间夹角 $\theta = 37°$,斜向上.

这样的解法,不仅数学计算量大,而且达到最小速度的物理情景也不如引入等效重力场清晰.

参 考 文 献

[1] 倪光炯,李洪芳. 近代物理[M]. 上海:上海科学技术出版社. 1979.

[2] 赵凯华,钟锡华. 光学[M]. 北京:北京大学出版社. 1984.

[3] 林德宏. 科学思想史[M]. 南京:江苏科学技术出版社. 1985.

[4] 缪克成. 近代四大物理学家[M]. 上海:华东师范大学出版社. 1986.

[5] 巴涅特. 相对论入门[M]. 仲子,译. 北京:三联书点. 1989.

[6] 郭奕玲,等. 近代物理发展中的著名实验[M]. 长沙:湖南教育出版社. 1990.

[7] 刘海生. 苏联高考与竞赛物理试题精选[M]. 上海:上海科学技术出版社. 1992.

[8] 尤广建. 爱因斯坦是怎样创建相对论的[M]. 长沙:湖南教育出版社. 1993.

[9] 马騧,陈秉乾. 星系世界[M]. 长沙:湖南教育出版社. 1993.

[10] 王溢然. 高中物理实验分析与思考[M]. 上海:上海科学普及出版社. 1993.

[11] 王永久. 空间、时间和引力[M]. 长沙:湖南教育出版社. 1994.

[12] 雷树人,陈子正. 中学物理知识教学手册[M]. 郑州:河南教育出版社. 1994.

[13]　王溢然.等效[M].郑州:大象出版社(原河南教育出版社).1996.

[14]　A.爱因斯坦,L.英费尔德.物理学的进化[M].长沙:湖南教育出版社.1999.

[15]　吴翔,等.文明之源[M].上海:上海科学技术出版社.2001.

[16]　王溢然.高考物理辞典[M].上海:华东理工大学出版社.2001.

[17]　S.霍金.时间简史[M].许明贤,吴忠超,译.长沙:湖南科学技术出版社.2002.

[18]　梁绍荣,管靖.基础物理学[M].北京:高等教育出版社.2002.

[19]　李良.探索宇宙奥秘[M].郑州:河南科学技术出版社.2003.

[20]　保罗·齐策维茨.物理:原理与问题[M].仲新元,译.上海:上海科学技术出版社.2005.

[21]　束炳如,何润伟.普通高中课程标准实验教科书:物理3－3(教师用书)[M].上海:上海科技教育出版社,2005.

[22]　陈效师,马利荣.皇冠优化名题[M]北京:中国少年儿童出版社,2006.

后 记

也许,你在孩提时已经听过曹冲称象的故事.阅读本书后再听这则故事时,如果不仅仅是赞美曹冲的聪明,自己还能在思维方法上有所启迪的话,那么,这就是作者所期望的,也是作者用相当篇幅介绍等效变换具体应用的一个初衷.

等效变换方法在物理学中的应用实在太广泛了,并且,随着科学技术的发展,等效变换方法的应用领域还将继续拓展.如果阅读本书的读者今天能够较深入地领悟等效变换方法的精髓,更好地活化自己的思维,化解学习中的疑难,明天能够以等效变换方法为一盏明灯,在科学创新的道路上获得一点灵感,有助于你事业发展的话,作者将感到莫大的欣慰.

作 者

2014 年初秋于苏州庆秀斋

中国科学技术大学出版社中学物理用书

初中物理培优讲义(一阶、二阶)/郭军
初中物理导练拓/刘坤
新编初中物理竞赛辅导/刘坤
高中物理学(1—4)/沈克琦
高中物理学习题详解/黄鹏志　李弘　蔡子星
加拿大物理奥林匹克(第2版)/黄晶　俞超　邱为钢
美国物理奥林匹克/黄晶　孙佳琪　矫健
俄罗斯物理奥林匹克/黄晶　俞超　申强
中学奥林匹克竞赛物理教程·力学篇(第2版)/程稼夫
中学奥林匹克竞赛物理教程力学篇习题详解/于强　朱华勇　张鹏飞　程稼夫
中学奥林匹克竞赛物理教程·电磁学篇(第2版)/程稼夫
中学奥林匹克竞赛物理讲座(第2版)/程稼夫
中学奥林匹克竞赛物理进阶选讲/程稼夫
奥林匹克物理/舒幼生
奥赛物理辅导教程·力学篇/舒幼生
高中物理奥林匹克竞赛标准教材(第2版)/郑永令
中学物理奥赛辅导:热学·光学·近代物理学(第2版)/崔宏滨
物理竞赛教练笔记/江四喜
物理竞赛专题精编/江四喜
物理竞赛解题方法漫谈/江四喜
奥林匹克物理一题一议/江四喜
全国中学生物理竞赛预赛试题分类精编/张元元
全国中学生物理竞赛复赛试题分类精编/张元元

全国中学生物理竞赛决赛试题分类精编/张元元
物理学难题集萃.上、下册/舒幼生　胡望雨　陈秉乾
强基计划校考物理模拟试题精选/方景贤　陈志坚
强基计划校考物理培训讲义/江四喜
高校强基计划物理教程:力学/邓靖武　肖址敏
高校强基计划物理教程:电磁学/邓靖武　肖址敏
强基计划物理一本通:给高中物理加点难度/郑琦
高中物理母题与衍生·力学篇(第2版)/董马云
高中物理母题与衍生·电磁学篇(第2版)/董马云
物理高考题典:压轴题(第2版)/尹雄杰　张晓顺
物理高考题典:选择题/尹雄杰　张晓顺
物理高考题典:计算题/尹雄杰　张晓顺
物理高考题典:实验题/尹雄杰　张晓顺
物理高考题典:填空题/尹雄杰　张晓顺
高中物理解题方法与技巧(第2版)/尹雄杰　王文涛
高中物理必修1学习指导:概念·规律·方法/王溢然
高中物理必修2学习指导:概念·规律·方法/王溢然
高中物理必修3学习指导:概念·规律·方法/王溢然
物理高考题精编:选择题专辑/王溢然
物理高考题精编:计算题专辑/王溢然
物理高考题精编:实验题专辑/王溢然
中学物理数学方法讲座/王溢然
高中物理经典名题精解精析/江四喜
高中物理一点一题型(第2版)/温应春
高中物理一诀一实验/温应春　闫寒　肖国勇
玩转高中物理模型/陈卫国
高中物理创新实验设计与课堂实践:电学篇/王玹
力学问题讨论/缪钟英　罗启蕙
电磁学问题讨论/缪钟英
中学生物理思维方法丛书(13册)/王溢然　束炳如